Der Europäische Haftbefehl

Europäische Hochschulschriften

Publications Universitaires Européennes
European University Studies

Reihe II
Rechtswissenschaft

Série II Series II
Droit
Law

Bd./Vol. 3715

PETER LANG
Frankfurt am Main · Berlin · Bern · Bruxelles · New York · Oxford · Wien

Daniel Rohlff

Der Europäische Haftbefehl

PETER LANG
Europäischer Verlag der Wissenschaften

Bibliografische Information Der Deutschen Bibliothek
Die Deutsche Bibliothek verzeichnet diese Publikation in der Deutschen Nationalbibliografie; detaillierte bibliografische Daten sind im Internet über <http://dnb.ddb.de> abrufbar.

Zugl.: Regensburg, Univ., Diss., 2003

D 355
ISSN 0531-7312
ISBN 3-631-51181-7

www.peterlang.de

Vorwort

Die Rechtswissenschaftliche Fakultät der Universität Regensburg hat die vorliegende Arbeit im Februar 2003 als Dissertation angenommen.

Maßgeblichen Anteil am Zustandekommen hatte Prof. Dr. von Heintschel-Heinegg. Mein besonderer Dank gebührt ihm nicht nur für seine engagierte Unterstützung, die wertvollen Anregungen und die zügige Realisierung der Dissertation. Zum Dank verpflichtet bin ich meinem Doktorvater vor allem auch, weil er mein Interesse am Europäischen Strafrecht geweckt hat und mir alle Freiräume ließ, die das Gelingen einer solchen Arbeit fordert.

Herrn Prof. Dr. Henning Ernst Müller danke ich für die sorgfältige Erstellung des Zweitgutachtens.

Danken möchte ich auch Herrn Ministerialrat Dr. Seitz vom Bayerischen Justizministerium, Herrn Prof. Dr. Otto Lagodny und Herrn Prof. Dr. Helmut Satzger für wichtige Hinweise in der Anfangsphase der Arbeit.

Die Universität Regensburg hat die rasche Fertigstellung der Dissertation durch die Gewährung eines Promotionsstipendiums gefördert.

München, im April 2003 *Daniel Rohlff*

Inhaltsverzeichnis

Literaturverzeichnis

Albert, S./ Widmaier, U. Die EU-Charta der Grundrechte und ihre Auswirkungen auf die Rechtsprechung - zu den Beziehungen zwischen EuGH und EGMR, EuGRZ 2000, 497

Antor, S. Das Europäische Justizielle Netz, DRiZ 2002, 330

Baier, H. Die Auslieferung von Bürgern der Europäischen Union an Staaten innerhalb und außerhalb der EU, GA 2001, 427

Bartsch, H.-J. Strafvollstreckung im Heimatstaat, NJW 1984, 513

Bendler, W. Sie haben das Recht zu schweigen - Die Zukunft der Strafverteidigung im europäischen Rechtsraum, justament 2/2002, 14

Bleckmann, A. Verbotene Diskriminierung von EU-Ausländern bei der Untersuchungshaft, StV 1995, 552

Bleckmann, A. Bundesverfassungsgericht versus Europäischer Gerichtshof für Menschenrechts, EuGRZ 1995, 387

Böhm, M. Auswirkungen des Zusammenwachsens der Völker in der Europäischen Gemeinschaft auf die Haftgründe des § 112 II StPO, NStZ 2001, 633

Böse, M. Strafen und Sanktionen im europäischen Gemeinschaftsrecht, Köln u. a. 1996

Böse, M. Der Beitritt der EG zur EMRK aus der Sicht des Strafrechts, ZRP 2001, 402

Braum, S. Das „Corpus Juris" - Legitimität, Erforderlichkeit und Machbarkeit, JZ 2000, 493

Brüner, F.-H./ Hetzer, W. Nationale Strafverfolgung und Europäische Beweisführung?, NStZ 2003, 113

Brüner, F.-H./ Spitzer, H. Der Europäische Staatsanwalt - ein Instrument zur Verbesserung des Schutzes der EU-Finanzen oder ein Beitrag zur Verwirklichung eines Europas der Freiheit, der Sicherheit und des Rechts?, NStZ 2002, 393

von Bubnoff, E. Auslieferung, Verfolgungsübernahme, Vollstreckungshilfe Ein Handbuch für die Praxis, Berlin, New York 1989 (zit.: Auslieferung)

von Bubnoff, E. Aktuelle Fragen und Herausforderungen grenzüberschreitender Strafrechtspflege aus europäischer Sicht, Europa-Institut Nr. 362, Saarbrücken 1997 (zit.: aktuelle Fragen)

von Bubnoff, E. Aktuelle Fragen der Verfahrensabwicklung und Vereinbarung im Europäischen Auslieferungsverkehr aus deutsch-italienischer Sicht, ZEuS 1999, 393

von Bubnoff, E. Schwerpunkte strafrechtlicher Harmonisierung in Europa, ZEuS 2001, 165

von Bubnoff, E. Institutionelle Kriminalitätsbekämpfung in der EU, ZEuS 2002, 185

von Bubnoff, E. Terrorismusbekämpfung - eine weltweite Herausforderung, NJW 2002, 2672

Burhoff, D. Handbuch für das strafrechtliche Ermittlungsverfahren, 3. Auflage, 2002

Dannecker, G. (Hrsg.) Die Bekämpfung des Subventionsbetrugs im EG-Bereich, Köln 1993

Dannecker, G. Strafrecht in der Europäischen Gemeinschaft, Eine Herausforderung für Strafrechtsdogmatik, Kriminologie und Verfassungsrecht, JZ 1996, 869

Dannecker, G. Die Entwicklung des Strafrechts unter dem Einfluss des Gemeinschaftsrechts, Jura 1998, 79

Dannecker, G. Das Europäische Strafrecht in der Rechtsprechung des Bundesgerichtshofs in Strafsachen, in: 50 Jahre Bundesgerichtshof, Festgabe der Wissenschaft, Band IV, München 2000, S. 339-381 (zit.: in: 50 Jahre BGH)

Delmas-Marty, M. (Hrsg.) Corpus Juris der strafrechtlichen Regelungen zum Schutz der finanziellen Interessen der Europäischen Union, deutsche Übersetzung von Kleinke und Tully, Köln u. a. 1998 (zit.: Corpus Juris)

Denninger, E. Vom Ende nationalstaatlicher Souveränität in Europa JZ 2000, 1121

Denz, R. Zulässigkeit und Umfang des Strafverfahrens gegen Abwesende, dargestellt für das französische, italienische, österreichische und schweizerische Recht, Bonn 1969

Dieckmann, J. Europäische Kooperation im Bereich der Strafrechtspflege, NStZ 2001, 617

Elbing, G. Zur Anwendbarkeit der Grundrechte bei Sachverhalten mit Auslandsbezug, Berlin 1992

Endriß, R./ Kinzig, J. Eine Straftat – zwei Strafen, Nachdenken über ein erweitertes ne bis in idem, StV 1997, 665

Eser, A. Strafverfahrensrecht in Europa, ZStW 108(96), 86

Eser, A./ Lagodny, O./ Wilkitzki, P. Internationale Rechtshilfe in Strafsachen – Rechtsprechungssammlung 1949-1992, 2. Auflage, Freiburg 1994

Eisele, J. Einführung in das Europäische Strafrecht, JA 2000, 896

Eisele, J. Europäisches Strafrecht-Systematik des Rechtsgüterschutz durch die Mitgliedstaaten, JA 2000, 991

Eisele, J. Einflussnahme auf nationales Strafrecht durch Richtliniengebung der Europäischen Gemeinschaft, JZ 2001, 1157

Frank, C. Der Europäische Staatsanwalt: Ein denkbares Modell, DRiZ 2002, 210

Frowein, J. Der europäische Menschenrechtsschutz als Beginn einer europäischen Verfassungsrechtsprechung, JuS 1986, 845

Frowein, J. / Peukert, W. Europäische MenschenRechtsKonvention, EMRK-Kommentar, 2. Auflage, Kehl u. a. 1996

Gillmeister, F. Auslieferung und Auslieferungshaft - mit Berücksichtigung des Betäubungsmittelrechts, NJW 1991, 2245

Gleß, S. Europol, NStZ 2001, 623

Gleß, S./ Lüke, M. Strafverfolgung über Grenzen hinweg - Formen der Zusammenarbeit europäischer Länder zur Kriminalitätsbekämpfung, Jura 1998, 70

Grabitz, E./ Hilf, M. Das Recht der Europäischen Union, München, Loseblattsammlung, Stand: Januar 2000

Graßhof, K./ Backhaus, R. Verfassungsrechtliche Gewährleistungen im Auslieferungsverfahren, EuGRZ 1996, 445

Grevi, V. Il mandato d'arresto europeo tra ambiguità politiche e attuazione legislativa, "Il Mulino" n.1/2002, p. 119 ss

Gundel, J. Die Krombach-Entscheidung des EGMR: Europäischer Menschenrechtsschutz mit (Durchsetzungs-) Schwächen, NJW 2001, 2380

Gusy, C. Auslieferung bei drohender Todesstrafe?, GA 1983, 73

Haas, G. Die Auslieferung in Frankreich und Deutschland, Berlin 2000

Häde, U. Die Auslieferung - Rechtsinstitut zwischen Völkerrecht und Grundrechten, Der Staat 36 (1997), 1

Harings, L. Die Zusammenarbeit in den Bereichen Justiz und Inneres, in: Bogdandy/Ehlermann(Hrsg.), Konsolidierung und Kohärenz des Primärrechts nach Amsterdam, Baden-Baden 1998 (zit.: in: Konsolidierung und Kohärenz)

Hebert, R. Kommt der Europäische Staatsanwalt?, DRiZ 2002, 209

Hecker, B. Das Prinzip „Ne bis in idem“ im Schengener Rechtsraum (Art. 54 SDÜ), StV 2001, 306

Hecker, B. Anmerkung zu OLG München, Beschluss vom 24.4.2001, StV 2002, 71

Hecker, B. Europäisches Strafrecht als Antwort auf transnationale Kriminalität, JA 2002, 723

Herdegen, M. Europarecht, 3. Auflage, München 2001

Hetzer, W. Kriminalpolitik in Europa - Gemeinsame Sicherheit oder nationaler Egoismus?, Kriminalistik 2002, 437

Hilf, M./ Pache, E. Der Vertrag von Amsterdam, NJW 1998, 705

Hoffmann-Riehm, W. Kohärenz der Anwendung europäischer und nationaler Grundrechte, EuGRZ 2002, 473

Hofmann, R. Grundrechte und grenzüberschreitende Sachverhalte, Berlin u. a. 1994

Huber, B. (Hrsg.) Das Corpus Juris als Grundlage eines Europäischen Strafrechts, Freiburg 2000 (zit.: Das Corpus Juris als Grundlage)

Huber, B. Verfassungsrechtliche Aspekte einer Asylrechts-harmonisierung bin Europa, ZRP 1992, 123

Jarras, H./ Pieroth, B. Kommentar zum Grundgesetz, München 2002

Jannasch, A. Auslieferung und politische Verfolgung, in: Festschrift für Hans Joachim Faller, München 1984, S. 397-412

Jokisch, J. Gemeinschaftsrecht und Strafverfahren, Berlin 2000

Jung, H. Strafverteidigung in Europa, StV 1990, 509

Jung, H. Zur Internationalisierung des Grundsatzes ne bis in idem, Festschrift für Schüler-Springorum, Köln u. a. 1993, S. 493-502

Jung, H. Einheit und Vielfalt der Reformen des Strafprozessrechts in Europa, GA 2002, 65

Jung, H./ Schroth, H.-J. — Das Strafrecht als Gegenstand der Rechtsangleichung in Europa, GA 1983, 241

Kieschke, O./ Osterwald, B. — Art. 5 EMRK contra § 147 II StPO, NJW 2002, 2003

Kimminich, O. — Der Schutz politisch Verfolgter im Auslieferungsverfahren, EuGRZ 1986, 317

Klip, A. — Harmonisierung des Strafrechts - eine fixe Idee?, NStZ 2000, 626

Kühl, K. — Europäisierung der Strafrechtswissenschaft, ZStW 109 (1997), 777

Kühn, C. — Schutz vor Todesstrafe im Ausland, ZRP 2001, 542

Kühne, H.-H. — Ne bis in idem in den Schengener Vertragsstaaten, JZ 1998, 876

Kühne, H.-H. — Grundrechtsschutz in einem grenzenlosen europäischen Strafrecht, in: Kreuzer/Scheuing/Sieber (Hrsg.), Europäischer Grundrechtsschutz, Baden-Baden 1998, S. 55-71 (zit.: in: Europäischer Grundrechtsschutz)

Kühne, H.-H. — Die Rechtsprechung des EGMR als Motor für eine Verbesserung des Schutzes von Beschuldigtenrechten in den nationalen Strafverfahrensrechten der Mitgliedstaaten, StV 2001, 73

Kühne, H.-H. — Anmerkung zu EuGH, Urteil v. 11. 2. 2003, JZ 2003, 305

Kühne, H.-H./ Esser, R. — Die Rechtsprechung des Europäischen Gerichtshofs für Menschenrechte (EGMR) zur Untersuchungshaft, StV 2002, 383

Lackner, K./ Kühl, K. — Strafgesetzbuch, 24. Auflage, München 2001

Lagodny, O. — Die Rechtstellung des Auszuliefernden in der Bundesrepublik Deutschland, Freiburg 1987

Lagodny, O. — Grundrechte als Auslieferungsgegenrechte, NJW 1988, 2146

Lagodny, O. Grundkonstellationen des internationalen Strafrechts, ZStW 101 (1989), 987

Lagodny, O. Anmerkung zu EGMR, Urteil v. 7.7.1989, NJW 1990, 2189

Lagodny, O. Teileuropäisches „ne bis in idem" durch Art. 54 des Schengener Durchführungsübereinkommens (SDÜ), NStZ 1997, 265

Lagodny, O. Anmerkung zu BGH, Beschluss vom 13.5.1997, NSTZ 1998, 149

Lagodny, O. Anmerkung zu BVerfG, Beschluss vom 18.6.1997, JZ 1998, 568

Lagodny, O. Anmerkung zu OLG Stuttgart, Beschluss v. 11.3.1998, StV 1999, 35

Lagodny, O. Auslieferung und Überstellung deutscher Staatsangehöriger, ZRP 2000, 175

Lagodny, O. The Individual as Subject of International Cooperation in Criminal Matters, Comparative Overview, in: Eser/Lagodny/Blakesly (eds.), The Individual as Subject of International Cooperation in Criminal Matters, Baden-Baden 2002 (zit.: in: The Individual as Subject of International Cooperation)

Landau, H. Verwirklichung eines europaweiten „ne bis in idem" im Rahmen der Anwendung des § 153 c Abs. 1 Nr. 3 StPO, in: Festschrift für Alfred Söllner, München 2000, S. 627-646

Limbach, J. Die Kooperation der Gerichte in der zukünftigen europäischen Grundrechtsarchitektur, EuGRZ 2000, 417

Limbach, J. Das Bundesverfassungsgericht und der Grundrechtsschutz in Europa, NJW 2001, 2913

von Mangoldt, H./Klein, F./ Starck, C. Das Bonner Grundgesetz, Kommentar, München 1999 (zit.: Mangoldt/Klein/Starck - *Bearbeiter*)

Mayer, M. Ne bis in idem- Wirkung europäischer Strafentscheidungen, Frankfurt a.M. 1992

von Moock, M. Auslieferungsrechtliche Probleme an der Wende vom 19. zum 20. Jahrhundert, Baden-Baden 2001

Nehm, K. Extremistische Straftaten und grenzüberschreitende Strafverfolgung, DRiZ 1996, 41

Nelles, U. Europäisierung des Strafverfahrens-Strafprozessrecht für Europa?, ZStW 109 (1997), 727

Nelles, U. Die verfahrensrechtlichen Vorgaben des Corpus Juris, insbesondere Stellung und Aufgaben einer europäischen Strafverfolgungsbehörde, in: Barbara Huber (Hrsg.), Das Corpus Juris als Grundlage eines Europäischen Strafrechts, Freiburg 2000 (zit.: in: Das Corpus Juris als Grundlage)

Nickel, R. Zur Zukunft des Bundesverfassungsgerichts im Zeitalter der Europäisierung, JZ 2001, 625

Oehler, D. Internationales Strafrecht, 2. Auflage, Köln, u. a. 1983

Oehler, D. Das neue Recht der Internationalen Rechtshilfe in Strafsachen, ZStW 96 (1984), 555

Oeter, S. Souveränität - ein überholtes Konzept? in: Tradition und Weltoffenheit des Rechts, Festschrift für Helmut Steinberger, Berlin u. a. 2002 (zit.: in: FS-Steinberger)

Oppermann, T. Europarecht, 2. Auflage, München 1999

Pache, E./ Schorkopf, F. Der Vertrag von Nizza, NJW 2001, 1377

Pechstein, M./ König, C. Die Europäische Union: Die Verträge von Maastricht und Amsterdam, Tübingen 2000

Perron, W. Auf dem Weg zu einem europäischen Ermittlungsverfahren? ZStW 112 (2000), 202

Popp, P. Grundzüge der Internationalen Rechtshilfe in Strafsachen, München 2001

Pradel, J. Wege zur Schaffung eines einheitlichen Europäischen Rechtsraums, in: Tiedemann (Hrsg.), Wirtschaftsstrafrecht in der Europäischen Union, Freiburg-Symposium, Köln u. a. 2002, S. 55-70 (zit.: in: Wirtschaftsstrafrecht)

Prantl, H. Verdächtig, Der starke Staat und die Politik der Inneren Unsicherheit, Hamburg, Wien 2002

Rothkegel, R. Ewigkeitsgarantie für das Asylrecht?, ZRP 1992, 222

Rinio, C. Die Auslieferung eigener Staatsangehöriger, ZStW 108 (1996), 354

Rüter, F. Harmonie trotz Dissonanz, Gedanken zur Erhaltung eines funktionsfähigen Strafrechts im grenzenlosen Europa, ZStW 105 (1993), 30

Satzger, H. Die Europäisierung des Strafrechts, Köln u. a. 2001

Satzger, H. Auf dem Weg zu einem Europäischen Strafrecht, ZRP 2001, 549

Satzger, H. Rechtspolitische Möglichkeiten zur Realisierung der Tatbestandsvorschläge der Europa-Delikte, in: Tiedemann (Hrsg.), Wirtschaftsstrafrecht in der Europäischen Union, Freiburg-Symposium, Köln u. a. 2002, S. 71-87 (zit.: in: Wirtschaftsstrafrecht)

Scheller, S. Ermächtigungsgrundlagen für die internationale Rechts- und Amtshilfe zur Verbrechensbekämpfung, Freiburg 1997

Schlothauer, R. Die Flucht aus der Justizförmigkeit durch die europäische Hintertür, StV 2001, 127

Schlothauer, R./ Weider, H.-J. Untersuchungshaft, 3. Auflage, Heidelberg 2001

Scholz, R. Zehn Jahre Verfassungseinheit, DVBl 2000, 1377

Scholz, R./ Hofmann, H. Perspektiven der europäischen Rechtsordnung, ZRP 1998, 295

Schomburg, W. Ne bis in idem nach Art. 54 SDÜ, StV 1997, 383

Schomburg, W. Die Rolle des Individuums in der Internationalen Kooperation in Strafsachen, StV 1998, 153

Schomburg, W. Justitielle Zusammenarbeit im Bereich des Strafrechts in Europa: EURO-JUST neben Europol! ZRP 1999, 237

Schomburg, W. Auf dem Weg zu einem europäischen Rechtsraum?, DRiZ 1999, 107

Schomburg, W. Anmerkung zu BGH, Urteil vom 2. 2. 1999, StV 1999, 244

Schomburg, W. Die Europäisierung des Verbots doppelter Strafverfolgung - Ein Zwischenbericht, NJW 2000, 1833

Schomburg, W. Internationale vertragliche Rechtshilfe in Strafsachen, Kurzübersicht zur aktuellen Rechtsentwicklung, NJW 2000, 340, fortgesetzt in NJW 2001, 801, fortgesetzt in NJW 2002, 1629

Schomburg, W./ Lagodny, O. Internationale Rechtshilfe in Strafsachen, 3. Auflage, München 1998 (zit.: Schomburg/Lagodny-*Bearbeiter*)

Schomburg, W./ Lagodny, O. Neuere Entwicklungen im Recht der internationalen Rechtshilfe in Strafsachen, StV 1994, 393

Schübel, E. Wie gut funktioniert die Strafverfolgung innerhalb Europas?, NStZ 1997, 105

Schünemann, B. Materielle Tatverdachtsprüfung und völkerrechtswidrige Entführung als nationalstaatliche Sprengsätze im internationalen Auslieferungsverkehr, in: 140 Jahre Goltdammer`s Archiv für Strafrecht, Heidelberg 1993, 215-240

Schünemann, B. Ein Gespenst geht um in Europa - Brüsseler Strafrechtspflege intra muros, GA 2002, 501

Schütz, C./ Sauerbier, M. Die Jurisdiktion des EuGH im Unionsrecht, JuS 2002, 65

Schultz, H. Aktuelle Probleme der Auslieferung, ZStW 81 (1969), 199

Schulz, L. Europäisches Strafrecht ante portas - Tagungsbericht -, StV 2001, 86

Schwarze, J. (Hrsg.) EU Kommentar, Baden-Baden 2000

Seetzen, U. Verfassungsrechtliche Schranken der Auslieferung zur Vollstreckung von Abwesenheitsurteilen, in Festschrift Hans Joachim Faller, München 1984, S. 385-396

Sieber, U. Europäische Einigung und Europäisches Strafrecht, ZStW 103 (1991), 957

Sieber, U. (Hrsg.) Europäische Einigung und Europäisches Strafrecht, Band I Ius Criminale, Köln u. a. 1993

Sieber, U. Memorandum für ein Europäisches Modellstrafgesetzbuch, JZ 1997, 369

Sieber, U. Auf dem Weg zu einem europäischen Strafrecht, in: Delmas-Marty (Hrsg.), Corpus Juris der strafrechtlichen Regelungen zum Schutz der finanziellen Interessen der Europäischen Union, Köln u. a. 1998, S. 1-10 (zit.: in: Corpus Juris)

Sieber, U. Bekämpfung des EG-Betrugs und Perspektiven der europäischen Amts- und Rechtshilfe, ZRP 2000, 186

Sommer, U. Auswirkung des Schengener Übereinkommens für die Strafverteidigung, StraFO 1999, 37

Sommer, U. Die Rezeption der Rechtsprechung des Europäischen Gerichtshofs für Menschenrechte durch die Strafsenate des Bundesgerichtshofs, StraFo 2002, 309

Spinellis, D. Die Zukunft der Auslieferung in Europa und der Europäische Haftbefehl, in: Festschrift für Karl Heinz Gössel, Heidelberg 2002, S. 681-695

Stein, T. Die Auslieferungsausnahme bei politischen Delikten, Berlin u. a. 1983

Streinz, R. Der Vertrag von Amsterdam, EuZW 1998, 137

Streinz, R. Europarecht, 5. Auflage, Heidelberg 2001

Swart, B. Human Rights and the Abolition of Traditional Principles, in: Albin Eser/Otto Lagodny (Eds.), Principles and Procedures for a New Transnational Criminal Law, Freiburg 1992 (zit.: in: Principles and Procedures)

Tettinger, P. Die Charta der Grundrechte der Europäischen Union, NJW 2001, 1010

Thomas, H. Das Recht auf Einmaligkeit der Strafverfolgung, Baden-Baden 2002

Tiedemann, K. Die Europäisierung des Strafrechts, in: Karl Kreuzer/ Dieter Scheuing/Ulrich Sieber (Hrsg.), Die Europäisierung der mitgliedstaatlichen Rechtsordnungen in der Europäischen Union, Baden-Badden1996

Tomuschat, C. Staatsbürgerschaft - Unionsbürgerschaft - Weltbürgerschaft, in: Josef Drexl/Karl Kreuzer/Dieter Scheuing/ Ulrich Sieber (Hrsg.), Europäische Demokratie, Baden-Baden 1999, S. 73-87

Trechsel, S. Grundrechtsschutz bei der internationalen Zusammenarbeit in Strafsachen, EuGRZ 1987, 69

Uhle, A. Auslieferung und Grundgesetz - Anmerkungen zu Art. 16 II GG, NJW 2001, 1889

Van den Wyngaert, C. Anmerkung zu BGH, Beschluss vom 13. 5. 11997, NStZ NStZ 1998, 149

Vogel, J. Der XVI. Internationale Strafrechtskongress der Association Internationale de Droit Pénal: Bericht über die Verhandlungen der IV. Sektion: Internationales Strafrecht, ZStW 112 (2000), 718

Vogel, J. Abschaffung der Auslieferung?, JZ 2001, 937

Vogel, J. Anmerkung zu BGH, Beschluss vom 16. 10. 2001, JZ 2002, 464

Vogel, J. Europäische Kriminalpolitik - europäische Strafrechtsdogmatik, GA 2002, 517

Vogler, T. Auslieferungsrecht und Grundgesetz, Berlin 1970

Vogler, T. Rechtsvergleichende Übersicht (Zum neuen Recht der Internationalen Rechtshilfe in Strafsachen), ZStW 96 (1984), 615

Vogler, T. Auslieferung und Asylrecht, in: Festschrift zum 125 jährigen Bestehen der Juristischen Gesellschaft zu Berlin, Berlin, New York 1984, S. 829-845

Vogler, T. Der rechtshilferechtliche Grundsatz der Spezialität, Festschrift Günter Spendel, Berlin, New York 1992, S. 871-890

Vogler, T. 140 Jahre Auslieferungsrecht in Goltdammer`s Archiv, in: 140 Jahre Goltdammer`s Archiv für Strafrecht, Heidelberg 1993, S. 251-268

Vogler, T. Auslieferung bei drohender Todesstrafe - ein Dauerthema, NJW 1994, 1433

Vogler, T. Grundrechte und grenzüberschreitende Sachverhalte, GA 1996, 569

Vogler, T./ Wilkitzki, P. Kommentar zum Gesetz über die Internationale Rechtshilfe in Strafsachen (IRG), in: Grützner/Pötz, Internationaler Rechtshilfe- verkehr in Strafsachen, 2. Auflage, Loseblattsammlung, Stand: April 2002 (zit.: Vogler/ Wilkitzki-*Bearbeiter,*)

Walter, B. Europäisierung der inneren Sicherheit - ein Paradigmawechsel im Gravitationsfeld zwischen Souveränitätsdenken und Systemeffizienz, Die Polizei 2002, 33

Walter, W. Neue Verjährungsbestimmungen in deutschen Auslieferungsverträgen, GA 1981, 250

Wankel, B. Zuständigkeitsfragen im Haftrecht, Neuwied 2002 *von Weber, H.* Aktuelle Probleme der Auslieferung, Die Übernahme der Strafverfolgung und der Strafvollstreckung, ZStW 81 (1969), 188

Weider, H.-J. Anmerkung zu BGH, Beschluß v. 9.9.1997, StV 1998, 67

Weigend, T. Diskussionsbericht von der Arbeitssitzung der Fachgruppe für Strafrechtsvergleichung bei der Tagung der Gesellschaft für Rechtsvergleichung am 23. 9. 1983 in Bonn, ZStW 96 (1984), 624

Weigend, T. Strafrecht durch internationale Vereinbarungen -Verlust an nationaler Strafrechtskultur?, ZStW 105 (1993), 774

Weigend, T. Die Europäische Menschenrechtskonvention als deutsches Recht - Kollisionen und ihre Lösung, StV 2000, 384

Weigend, T. Grundsätze und Probleme des deutschen Auslieferungsrechts, JuS 2000,105

Weigend, T. Spricht Europa mit zwei Zungen?, StV 2001, 63

Zimmermann, A. Die Auslieferung Deutscher an Staaten der Europäischen Union und internationale Strafgerichts-höfe, JZ 2001, 233

Zott, R. Der rechtliche Rahmen der innen- und justizpolitischen Zusammenarbeit in der Europäischen Union, Frankfurt am Main 1999

Abkürzungsverzeichnis

a.A.	anderer Ansicht
ABl.	Amtsblatt
Abs.	Absatz
a.E.	am Ende
Aufl.	Auflage
BayObLG	Bayerisches Oberstes Landesgericht
Beschl.	Beschluss
BGBl	Bundesgesetzblatt
BGH	Bundesgerichtshof
BGHSt	Sammlung der Entscheidungen des BGH in Strafsachen
BVerfG	Bundesverfassungsgericht
BVerfGE	Sammlung der Entscheidungen des BVerfG
DRiZ	Deutsche Richterzeitung
DVBl	Deutsche Verwaltungsblätter
EG	Europäische Gemeinschaft
EGV	Vertrag zur Gründung der Europäischen Gemeinschaft
EJN	Europäisches Justizielles Netzwerk
EMRK	Europäische Menschenrechtskonvention
EU	Europäische Union
EuAlÜbk	Europäisches Auslieferungsübereinkommen
EU-AuslÜbk	Übereinkommen über die Auslieferung zwischen den Mitgliedstaaten der Europäischen Union
EuGH	Gerichtshof der Europäischen Gemeinschaften
EuGHG	EuGH-Gesetz
EuGHMR	Europäischer Gerichtshof für Menschenrechte
EuGRZ	Europäische Grundrechtszeitschrift
EUROJUST	Europäische Stelle zur Koordinierung der nationalen Staatsanwaltschaften und strafrechtlichen Ermittlungen mit Bezug zur organisierten Kriminalität
EuTerrÜbk	Europäisches Übereinkommen zur Bekämpfung des Terrorismus
EUV	Vertrag über die Europäische Union
EU-Vereinf-AuslÜbk	Übereinkommen über das vereinfachte Auslieferungsverfahren zwischen den Mitgliedstaaten der Europäischen Union
EuZW	Europäische Zeitschrift für Wirtschaftsrecht
Fn.	Fußnote
FS	Festschrift
GA	Goltdammer's Archiv für Strafrecht

GG	Grundgesetz
h.M.	herrschende Meinung
Hrsg.	Herausgeber
IGH	Internationaler Gerichtshof
IPBPR	Internationaler Pakt über Bürgerliche und Politische Rechte
IR	Gesetz über die Internationale Rechtshilfe in Strafsachen
JA	Juristische Arbeitsblätter
Jura	Juristische Ausbildung
JuS	Juristische Schulung
JZ	Juristenzeitung
m.w.N.	mit weiteren Nachweisen
NJW	Neue Juristische Wochenzeitschrift
NStZ	Neue Zeitschrift für Strafrecht
OLG	Oberlandesgericht
Rn.	Randnummer
Rspr.	Rechtsprechung
SDÜ	Schengener Durchführungsübereinkommen
StGB	Strafgesetzbuch
StPO	Strafprozessordnung
StraFo	Strafverteidiger Forum
StV	Strafverteidiger
u.a.	und andere
ÜberstÜbk	Übereinkommen über die Überstellung verurteilter Personen
Urt.	Urteil
ZEuS	Zeitschrift für Europarechtliche Studien
zit.	zitiert
ZP	Zusatzprotokoll
ZRP	Zeitschrift für Rechtspolitik
ZStW	Zeitschrift für die gesamte Strafrechtswissenschaft

A Einleitung

„Die Nürnberger hängen keinen, sie hätten ihn denn". Dieser alte deutsche Rechtsspruch[1] beschreibt ein bekanntes Dilemma der Strafverfolgung: Es nützt wenig, einen Sachverhalt aufzuklären, insbesondere den Täter zu identifizieren, wenn man seiner nicht habhaft werden kann. Namentlich durch Absetzen ins Ausland ist es Tätern von jeher gelungen, sich der Strafverfolgung ganz oder zumindest zeitweise zu entziehen. Die juristischen und faktischen Hürden, die vor einer Auslieferung an den die Strafverfolgung betreibenden Staat überwunden werden müssen, erschweren eine effektive Strafverfolgung. Dies gilt ungeachtet der Tatsache, dass zahlreiche bilaterale und multilaterale Abkommen Auslieferungen erleichtert haben.

Mit dem erklären Ziel, die Situation jedenfalls im Bereich der Europäischen Union zu verbessern, verabschiedete der Rat der Justiz- und Innenminister der Mitgliedstaaten der Europäischen Union auf der Tagung in Sevilla am 13. Juni 2002 den Rahmenbeschluss „über den Europäischen Haftbefehl und die Übergabeverfahren zwischen den Mitgliedstaaten". Abgedruckt im Amtsblatt vom 18. Juli 2002[2] trat dieser Rahmenbeschluss - basierend auf einem Vorschlag der Kommission vom September 2001[3] - am 7. August in Kraft. Grundsätzliche Einigung über das Vorhaben wurde bereits auf der Tagung des Rates in Laken am 6./7. Dezember 2001 erzielt[4].

---

[1] Der Ausspruch geht zurück auf das Treiben des berüchtigten Raubritters Eppelein von Gailingen, der nach spektakulären Schandtaten und Ausbrüchen in Nürnberg jedoch letztlich 1381 gefangen genommen und in Nürnberg hingerichtet wurde.

[2] ABl. L 190 vom 18.7.2002, S. 1-12, im Internet unter http://europa.eu.int/eur-lex/pri/de/oj/dat/2002/l_190/l_19020020718de00010018.pdf

[3] ABl. C 332 E vom 27.11.2001, S. 305.

[4] Interinstitutionelles Dossier 2001/0215(CNS). Der genaue Ablauf des Verfahrens lässt sich sehr gut im Internet auf dem Service Prelex der EU nachverfolgen unter http://www.europa.eu.int/prelex/detail_dossier_real.cfm?CL=de&DosId=167840. Auf dieser Seite finden sich u.a. auch Links zu den Stellungnahmen des Europäischen Parlaments. Weichenstellungen für die Entstehung des Europäischen Haftbefehls erfolgten beim Europäischen Rat von Tampere am 15./16.10.1999, vgl. Schlussfolgerung Nr. 35 http://ue.eu.int/Newsroom, sowie durch das Dokument zur Prävention und Bekämpfung der organisierten Kriminalität, Empfehlung Nr. 28, ABl. Nr. C 124 vom 3.5.200, S. 1 ff.

Das Vorhaben ist in erster Linie eine Reaktion auf die Entwicklung der Kriminalität innerhalb der Europäischen Union, die durch das Zusammenwachsen des gemeinsamen Marktes und den Wegfall der Grenzkontrollen infolge der Grenzöffnung im Rahmen der Schengen-Übereinkommen[5] einen „kriminalgeographischen Raum"[6] schuf. Kriminalität ist seit längerem nicht mehr national begrenzt, sondern überschreitet Grenzen und verändert das Leben der Bürger[7]. Die länderübergreifende Kriminalität wird als „Sorgenkind der Verbrechensbekämpfung" und „Bedrohung der rechtsstaatlichen Grundlagen unserer Gesellschaft" empfunden[8]. Die internationale Vernetzung, der Aktionsradius und die Bewegungsfreiheit von Straftätern haben sich in der Europäischen Union beständig erweitert. Der Handlungsort lässt sich in vielen Bereichen der Kriminalität beliebig austauschen[9]. Eine verstärkte Zusammenarbeit der Mitgliedstaaten auf dem Gebiet der Strafverfolgung - insbesondere eine Ausweitung der justiziellen Kooperation - als Reaktion auf diese Entwicklung und zur Eindämmung dieses Phänomens wird daher verstärkt für nötig erachtet[10].

Bisher war die grenzüberschreitende Strafverfolgung auch im (wirtschaftlich) vereinten Europa aus Sicht der Strafverfolgungsbehörden oft noch ein „hartes Brot"[11]. Koordinierte, grenzüberschreitende Kriminalitätsbekämpfung in einem zusammenwachsenden Europa hat noch immer eher appellativen und virtuellen Charakter als generalpräventive Wirkung, was sich der „internationale Kriminaltourismus in äußerst professioneller Weise zunutze macht"[12].

Während die Entwicklung der Europäischen Union im Bereich der Strafverfolgung lange Zeit schleppend verlief, deuten sich - nicht zuletzt aufgrund der Ereignisse des 11. September 2001 - „Quantensprünge" in der

---

[5] Aus den Jahren 1985 und 1990.
[6] *Walter* Die Polizei 2002, 33.
[7] *Pradel* in: Wirtschaftsstrafrecht, S. 55.
[8] *v. Bubnoff* ZEuS 1999, 393 f.
[9] *v. Bubnoff* Aktuelle Fragen, S. 5; *Hetzer* Kriminalistik 2002, 437.
[10] *Antor* DRiZ 2002, 330. *Delmas-Marty* Corpus Juris, S. 28, bezeichnet es als „Aberwitz, Grenzen auch für Kriminelle zu öffnen, sie aber für die Strafverfolgungsbehörden geschlossen zu halten und so zu riskieren, dass unsere Länder zu einem wahren Paradies für Kriminelle verkommen". Zweifel an dem Ausmaß der Bedrohung sind dagegen selten; vgl. etwa *Klip* NStZ 2000, 626, 628, der einwendet, weder die Behauptung, dass die Kriminalität zunimmt, noch die Feststellung, dass die Zusammenarbeit nicht funktioniert, würden durch rechtsvergleichende oder empirische Untersuchungen gestützt.
[11] *Nehm* DRiZ 1996, 41, 46.
[12] *Walter* Die Polizei 2002, 33.

gemeinsamen Strafverfolgung an[13]. Die politische Großwetterlage wurde genutzt, Gesetze auf den Weg zu bringen und rechtliche Entwicklungen zu beschleunigen, deren Erfordernis und Nutzen zwar schon länger unumstritten waren, für die es aber keine Mehrheiten gegeben hat[14].

Die Projekte reichen von den Bemühungen um ein europäisches Modellstrafgesetzbuch[15] bis zur Schaffung einer Europäischen Staatsanwaltschaft[16]. Aber angesichts der immensen Schwierigkeiten, das Strafrecht im materiellen Bereich zu harmonisieren, stellt gerade die Kooperation auf dem Gebiet der Rechtshilfe jedenfalls derzeit vielleicht das einzige zur Verfügung stehende Mittel dar, auf transnationale Kriminalität angemessen zu reagieren[17]. Das Ziel dieser Bemühungen ist „eine europäische Strafrechtspflegegemeinschaft, die gewachsene Besonderheiten divergierender nationaler Rechtsordnungen respektieren und dennoch effektiv sein muss"[18]. Die Auslieferung als „klassisches" Instrument der Rechtshilfe spielt in diesem Zusammenhang von jeher eine herausragende Rolle[19]. Das gilt insbesondere für Deutschland, das innerhalb der Europäischen Union aufgrund seiner zentralen Lage die meisten Auslieferungsfälle aufzuweisen hat[20]. Der Neuordnung des Auslieferungsrechts durch die Einführung des Europäischen Haftbefehls kommt folglich für die Entwicklung der Zusammenarbeit der Mitgliedstaaten bei der Strafverfolgung große Bedeutung zu[21]. Der Erfolg des Europäischen

---

[13] DRiZ 2002, 1.

[14] Neben dem Europäischen Haftbefehl sind auf europäischer Ebene insbesondere die Pläne zur Schaffung einer Europäischen Staatsanwaltschaft zu nennen sowie der Rahmenbeschluss zur Terrorismusbekämpfung, ABl. L 164 vom 22.6.2002, S. 3 ff. Vgl. zu den in Deutschland verabschiedeten „Sicherheitspaketen" kritisch *Prantl* S. 51 ff unter der Überschrift „Der Terrorist als Gesetzgeber".

[15] *Delmas-Marty* Corpus Juris; inzwischen existiert auch eine überarbeitete zweite Fassung, das sog. „Corpus Juris Florence".

[16] Grünbuch der Europäischen Kommission, im Internet unter http://europa.int/olaf/livre vert; dazu *Brüner/Spitzer* NStZ 2002, 393.

[17] *Schomburg* StV 1998, 153; *Pradel* in: Wirtschaftsstrafrecht, S. 58 zur Unterscheidung von Zusammenarbeit, Harmonisierung und Assimilierung.

[18] *Schomburg* StV 1998, 153.

[19] Die Auslieferung wird aufgrund ihrer herausragenden Rolle auch als *große Rechtshilfe* bezeichnet im Gegensatz zur *kleinen Rechtshilfe* (Erledigung von Rechtshilfeersuchen, Zustellung etc.), vgl. *Pradel* in: Wirtschaftsstrafrecht, S. 60.

[20] *Schübel* NStZ 1997, 105, 106; *Haas* S. 47, nach dessen Auffassung Deutschland „in dem Bereich der Auslieferung sowohl qualitativ wie auch quantitativ" zu den „major players in Europa und der Welt gehört".

[21] Ideen zur grundsätzlichen Umgestaltung und Ausweitung der Auslieferungssysteme finden sich schon Ende des 19. Jahrhunderts; einen Überblick über die Ideen für einen „Weltauslieferungsvertrag" und die Bildung von Rechtshilfeverbänden unter

Haftbefehls wird einen Gradmesser für die Machbarkeit gemeinsamer Vorhaben im Bereich der Strafverfolgung bilden.

Bei dem Europäischen Haftbefehl handelt es sich gemäß der in Art. 1 Abs. 1 des Rahmenbeschlusses[22] enthaltenen Definition um eine justizielle Entscheidung, die in einem Mitgliedstaat ergangen ist und die Festnahme und Übergabe einer gesuchten Person durch einen anderen Mitgliedstaat zur Strafverfolgung oder Vollstreckung einer Freiheitsstrafe oder einer freiheitsentziehenden Maßregel der Sicherung bezweckt. Der Europäische Haftbefehl soll in den Beziehungen zwischen den Mitgliedstaaten alle früheren Instrumente bezüglich der Auslieferung ersetzen[23]. Dieser neuen Qualität trägt auch eine geänderte Terminologie Rechnung. Statt wie im Auslieferungsrecht bisher üblich von „ersuchendem" Staat (der ein Auslieferungsersuchen an den Staat richtet, in dem sich die gesuchte Person aufhält) und „ersuchtem Staat" (der entscheidet, ob er die Person festnimmt und übergibt) wird nun in Bezug auf den Europäischen Haftbefehl vom „Ausstellungsstaat" und „Vollstreckungsstaat" gesprochen. An die Stelle der „Auslieferung" im herkömmlichen Sinne tritt die „Übergabe" aufgrund eines Europäischen Haftbefehls[24].

Der Europäische Haftbefehl soll am 1. Januar 2004 in Kraft treten. Bis zum 31. Dezember 2003 müssen die Mitgliedstaaten daher die erforderlichen Durchführungsmaßnahmen treffen (Art. 34 Abs. 1). Deutschland hat allerdings zusammen mit einer Reihe weiterer Mitgliedstaaten angekündigt, die Umsetzung zu beschleunigen um den Europäischen Haftbefehl evtl. schon im Laufe des Jahres 2003 in Kraft treten zu lassen[25].

Staaten mit wesentlich gleichen Rechtszuständen um die Jahrhundertwende bei *v. Moock* S. 227.

[22] Art. ohne Angabe sind im Folgenden solche des Rahmenbeschlusses.

[23] Erwägungsgründe Nr. 1 und Nr. 11, Art. 31 I des Rahmenbeschlusses.

[24] In Erwägungsgrund Nr. 5 des Rahmenbeschlusses ist die Rede davon, die Auslieferung zwischen den Mitgliedstaaten abzuschaffen und durch ein System der Übergabe zwischen Justizbehörden zu ersetzen; dafür, im Rahmen der Kooperation auf europäischer Ebene auf den Begriff „Auslieferung" zu verzichten, um klassische Begriffe nicht zu verwässern bereits *Vogler* in: Sieber, Europäische Einigung und Europäisches Strafrecht, S. 130.

[25] Ankündigung der Bundesjustizministerin auf dem Treffen der EU-Justizminister am 15.2.2002; vgl. die Mitteilung unter http://text.bundesregierung.de/nurtext/dokumente/Artikel/ix_65823.htm, teilnehmende Länder sollen danach Großbritannien, Frankreich, Spanien, Portugal, Belgien und Luxemburg sein.

Schon vor seiner Umsetzung wird über Notwendigkeit und Qualität des Europäischen Haftbefehls kontrovers diskutiert. Die Rede ist einerseits von einer „bedeutsamen Neuerung zum Ausbau des gemeinsamen europäischen Rechtsraums"[26], einer Maßnahme, „die ausgereift viel Sinn machte"[27], von einer „Revolution des Auslieferungsrechts"[28] und von „Quantensprüngen" in der Entwicklung der gemeinsamen Strafverfolgung in Europa[29]. Auf der anderen Seite wird der Rahmenbeschluss als „tagespolitische Maßnahme"[30] kritisiert, die „überstürzt" und ohne ausreichende Prüfung der damit verbundenen Risiken getroffen wurde[31]. Beklagt wird die Aushöhlung von Beschuldigtenrechten durch die Europäisierung der Strafverfolgung, die auf dem kleinsten gemeinsamen Nenner stattfinde[32], und man befürchtet einen Automatismus, der zu einer ungeprüften Übergabe - auch eigener Staatsangehöriger - ohne Kontrollmöglichkeit führen könnte[33].

Ziel der vorliegenden Arbeit ist es, diese Diskussion aufzugreifen und den Europäischen Haftbefehl einer kritischen Bewertung zu unterziehen. Zu diesem Zweck wird das System der Übergabe auf der Grundlage des Europäischen Haftbefehls dem bisherigen System der Auslieferung in Europa, das es ersetzen soll, gegenübergestellt. Anhand der Gegenüberstellung sollen die wichtigsten Unterschiede und Neuerungen durch die Etablierung des Europäischen Haftbefehls herausgearbeitet und gewürdigt werden. Vor allem auch im Hinblick auf die Entwicklung der Europäischen Union auf dem Gebiet der justiziellen Zusammenarbeit und angesichts der vermehrten Bedeutung der europäischen Dimension für

---

26 *v. Bubnoff* ZEuS 2002, 185, 223.
27 *Schomburg* NJW 2002, 1629, 1630.
28 *Vogel* JZ 2001, 937.
29 DRiZ 2002, 1.
30 *Schomburg* NJW 2002, 1629, 1630.
31 Vgl. die Minderheitenansicht der Europaparlamentsabgeordneten *Frahm* und *Krarup* zum Bericht des Europäischen Parlaments vom 14.11.2001, A 5-0397/2001, die „weitgehende Eingriffe in die Strafprozessordnung der Mitgliedstaaten mit einem erheblichen Risiko im Sine einer Schwächung der Rechtssicherheit" befürchten und sowohl eine „ausreichende Analyse des angeblichen Bedarfs für geänderte Auslieferungsbestimmungen", wie auch eine „hinreichende Rechtfertigung für die Voraussetzungen und Konsequenzen" vermissen.
32 *Bendler* justament2/2002, 14, 15 sieht in der Wahrung der Rechte der Beschuldigten im Rahmen der Europäisierung der polizeilichen und justiziellen Zusammenarbeit bloß eine „quantité négligeable".
33 *Vogel* JZ 2001, 937, 941. *Schünemann* GA 2002, 501, 508 spricht in Bezug auf die teilweise Aufgabe des Prinzips der beiderseitigen Strafbarkeit von „Abgründen des Europäischen Haftbefehls".

die Strafrechtssysteme der Mitgliedstaaten soll die Bedeutung des Europäischen Haftbefehl analysiert werden.

In dieser Darstellung kann dabei nicht auf sämtliche geplanten Regelungen des Europäischen Haftbefehls im Einzelnen eingegangen werden. Dies würde zum einen den Umfang sprengen, zum anderen bleibt in den Detailfragen noch abzuwarten, wie die innerstaatliche Umsetzung erfolgt. Dies gilt insbesondere für die Regelungen im Verfahrensrecht. Die Darstellung beschränkt sich in der Regel auf die Perspektive der deutschen Rechtsordnung. Lediglich an besonders prägnanten Stellen wird beispielhaft auf andere europäische Länder eingegangen.

Zum Gang der Darstellung ergibt sich daraus folgendes:

Um den Hintergrund der Reformbestrebungen zu beleuchten und zu verdeutlichen , auf welcher Grundlage der Europäische Haftbefehl aufbaut, wird zunächst der derzeitige Stand des Auslieferungsrechts in der Europäischen Union skizziert und dabei auch auf die an der bestehenden Rechtslage geäußerten Kritik und die Reformforderungen eingegangen.

Im Anschluss folgt ein Abriss der Entstehungsgeschichte des Europäischen Haftbefehls mit einer kurzen Beschreibung des politischen Hintergrundes, der zu seiner Verabschiedung führte. Analysiert wird dabei auch, wie der Europäische Haftbefehl als Instrument der „dritten Säule"[34] der Europäischen Union im Entwicklungsprozess der Union einzuordnen ist.

Nach diesem gleichsam einführenden Teil der Arbeit, folgt im Hauptteil eine Darstellung des Europäischen Haftbefehls in seinen zentralen Punkten in Gegenüberstellung mit dem bisherigen „klassischen" Auslieferungsrecht. Im Hinblick auf die Änderungen des Verfahrens wird untersucht, auf welche Weise sich der Wegfall des gouvernementalen Bewilligungsverfahrens auf die dogmatische Konstruktion des Auslieferungsvertrags, die innerstaatliche Kompetenzverteilung und die Stellung des Individuums im Verfahren auswirkt.

Im Rahmen der Darstellung der materiellen Voraussetzungen erfährt vor allem die Frage besondere Bedeutung, wie sich die Diskussion um die Geltung von Grund- und Menschenrechten als Gegenrechten für den

[34] Vgl. zu diesem Begriff Fn. 46.

Europäischen Haftbefehl auswirkt. Spezielle Beachtung findet auch die Regelung des Europäischen Haftbefehls zum Verbot der Doppelbestrafung, einem zunehmend wichtigen und drängenden Problem.

Im Anschluss werden einige weitere ausgewählte Problemkreise behandelt:

Neben den Regelungen der Haft und der Rücküberstellung eigener Staatsangehöriger zur Strafvollstreckung im Heimatstaat ist es vor allem die Frage, welche Rechte dem Betroffenen im Hinblick auf seine Verteidigung zustehen. Diese Problematik führt innerhalb der Europäischen Union vermehrt zu Diskussionen, die durch den Europäischen Haftbefehl noch angeheizt werden könnten. Erwähnung finden schließlich auch Fragen des Rechtsschutzes und der Umsetzung des Rahmenbeschlusses in den Mitgliedsstaaten.

B Die Entstehungsgeschichte des Europäischen Haftbefehls

I. Zum bisherigen Stand des Auslieferungsrechts in Europa

Der Europäische Haftbefehl soll die Auslieferung innerhalb der Europäischen Union durch ein neues System ersetzen. Für das Verständnis erscheint es notwendig, zunächst die geltenden Regelungen im Auslieferungsrecht kurz darzustellen, um die Entwicklung nachzuzeichnen, die zur Verabschiedung des Rahmenbeschlusses führte. Auf diese Weise wird deutlich, welche Neuerungen der Europäische Haftbefehl enthält und wie mit dem Europäischen Haftbefehl auf die Probleme des geltenden Auslieferungsrechts reagiert wird.

1. Wichtige Abkommen

Die Gesetzeslage im Auslieferungsrecht auf dem Gebiet der Europäischen Union ist derzeit überaus komplex. Eine Vielzahl von Übereinkommen gilt es zu beachten[35]. Schon allein die Aufzählung aller Vertragswerke, die Auswirkungen auf Auslieferungsverfahren innerhalb Europas haben können, bereitet erhebliche Schwierigkeiten. Verkompliziert wird die Situation zusätzlich dadurch, dass der Stand der Ratifizierung sich ständig ändert[36].

Für das Verständnis der Struktur des Auslieferungsrechts sind mehrere unterschiedliche Rechtsschichten zu unterscheiden[37]. Denn Geltungsbereich und Struktur der Regelungen zur Fortentwicklung des Auslieferungsrechts hängen entscheidend davon ab, auf welcher Rechtsebene sie anzusiedeln sind.

---

35 Aufzählung bei Schwarze-*Böse* EU-Kommentar, S. 140 f.

36 Vgl. die Übersichtstabelle bei *Schomburg* NJW 2002, 1629, 1630 f; aktueller Überblick auch im Internet unter: http://www.bundesgerichtshof.de/rechtshilfe.htm.

37 *Schomburg* StV 1998, 153, 155. spricht von „schon jetzt bis zu 11 (elf) Rechtsebenen". *Vogel* JZ 2001, 937, 938 unterscheidet drei grundsätzliche „Rechtsschichten".

a) Die Ebene des Europarats

Grundlage und „Mutterkonvention"[38] für die Auslieferung zwischen den europäischen Staaten ist das Europäische Auslieferungsabkommen (EuAlÜbk) des Europarats vom 13.12.1957[39]. Dieses Übereinkommen hat die Struktur des Europäischen Haftbefehls maßgeblich beeinflusst. Ergänzt wird das EuAlÜbk durch Zusatzprotokolle[40] und bilaterale, häufig deliktsspezifische Ergänzungsverträge[41].

b) Die „Unionisierung" des Auslieferungsrechts

Das Auslieferungsrecht ist in seiner neueren Entwicklung von einer Verlagerung vom Europarat hin zur Europäischen Union gekennzeichnet[42].

(1) Das Schengener Durchführungsübereinkommen

Das Schengener Durchführungsübereinkommen[43], dessen Titel III Kapitel 4 gemäß Art. 59 Abs. 1 S. 1 das EuAlÜbk ergänzen und seine Anwendung erleichtern soll[44], galt zunächst nur für einen engeren Kreis von Staaten, darunter Deutschland. Inzwischen ist das SDÜ in den Besitzstand der Europäischen Union überführt und gilt unionsweit[45].

---

[38] Zur Struktur des EuAlÜbk als Mutterkonvention Schomburg/Lagodny-*Schomburg*, Vorbemerkung zu Hauptteil II.

[39] BGBl. 1964 II 1369, im Folgenden EuAlÜbk. Das EuAlÜbk ist für Deutschland am 1.1.1977 in Kraft getreten, vgl. den Überblick bei Schomburg/Lagodny-*Schomburg* Vorbemerkung zu Hauptteil II.

[40] Das erste Zusatzprotokoll vom 15.10.1975 wurde von Deutschland bisher nicht ratifiziert, das zweite Zusatzprotokoll datier vom 17.3.1978, BGBl. 1990 II S. 118, 1991 II S. 874.

[41] Übereinkommen vom 28.6.1978 über die Kontrolle des Erwerbs und Besitzes von Schusswaffen, Übereinkommen vom 8.11.1990 über Geldwäsche, Übereinkommen vom 31.1.1995 über den unerlaubten Verkehr mit Drogen, abgedruckt bei *Schomburg/Lagodny*, Hauptteil II. D.

[42] *Vogel* JZ 2001, 937, 938, nennt dies einen „Trend" zur „Unionisierung". Kritisch zu dieser Entwicklung *Schomburg* NJW 2001, 801.

[43] BGBl. 1993 II S. 1010, im Folgenden SDÜ.

[44] Scharfe Kritik am SDÜ bei *Sommer* StraFO 1999, 37; vgl. auch Schomburg/Lagodny-*Schomburg* Übersicht über das SDÜ Rn. 22, der von einem „eurobürokratischen Gemischtwarenladen" spricht.

[45] Durch das Schengen-Protokoll zum Vertrag von Amsterdam vom 2.10.1997 (ABl. C 340 vom 10.11.1997, S. 93), Irland und Großbritannien sind von der Anwendung ausgenommen.

(2) Die Abkommen der „dritten Säule"

In jüngster Zeit sind eine Reihe von Übereinkommen im Rahmen der „dritten Säule"[46] der Europäischen Union hinzugekommen, welche die Beseitigung bestehender Auslieferungshindernisse bezwecken:

- das EU-Übereinkommen über die Auslieferung zwischen den Mitgliedstaaten vom 27.9.1996[47];
- das Übereinkommen über das vereinfachte Auslieferungsverfahren zwischen den Mitgliedstaaten der Europäischen Union vom 10. 3. 1995[48];
- das Übereinkommen zum Schutz der finanziellen Interessen der EG[49];
- das Übereinkommen zur Bekämpfung der Bestechung[50];
- die EG-Fax-Konvention[51].

c) Der Vertrag zwischen Italien und Spanien

Von besonderer Bedeutung für die Entstehung des Europäischen Haftbefehls ist der Vertrag zwischen Italien und Spanien vom 28. 11. 2000 „zur Verfolgung schwerer Straftaten durch die Überwindung der Auslieferung in einem gemeinsamen Rechtsraum"[52]. Dieser Vertrag nimmt viele Regelungen des Europäischen Haftbefehls vorweg und erfüllt deshalb eine Vorbildfunktion[53]. Statt von Auslieferung spricht der Vertrag nunmehr von „Überstellung". Für ausgewählte Straftaten entfällt die Mehrzahl herkömmlicher Auslieferungshindernisse, darunter das Erfordernis der beidseitigen Strafbarkeit[54].

---

46 Vgl. zur Terminologie *Zott* S. 38: „Diese Struktur wird zumeist mit dem Bild eines antiken Tempels veranschaulicht. Den ersten Pfeiler bilden die drei Gemeinschaften, den zweiten die GASP (gemeinsame Außen- und Sicherheitspolitik), den dritten die ZBJI (Zusammenarbeit auf den Gebieten Justiz und Inneres), für die aus diesem Grunde häufig der Begriff ‚dritter Pfeiler' oder ‚dritte Säule' der Union gebraucht wird. Das Dach des Tempels stellt die Union dar".

47 ABl. 1996 Nr. C 313/11; BGBl. 1998 II 2253; Erläuterungen in ABl. 1997 Nr. C 191/13.

48 EU-VereinfAuslÜbk, ABl. 1995 Nr. C 78/2, BGBl. 1998 II 2230, 1999 II 357; Erläuterungen in ABl. 1996 Nr. C 375/4.

49 ABl. 1995 Nr. C 316/49, Art. 5.

50 ABl. 1997 Nr. C 195/2, Art. 8.

51 BGBl. 1995 II 969.

52 Der spanische Text im Internet unter: http://www.mju.es/prensa; zum Inhalt vgl. auch *Vogel* JZ 2001, 937; *Grevi* Il Mulino 1/2002, 119, 121.

53 Vgl. die ausdrückliche Bezugnahme auf den Vertrag zwischen Italien und Spanien im Kommissionsentwurf, ABl. C 332 E vom 27.11.2001, S. 0305-0319, Begründung Nr. 3.

54 Vogel JZ 2001, 937.

Als Vorläufer des Europäischen Haftbefehls ist das Abkommen von großem Interesse, zumal ähnliche Verträge zwischen anderen Mitgliedstaaten in Vorbereitung sind[55]. Die Entstehung des Europäischen Haftbefehls wurde durch diese Abkommen vorangetrieben, weil es die Dringlichkeit einer Reform deutlich machte. Es drohte der Abschluss weitgehender bilateraler Verträge, welche die multilateralen europäischen Abkommen in ihrer Bedeutung ausgehöhlt hätten, auch wäre zu befürchten gewesen, dass die bestehenden Regelwerke noch weiter ausgeufert wären[56].

d) Der aktuelle Stand

Bisher wurde das System der Auslieferung nicht grundsätzlich angetastet. Die Strukturen des geltenden Auslieferungsrechts entsprechen nach wie vor dem Modell, das sich mit Beginn des 19. bis frühen 20. Jahrhunderts entwickelt hat[57] und das durch das Erfordernis der Bewilligung in Form einer souveräne Entscheidung des um Auslieferung ersuchten Staates gekennzeichnet ist[58].

Am einschneidensten sind in der Praxis die Veränderungen, die durch die Möglichkeit der Zustimmung des Betroffenen zum vereinfachten Verfahren geschaffen wurden[59]. Die Möglichkeit der Zustimmung zur vereinfachten Auslieferung hat bereits dazu geführt, dass ein Großteil der Auslieferungen keines förmlichen Verfahrens mehr bedarf[60]. Der Verfolgte kann im vereinfachten Verfahren nach richterlicher Belehrung auf die Durchführung eines förmlichen Auslieferungsverfahrens und die Spezialitätsbindung verzichten. Sowohl Art. 66 SDÜ wie auch das EU-VereinfAuslÜbk führten zu weiteren Erleichterungen. Die Zulassung des justiziellen anstelle des diplomatischen Geschäftswegs[61], die Möglichkeit der Faxübermittlung von Unterlagen[62] und der Ausschreibung im Schengener Informationssystem anstelle des Ersuchens nach vorläufiger Fest-

---

55 Vgl. auch die Bezugnahme im Kommissionsentwurf, ABl. C 332 E vom 27.11.2001, S. 0305-0319, Begründung Nr. 3, wonach zwischen Spanien und dem Vereinigten Königreich ein ähnlicher Vertrag in Vorbereitung ist.

56 So auch explizit Nr. 3 der Begründung zum Kommissionsentwurf, ABl. C 332 E vom 27.11.2001, S. 0305-0319.

57 Geschichtlicher Überblick bei *Lagodny* Die Rechtstellung des Auszuliefernden in der BRD, S, 29 ff.

58 *Schultz* ZStW 81 (1969), 199; *Vogel* JZ 2001, 937, 938.

59 Vgl. *Schomburg* StV 1998, 153, 155.

60 In Deutschland trifft dies bereits auf weit über die Hälfte der Verfahren zu, vgl. *Schomburg* StV 1998, 153, 155, der von etwa 2/3 der Verfahren spricht; diese Zahl nennt auch *Schübel* NStZ 1997, 105, 109.

61 Art. 65 SDÜ, 13 EU-AuslÜbk anstelle von Art. 12 EuAlÜbk.

62 Art. 13 Abs. 3 EU-AuslÜbk.

nahme[63] sollen das Auslieferungsverfahren ebenfalls schneller und effektiver machen. Außerdem wurde das Bewilligungsverfahren insoweit eingeschränkt, als unter bestimmten Bedingungen die Möglichkeit besteht, auf Seiten des ersuchenden Staates auf die Regierungsbeteiligung zu verzichten.

2. Probleme und Kritik

Die im Bereich der „dritten Säule" erlassenen Abkommen haben zwar teilweise die Auslieferung erleichtert. Insgesamt konnte ein Durchbruch jedoch nicht erzielt werden. Das liegt einerseits daran, dass die Abkommen häufig erst von einer begrenzten Anzahl von Staaten ratifiziert sind. Zusätzlich besteht regelmäßig die Möglichkeit, Vorbehalte zu erklären, wovon die meisten Staaten auch ausgiebig Gebrauch gemacht haben[64]. Schon die Bestimmung des jeweiligen Anwendungsbereichs gestaltet sich daher als schwierig[65]. Außerdem sind die Abkommen nicht immer durchgängig harmonisiert und sinnvoll abgestuft. Die Praxis der EU, die Grundkonzeption des Auslieferungsrechts in Form des EuAlÜbk nach und nach durch Ergänzungen und Änderungen in Form weiterer Abkommen zu verändern, ist unter technischen Gesichtspunkten an ihre Grenzen gestoßen[66].

Nahezu einhellig wird das derzeitige Auslieferungsrecht als zu kompliziert und unübersichtlich und daher als zu langsam und ineffektiv kritisiert[67]. Im Kommissionsvorschlag zum Europäischen Haftbefehl ist von

---

[63] Art. 64, 95 SDÜ anstelle von Art. 16 EuAlÜbk.

[64] *Schübel* NStZ 1997, 105, 107, die in Bezug auf die Vorbehalte von „Angstklauseln" spricht, die den Zweck eines Abkommens aushöhlen. Eine Übersicht zu den Vorbehalten und Erklärungen zum EuAlÜbk findet sich bei Schomburg/Lagodny-*Schomburg* Vorbemerkung zum EuAlÜbk.

[65] *Lagodny* in: The Individual as Subject, S. 746: „it is a very difficult task even to determine the relevant applicable law"; vgl. zur Bestimmung des Anwendungsbereiches die komplexe Übersichtstabelle bei *Schomburg* NJW 2002, 1629, 1630 ff.

[66] *Vogel* JZ 2001, 937, 940 nennt diese Entwicklung „bedenklich"; *Schomburg* StV 1998, 153, 154, weist darauf hin, dass dieselbe Frage verschiedene Antworten aus unterschiedlichen, sich überschneidenden Staatengemeinschaften erfährt und dass keine aktuelle zugängliche Dokumentation mehr vorliegt, insbesondere auch keine zeitnahe Veröffentlichung im BGBl erfolgt.

[67] *Nehm* DRiZ 1996, 41, 46. spricht von einem „Gestrüpp" der Übereinkommen; *Schomburg* StV 1998, 153, 154, 156 von „Rechtshilfechaos" und „Regelungsdschungel"; Vogler/Wilkitzki-*Vogel* vor § 1 IRG Rn. 55 beklagt ein „Vertragschaos"; vgl. auch *Burhoff* Rn. 840; *Schübel* NStZ 1997, 105, 109; *Perron* ZStW 112 (2000), 202, 205; *Jokisch* S. 125. Beachte aber auch *Vogel* JZ 2001, 937, 943, der bezweifelt, ob die Klage, Auslieferungsverfahren seien zu kompliziert und dauerten zu lange, angesichts der jüngsten Enzwicklungen im Bereich der EU noch berechtigt ist; kritisch

einem schwerfälligen und völlig überholten Mechanismus die Rede[68]. Das bestehende komplexe Regelwerk dürfe nicht „noch mehr ausufern"[69]. In jedem Auslieferungsfall im Gebiet der Europäischen Union sind neben den nationalen Vorschriften eine Vielzahl von Abkommen potenziell einschlägig[70]. Kompliziert ist die Bestimmung des aktuellen räumlichen Geltungsbereichs aus mehreren Gründen: Teilweise werden Abkommen schon vor der Ratifikation zwischen manchen Staaten vorzeitig angewendet, teilweise bezieht sich dies nur auf einzelne Regelungen[71]. Die Ratifikation selber wird durch das Erfordernis der zusätzlichen Verabschiedung von Zusatzprotokollen oder der Inkraftsetzung durch einen Exekutivausschuss erschwert[72]. Neben dem Problem, den jeweiligen Geltungsbereich zu bestimmen, kommt es auch zu schwierigen Konkurrenzproblemen, soweit Fragen parallel normiert sind. So kann etwa der Grundsatz des Vorrangs der späteren Regelung („lex posterior") mit dem Vorrang der spezielleren Regelung („lex specialis") kollidieren[73]. Überspitzt formuliert: Die Fahndung nach dem konkret anwendbaren Recht stellt sich oft als schwieriger dar als die Fahndung nach dem Täter[74].

Folge der übermäßigen Komplexität ist zum einen die zu geringe Effektivität[75]. Auslieferungsverfahren dauern oft „ungebührlich lang"[76]. Außerdem werden Verfahren manchmal überhaupt nicht bzw. nur zögerlich eingeleitet. Dies dürfte daran liegen, dass aufgrund der Unübersichtlichkeit des Verfahrens Berührungsängste bestehen und ein „Zuviel an Regelungen" nicht mehr angenommen wird[77].

---

auch *Klip* NStZ 2000, 626, 628, nach dessen Auffassung die Klagen über den bestehenden Zustand nicht ausreichend substantiiert sind.

[68] Vorschlag der Kommission, ABl. C 332 E vom 27.11.2001, S. 0305-0319, Begründung Nr. 1.

[69] Vorschlag der Kommission, ABl. C 332 E vom 27.11.2001, S. 0305-0319, Begründung Nr. 3.

[70] *Schomburg* StV 1998, 153, 155. spricht von „schon jetzt bis zu 11 (elf) Rechtsebenen".

[71] *Schomburg* DRiZ 1999, 107, 109 nennt dies „Patchwork-Übereinkommen". Kritisch zu den „Kehrseiten dieser neuen Aktivitäten" auch *Perron* ZStW 112 (2000), 202, 205f.

[72] *Schomburg* StV 1998, 153, 154, bezeichnet diese Situation als „unerträglich", da „selbst die höchst-angesehensten Kommentatoren des Strafverfahrensrechts beim besten Willen keinen Durchblick mehr haben können, welchen räumlichen Geltungsbereich europäische Abkommen haben".

[73] *Vogel* JZ 2001, 937, 940.

[74] *Schomburg* StV 1998, 153, 154.

[75] Beispiele für die immensen praktischen Schwierigkeiten bei Auslieferungsverfahren innerhalb Europas bei *Nehm* DRiZ 1996, 41, 43 f.

[76] *Schübel* NStZ 1997, 105, 106.

[77] *Schomburg* StV 1998, 153, 155.

Daneben bestehen aber auch gravierende Bedenken im Hinblick auf rechtstaatliche Gesichtspunkte. Denn dem Betroffenen wird die Wahrung seiner Rechte in unvertretbarem Ausmaß erschwert und nahezu unmöglich gemacht, wenn schon die Frage, welches Recht im konkreten Fall anwendbar ist, immense Schwierigkeiten bereitet. Selbst Spezialisten in der Materie des Auslieferungsrechts haben mit der Bestimmung des Geltungsbereich Mühe[78], was eine effektive Verteidigung sehr erschwert[79]. So ist etwa nur schwer zu beurteilen, ob einem vereinfachten Verfahren zugestimmt werden soll oder ob auf den Spezialitätsgrundsatz verzichtet werden kann[80].

3. Die Anforderungen an ein Reformvorhaben

Wichtigstes Ziel eines Reformvorhabens auf dem Gebiet des Auslieferungsrechts innerhalb der Europäischen Union ist es daher zunächst, eine Vereinfachung durch Konsolidierung zu bewirken. Die inhaltlichen Anforderungen lassen sich auf zwei Hauptanliegen reduzieren. Im Vordergrund stehen einerseits die Steigerung der Effektivität des Verfahrens und andererseits die ausreichende Berücksichtigung von Individualinteressen des Verfolgten.

a) Die Steigerung der Effektivität

Im Rahmen der politischen Diskussion standen - und stehen - stets die Vereinfachung und Beschleunigung der Auslieferung durch den Abbau „klassischer" Auslieferungsvoraussetzungen im Vordergrund. Hauptargument für Neuregelungen im Bereich des Auslieferungsrechts ist wie im gesamten Bereich der „dritten Säule" die Bekämpfung der europaweiten Kriminalität. Das „klassische" System der Auslieferung wird als anachronistisch eingestuft. Es herrscht die Meinung vor, das bestehende System sei nicht mehr geeignet, mit der Entwicklung der Kriminalität Schritt zu halten. Die Entwicklung der Kriminalität ist innerhalb der Europäischen Union durch den Abbau von Grenzen und die zunehmende internationale Organisation und Betätigung des organisierten Verbrechens sowie neue Formen der Wirtschaftskriminalität gekennzeichnet[81]. Dazu kommt neuerdings verstärkt das Phänomen des internationalen Terrorismus[82]. Die Effektivität der Auslieferung soll daher gesteigert werden, um auf diese zunehmend als Bedrohung empfundenen Formen

---

[78] Vgl. dazu *Schomburg* StV 1998, 153, 154 mit Fn. 51.

[79] Zu Problemen aus der Sicht des Strafverteidigers *Sommer* StraFo 1999, 37.

[80] Vgl. dazu unten E III. 4.

[81] *Sieber* Europäische Einigung und Europäisches Strafrecht, S. 11 f.

[82] Vgl. zum Problem der „Konzentration terroristischer Aktivitäten" bereits vor dem 11. September *Nehm* DRiZ 1996, 41, 42.

der Kriminalität zu reagieren und „Oasen der Straflosigkeit"[83] zu beseitigen. Vor allem Voraussetzungen und Hemmnisse sowie verfahrensverzögernde Voraussetzungen des Auslieferungsverkehrs sollen daher abgeschafft, zumindest aber zurückgedrängt werden.

b) Die Stärkung der Rechte des Einzelnen

Eine Stärkung der Rechte des Verfolgten fordert dagegen vor allem die Literatur. Ein wichtiger Aspekt ist dabei zunächst die Forderung nach einem Abbau von Komplexität, um durch mehr Übersichtlichkeit die Wahrnehmung der Rechte des Verfolgten zu vereinfachen bzw. überhaupt erst zu ermöglichen. Daneben stehen Bestrebungen, die Grund- und Menschenrechte des Auszuliefernden im gesamten Verfahren stärker zur Geltung zu bringen[84]. Denn das herkömmliche Verständnis der Auslieferung entspricht nach Meinung vieler nicht mehr dem modernen völkerrechtlichen Verständnis, wonach der Einzelne als Völkerrechtssubjekt mit anerkannten Rechten angesehen wird[85]. Im Bereich des Auslieferungsrechts macht sich insoweit eine allgemeine Entwicklung hin zu einer verstärkten Bedeutung von Menschenrechten bemerkbar[86]. Die Empfindlichkeit gegenüber Eingriffen der Staaten in die Rechtssphäre des Einzelnen ist gewachsen. Die Rechtsstellung des Beschuldigten kann man als zentralen Bestandteil des „status europeus" des Bürgers in der Europäischen Union bezeichnen[87]. Dies wirkt sich auch auf die internationale Zusammenarbeit aus. Es wäre befremdlich, wenn Staaten innerstaatlich an akribische, komplizierte Prozessordnungen gebunden wären, im zwischenstaatlichen Verkehr aber in keinerlei Weise eingeschränkt wären[88]. Ausdruck findet dies in der nahezu einhelligen Forderung nach einer verstärkten Anwendung des Grundsatzes ne bis in idem[89] und allgemein die Forderung nach einem - wie auch immer gearteten - Grund- oder Menschenrechtsvorbehalt[90].

---

[83] *Nehm* DRiZ 1996, 41, 42; *Weigend* JuS 2000, 105, 106.
[84] Vgl. zu diesem „dreidimensionalen" Modell unten D I. 3. d) (2).
[85] *Vogel* JZ 2001, 937, 941.
[86] *Lagodny* in: The Individual as Subject, S. 700.
[87] *Jung* GA 2002, 65.
[88] *Trechsel* EuGRZ 1987, 71, 78.
[89] Vgl. hierzu unten D IV. 6.
[90] Vgl. hierzu unten D II..

c) Ergebnis

Zwischen den beiden Hauptanliegen im Zuge der Reform des Auslieferungsrechts - der Steigerung der Effektivität einerseits und der Stärkung des Individualschutzes andererseits - besteht meist ein Widerstreit[91]. Denn der Schutz des Individuums kann und wird die Auslieferung regelmäßig erschweren. Zwar ist dies im Einzelfall unter rechtstaatlichen Gesichtspunkten hinzunehmen[92], doch fällt es gleichzeitig in der momentanen Befindlichkeit immer schwerer, sich gegen Effizienz auszusprechen[93]. Letztlich geht es darum, „praktische Konkordanz zwischen staatlichen und Individualinteressen" herzustellen[94]. Die Qualität und das Gelingen einer Reform bemessen sich daher nicht danach, wie gut (nur jeweils) eines der beiden Ziele umgesetzt ist, sondern ob und wie gut es gelungen ist, sie in eine Balance zu bringen[95].

Ein Widerspruch der unterschiedlichen Interessenssphären muss jedoch nicht immer zwingend auftreten. Denn es ist durchaus möglich, traditionelle Auslieferungshindernisse abzuschaffen und durch effektivere Mechanismen zum Schutz des Individuums zu ersetzen. Beide Ziele können also - jedenfalls teilweise - durchaus konform gehen[96]. Denn die Entwicklung der Europäischen Union erlaubt es, eine Zusammenarbeit auf justizieller Ebene zu entwickeln, die sich von gängigen Formen internationaler Rechtshilfe unterscheidet. In der Europäischen Union geht es darum, den veränderten Gesichtspunkten im Hinblick auf die spezielle Form dieser Zusammenarbeit Rechnung zu tragen, die im Bereich der „dritten Säule" stattfindet.

---

91 *Nelles* in: Das Corpus Juris als Grundlage, S. 262.

92 *Trechsel* EuGRZ 1987, 69, 78.

93 *Jung* GA 2002, 65, 73, die den Begriff Effizienz im Rahmen der europäischen Diskussion um die Modernisierung des Strafverfahren als Leerformel kritisiert.

94 *Schomburg/Lagodny* Einleitung Rn. 106.

95 *Nelles* in: Das Corpus Juris als Grundlage, S. 262; zum Interessenskonflikt auch *Trechsel* EUGRZ 1987, 69, 78.

96 Die Aussage von *Nelles* in: Das Corpus Juris als Grundlage, S. 262, wonach ein zwingender und genereller Widerstand im Strafverfahren bestehe, gilt für das Auslieferungsrecht als Teil arbeitsteiliger, internationaler Strafverfolgung daher nicht uneingeschränkt; vgl. zum Thema Effektivität versus rechtsstaatliche Garantien bei der internationalen Zusammenarbeit auch *Jung* GA 2002, 65, 74.

II. Das Zustandekommen des Europäischen Haftbefehls

1. Der politische Hintergrund

Die Ereignisse des 11. September 2001 trugen sicher maßgeblich dazu bei, dass der Europäische Haftbefehls in sehr kurzer Zeit verabschiedet wurde[97]. Durch den politischen Druck, auf die Terroranschläge schnell zu reagieren, wurde die Umsetzung stark beschleunigt[98]. Der Vorschlag der Kommission zum Europäischen Haftbefehl wurde am 19. September 2001 - nur wenige Tage nach den Anschlägen in New York - vorgelegt. Zum Zeitpunkt der Terrorakte war er also weitgehend fertiggestellt. Das Vorhaben bezieht sich keineswegs schwerpunktmäßig auf terroristische Straftaten[99]. Mit einer Einigung innerhalb von drei Monaten und einer Umsetzungsfrist von zwei Jahren wäre bei einer „normalen" Entwicklung aber wohl nicht zu rechnen gewesen[100]. Wenn der Europäische Haftbefehl von politischer Seite vielfach als Reaktion auf den 11. September präsentiert wurde, so ist dies folglich nur in Bezug auf den Zeitplan des Vorhabens, nicht in Bezug auf das Vorhaben als solches zutreffend.

Die Entwicklungen hin zu einer Erneuerung des Auslieferungsrechts innerhalb der Europäischen Union reichen weiter zurück. Dem Projekt eines Europäischen Haftbefehls gingen umfangreiche Überlegungen und Vorarbeiten im Rahmen der Entwicklung von Modellen einer europäischen Zusammenarbeit in Strafsachen voraus[101]. Wie bereits erwähnt[102], sind schon im Schengener Durchführungsübereinkommen und im Rahmen der polizeilichen und justiziellen Zusammenarbeit Regelungen zur

---

[97] Vgl. DRiZ 2002, 1, wo von „Quantensprüngen" in der Rechtsentwicklung nach dem 11. September die Rede ist.

[98] Vgl. DRiZ 2002, 4; im Vorschlag der Kommission wird unter Nr. 4.1 der Begründung auf die Ereignisse des 11. September ausdrücklich Bezug genommen, ABl. C 332 E vom 27.11.2001, S. 0305-0319.

[99] Es wird daher auch verschiedentlich kritisiert, der Rahmenbeschluss über den Europäischen Haftbefehl sei unter dem Eindruck der Vorkommnisse des 11. Septembers forciert worden, obwohl terroristische Straftaten nur einen kleinen Teil des Anwendungsbereichs ausmachen, vgl. die Minderheitenansichten der Abgeordneten Ole Krarup und Pernille Frahm zum Bericht des Europäischen Parlaments vom 14.11.2001, A 5-0397/2001.

[100] *Schomburg* NJW 2002, 1629, 1630 bezeichnet den Europäischen Haftbefehl als „eher tagespolitisch motivierte Maßnahme" und beklagt, dass nach dem 11. September nicht erst einmal vorhandene Mittel im gemeinsamen Rechtsraum angewendet wurden.

[101] Instruktiv *Hetzer* Kriminalistik 2002, 437 f.

[102] Vgl. oben B I. 1. b), d).

Vereinfachung der Auslieferung getroffen worden. Einen wichtigen Schritt zur Neuregelung des Auslieferungsrechts enthält auch der Vertrag von Amsterdam. Dieser hat die „dritte Säule" der Union im Hinblick auf die polizeiliche und justizielle Zusammenarbeit in Strafsachen erweitert. Art. 29 Abs. 2, 2. Spiegelstrich EUV i.V.m. Art. 31 b EUV nennt ausdrücklich die „Erleichterung der Auslieferung zwischen den Mitgliedstaaten" als ein Instrument der justiziellen Zusammenarbeit, um den Bürgern der Union einen Raum der Freiheit, der Sicherheit und des Rechts zu bieten.

Auf dem Europäischen Rat von Tampere am 15. /16. Okzober 1999 wurde der Grundsatz der gegenseitigen Anerkennung von gerichtlichen Entscheidungen und Urteilen in den Schlussfolgerungen unter Nr. 33 als „Eckstein" der justiziellen Zusammenarbeit in Strafsachen bezeichnet. Laut Schlussfolgerung Nr. 35[103] „appelliert der Europäische Rat an die Mitgliedstaaten, rasch die EU-Übereinkommen von 1995 und 1996 über die Auslieferung zu ratifizieren. Er vertritt die Auffassung, dass zwischen den Mitgliedstaaten im Einvernehmen mit Artikel 16 EUV das förmliche Auslieferungsverfahren bei Personen, die sich nach rechtskräftiger Verurteilung der Justiz durch Flucht entziehen, abgeschafft und durch eine einfache Überstellung derartiger Personen ersetzt werden sollte. Im Bereich der Auslieferung sollten unbeschadet des Grundsatzes eines gerechten Gerichtsverfahrens auch Eilverfahren in Erwägung gezogen werden. Der Europäische Rat ersucht die Kommission, entsprechende Vorschläge im Lichte des Schengener Durchführungsübereinkommens vorzulegen". Im Dokument „Prävention und Bekämpfung der organisierten Kriminalität - Eine Strategie der Europäischen Union für den Beginn des neuen Jahrtausends"[104] ist bereits die Rede davon zu prüfen, „ob langfristig ein einheitlicher europäischer Rechtsraum für Auslieferungen geschaffen werden kann".

---

[103] Text im Internet unter: http://ue.eu.int/Newsroom/LoadDoc.asp?BID=76&DID=59124&LANG=1.

[104] ABl. Nr. C 124 vom 3.5.2000, S. 1 ff.

2. Das Verfahren

a) Der Entwurf der Kommission

Grundlage der endgültigen Fassung des Rahmenbeschlusses über den Europäischen Haftbefehl ist der mit Gründen versehene Vorschlag der Kommission vom 19. September 2001[105]. Dieser Entwurf hatte eine weitgehende Vereinfachung des Systems der Auslieferung zum Ziel, insbesondere sollten Auslieferungshindernisse abgebaut werden. Der Kommissionsvorschlag ging in diesem Punkt wesentlich weiter als der letztlich verabschiedete Rahmenbeschluss. So sollten z. B. die Grundsätze der Spezialität und Gegenseitigkeit vollständig entfallen. Anstelle eines Positiv- war ein Negativkatalog von Straftaten vorgesehen, die die Staaten von der Anwendbarkeit ausnehmen konnten[106].

b) Die Stellungnahme des Europäischen Parlaments

Das Europäische Parlament hat im Verfahren nach Art. 29 ff EU keine Mitentscheidungsrechte[107]. Eine Anhörung ist jedoch nach Art. 39 Abs. 1 EU vorgeschrieben, um dem Parlament im Vorfeld die Möglichkeit der Einflussnahme zu gewähren[108]. Das Europäische Parlament nahm in dem auf dieser Grundlage eingeleiteten Konsultationsverfahren zunächst zum Entwurf der Kommission vom 19. September 2001[109] am 29. November 2001 Stellung[110], nachdem dieser an den Ausschuss für die Freiheit und Rechte der Bürger, Justiz und innere Angelegenheiten weitergeleitet worden war. Das Parlament stimmte unter dem Vorbehalt einiger Änderungen zu. Diese betrafen unter anderem die Betonung der Rechte der Beschuldigten, die Klarstellung der Befugnisse der vollstreckenden Justizbehörde im Zusammenhang mit einem Europäischen Haftbefehl und, allgemeiner, die Beziehungen zwischen dem ausstellenden Mitgliedstaat und dem vollstreckenden Mitgliedstaat[111].

---

105 ABl. Nr. C 332 E vom 27.11.2001, S. 0305-0319.

106 Vorschlag der Kommission, Begründung Nr. 4.5 Punkt 6, ABl. C 332 E vom 27.11.2001, S. 0305-0319.

107 Zur Rolle des Parlaments und der Kritik an dessen schwacher Stellung *Zott* S. 285.

108 *Harings* in: Konsolidierung und Kohärenz, S. 91.

109 KOM (2001) 522 endgültig, 2001/0215 (CNS).

110 Vgl. zum exakten Ablauf des interinstitutionellen Verfahrens der EU im Internet unter: http://europa.eu.int/prelex/detail_dossier_real.cfm?CL=de&DosId=167840.

111 Vgl den Bericht des Parlaments vom 14.11.2001, A 5-0397/2001, darin enthalten auch die ablehnende Minderheitenansicht der Abgeordneten Pernille Frahm und Ole Krarup, die scharfe, grundsätzliche Kritik an dem gesamten Vorhaben üben und insbesondere den Zeitplan als überhastet ablehnen.

In der Fassung des Rates vom 10. Dezember 2001[112], der dem Parlament ebenfalls zugeleitet wurde, wurde das Vorhaben schließlich ohne Abänderung gebilligt[113].

c) Der Beschluss des Rates

Der Entwurf der Kommission wurde auf mehreren Tagungen des Rates der Justizminister diskutiert[114]. Dabei gab es insbesondere Meinungsverschiedenheiten zu „zwei Schlüsselfragen, die sich im Zusammenhang mit dem einschlägigen Vorschlag der Kommission stellen, nämlich die Frage des Anwendungsbereichs des vorgeschlagenen Rahmenbeschlusses und die Art der Maßnahmen, welche die Justizbehörde in dem Vollstreckungsstaat zur Gewährleistung der Rechte der Personen, gegen die ein Haftbefehl ergangen ist, ergreift, mit denen jedoch auch die Fristen für die Vollstreckung des Haftbefehls festgelegt werden"[115]. Geprüft wurden mehrere Alternativlösungen, „mit oder ohne Beibehaltung des Grundsatzes der beiderseitigen Strafbarkeit oder auf der Grundlage der Negativ- oder Positivlisten der strafbaren Handlungen, die bei der Festlegung des Anwendungsbereichs des Rahmenbeschlusses zu berücksichtigen sind"[116].

Die Einigung drohte bis zuletzt an der ablehnenden Haltung Italiens zu scheitern[117]. Erst durch eine Reihe von Zugeständnissen konnte schließlich auf der Tagung in Laken am 6/7. Dezember 2001 ein Kompromiss gefunden werden[118]. Offiziell verabschiedet wurde der Rahmenbeschluss auf der Tagung des Rates der Justiz- und Innenminister am 13. Juni 2002. Er erschien im Amtsblatt vom 18. Juli 2002[119] und trat am 20. Tag nach seiner Veröffentlichung am 7. August 2002 in Kraft.

---

[112] 14867/1/01 REV 1, 2001/0215 (CNS).

[113] Vgl. den Bericht des Parlaments vom 9.1.2002, A 5 0003/2002, mit einer Minderheitenansicht des Abgeordneten Maurizio Turco.

[114] Tagungen vom 20.9.2001, vom 16.10.2001 und vom 16.11.2001; vgl. zum gesamten Ablauf des Verfahrens die PreLex-Seite der Union zum Europäischen Haftbefehl unter http://europa.eu.int/prelex/detail_dossier_real.cfm?CL=de&DosId=167840, mit Links zu den Pressemitteilungen der einzelnen Sitzungen des Rates.

[115] Vgl. Pressemitteilung 2001/365 zur Tagung des Rates vom 16.10.2001.

[116] Vgl. Pressemitteilung 2001/365 zur Tagung des Rates vom 16.10.2001.

[117] Rahmenbeschlüsse müssen gemäß Art. 34 Abs. 2 EUV einstimmig verabschiedet werden.

[118] Zur Sonderrolle Italiens vgl. unten D III. 2. b) (2) (d).

[119] ABl. L 190 vom 18.7.2002, S. 1-18; vgl. Anhang.

C Der Europäische Haftbefehl innerhalb der „dritten Säule" der Europäischen Union[120]

I. Der Rahmenbeschluss

1. Die Rechtsgrundlage

Grundlage für den Erlass des Rahmenbeschlusses über den Europäischen Haftbefehl sind Art. 31 und Art. 34 EUV. Durch die besondere Erwähnung in Art. 31 lit. b EUV wird die Bedeutung der Auslieferung für den Rechtshilfeverkehr betont[121].

2. Der Subsidiaritätsgrundsatz/Kompetenz

Die Beschränkung auf erforderliche Harmonisierungsmaßnahmen ist nicht lediglich ein Hinweis auf das gemäss Art. 2 Abs. 2 EUV auch in der dritten Säule geltende Subsidiaritätsprinzip des Art. 5 EGV. Im Gegensatz zum Subsidiaritätsprinzip, dessen Justitiabilität durch Art. 46 EUV ausdrücklich verneint wird[122], ist das Erforderlichkeitskriterium gerichtlich überprüfbar. Zwar stellt es im Bereich der intergouvernementalen „dritten Säule" keine Kompetenzausübungsschranke dar, wie das Subsidiaritätsprinzip[123] für die supranationale EG. Denn es fehlt im Gegensatz zur supranational angelegten EG an einer hierarchischen Über/Unterordnung zweier abgrenzbarer Kompetenzebenen. Doch ist der Zweck insoweit vergleichbar, als auf die nationalen Identitäten der Mitgliedstaaten entsprechend der Vorgabe des Art. 6 Abs. 3 EUV Rücksicht zu nehmen ist[124].

Die Möglichkeit, Maßnahmen im Bereich der Auslieferung zu ergreifen, ist in Art. 31 lit. b EUV ausdrücklich verankert. Die Auslieferung verlangt naturgemäß eine Abstimmung über nationale Grenzen hinweg. Das Ziel, das bisherige multilaterale Auslieferungssystem zu ersetzen, kann daher auch nicht durch einseitiges Handeln der Mitgliedstaaten erreicht werden. Eine Neuregelung des Auslieferungssystems ist somit

---

[120] Vgl. zur Terminologie und der Säulenmetapher oben Fn. 45.
[121] Schwarze-*Böse* EU Kommentar S. 139.
[122] Vgl. *Pechstein/König* Rn. 162 ff, mit dem Hinweis, das Subsidiaritätsprinzip könne im Bereich der justiziellen Zusammenarbeit allenfalls analogen Sinn haben.
[123] Zur Subsidiarität im Bereich des Strafrechts in der EU grundsätzlich *Sieber* JZ 1997, 369, 373.
[124] *Satzger* in: Wirtschaftsstrafrecht, S. 83 f; *Pechstein/König* Rn. 163 sprechen von einem rein appellativen Charakter des Subsidiaritätsprinzips, um einzelstaatliche Aktionsräume zu bewahren.

nur auf Unionsebene zu verwirklichen. Die Unzulänglichkeit der gegenwärtigen Kooperationsformen, die Gefahr von Doppelverfahren der Justiz und auch die Schwächung der Normgeltung, die von territorial unterschiedlichen Verhaltensnormen ausgeht, sprechen für die Kompetenz der EU, in diesem Bereich tätig zu werden, und für die Erforderlichkeit des Europäischen Haftbefehls. Der Rat ist daher gemäss dem Subsidiaritätsprinzip nach Art. 2 EUV und Art. 5 EGV zum Erlass von Maßnahmen befugt[125]. Der Rahmenbeschluss genügt dem Erforderlichkeitsmaßstab auch insoweit, als den Mitgliedstaaten ein gewisser Spielraum im Rahmen der Umsetzung verbleibt[126]. Die Harmonisierung materieller Strafnormen oder des Strafprozessrechts ist durch den Rahmenbeschluss zum Europäischen Haftbefehl jedenfalls nicht unmittelbar bedingt[127].

3. Der Rahmenbeschluss nach Art. 34 Abs. 2 lit. b EUV

Das Institut des Rahmenbeschlusses gemäß Art. 34 Abs. 2 lit. b. EUV wurde durch den Vertrag von Amsterdam neu geschaffen. Der Rahmenbeschluss dient der Angleichung von Rechts- und Verwaltungsvorschriften und ersetzt insoweit die in der Praxis entwickelten Formen gemeinsamer Maßnahmen nach Art. K 3. Abs. 2 lit. b EUV in seiner früheren Fassung.[128] Der Rahmenbeschluss ist auf dem Weg, zum wichtigsten Instrument im Bereich strafrechtlicher Zusammenarbeit zu werden, da dieses Instrument im Vergleich zu anderen Handlungsformen den Mitgliedstaaten ein Höchstmaß an Flexibilität gewährleistet[129].

a) Parallele zur EG-Richtlinie

Der Rahmenbeschluss ist parallel zur Richtlinie konzipiert und wie diese nur im Hinblick auf das zu erreichende Ziel verbindlich. Wahl und Form der Mittel zur Umsetzung bleiben den Mitgliedstaaten überlassen[130]. Den Mitgliedstaaten ist so ein gewisser Freiraum bei der Ausgestaltung der eigenen Strafrechtsordnung garantiert[131]. Wie groß dieser Freiraum ist, hängt allerdings von den Anforderungen des Rahmenbeschlusses im einzelnen ab. Wie im Fall der Richtlinie sind dabei auch detaillierte Vor-

---

125 Erwägungsgrund Nr. 7.

126 Vgl. jedoch die Kritik im Minderheitenvotum der Europaparlamentsabgeordneten Frahm und Krarup, Bericht vom 14.112001 a 5-0397/2001.

127 Vgl. zur Problematik der Harmonisierung von Straftatbeständen im Zusammenhang mit dem Straftatenkatalog des Art. 2 Abs. 2 ausführlich unten D III. 2. b) (2) (b).

128 *Streinz* EuZW 1998, 142; *Pechstein/König* Rn. 243.

129 Vgl. aktuell den Rahmenbeschluss des Rates vom 13.6.2002 zur Terrorismusbekämpfung, dazu *v. Bubnoff* NJW 2002, 2672, 2673.

130 *Hilf/Pache*, NJW 1998, 705, 707; *Harings* in: Konsolidierung und Kohärenz, S. 88.

131 *Satzger* Die Europäisierung, S. 466.

gaben mit dem Charakter der Rahmenbeschlüsse vereinbar[132]. Im Unterschied zur Richtlinie ist eine unmittelbare Wirkung allerdings in jedem Fall ausdrücklich ausgeschlossen, Art. 34 Abs. 2 lit. b, S. 3 EUV.

Wie die Richtlinie nach dem EGV ist auch der Rahmenbeschluss verbindlich; einer Zustimmung der nationalen Parlamente bedarf es - auch im Hinblick auf Art. 59 Abs. 2 GG - nicht mehr[133]. Er stellt somit ein bereits geltendes, nur noch umsetzungsbedürftiges Abkommen dar[134]. Der Rahmenbeschluss verpflichtet die nationalen Parlamente ohne Abschluss eines ratifikationsbedürftigen Übereinkommens auf eine bestimmte Zielsetzung, was im Hinblick auf die parlamentarische Kontrolle durchaus problematisch ist[135].

Mehrere Mitgliedstaaten[136] haben bei Erlass des Rahmenbeschlusses über den Europäischen Haftbefehl an einem Parlamentsvorbehalt festgehalten; das Prinzip der Verbindlichkeit des Rahmenbeschlusses ist somit stark eingeschränkt. Die Umsetzung durch die Mitgliedstaaten soll gemäß Art. 34 bis zum 31. Dezember 2003 erfolgen. Einige Länder, darunter Deutschland, haben sich allerdings auf einen kürzeren Zeitplan zur Umsetzung geeinigt[137].

b) Rechtsnatur

Wesentlicher Unterschied zur Richtlinie ist, dass sich die Verbindlichkeit der Rahmenbeschlüsse gegenüber den Mitgliedstaaten nicht nach den die EG kennzeichnenden supranationalen, sondern nach den allgemeinen völkerrechtlichen Grundsätzen bestimmt[138]. Die Entscheidung des

---

132 *Satzger* in: Wirtschaftsstrafrecht, S. 85; vgl. auch die Kritik daran, dass die Vorschriften des Rahmenbeschlusses zu genau festgelegt seien und kein Spielraum verbleibe in der Minderheitenansicht der Europaparlamentsabgeordneten Frahm und Krarup, Bericht vom 14.12001 A 5-0397/2001; zur Frage des relativ geringen Spielraums - loi uniforme - im Hinblick auf den Rahmenbeschluss zum Schutz gegen Geldfälschung *Eisele* JA 2000, 991, 997.

133 *Schwarze* EU Kommentar, S. 147, 148; *Pechstein/König* Rn. 248 ff.

134 *Streinz* EuZW 1998, 142.

135 *Zott* S. 285, die auf die Anhörung des Europäischen Parlaments und die Mitwirkungsmöglichkeit der nationalen Parlamente bei der Umsetzung verweist. An der grundsätzlichen Problematik der Umgehung des Parlaments dürfte sich dadurch jedoch nichts ändern.

136 Es handelt sich dabei um Dänemark, Die Niederlande, Schweden, Das Vereinigte Königreich und Irland.

137 Ankündigung der Bundesjustizministerin auf dem Treffen der EU-Justizminister am 15.2.2002, vgl. die Mitteilung unter http://text.bundesregierung.de/nurtext/dokumente/Artikel/ix_65823.htm, teilnehmende Länder sollen danach Großbritannien, Frankreich, Spanien, Portugal, Belgien und Luxemburg sein.

138 *Streinz* Europarecht, Rn. 423 c.

Rates muss einstimmig erfolgen. Der Rahmenbeschluss begründet ausschließlich völkerrechtliche Verpflichtungen.[139] Insbesondere können die gemeinschaftlichen Rechtsinstitute der unmittelbaren Wirkung und des Vorrangs vor nationalem Recht nicht übertragen werden, da die Mitgliedstaaten sich gerade gegen eine Vergemeinschaftung dieses Bereichs entschieden haben[140]. Daraus folgt etwa auch, dass Schadensersatzansprüche wegen Nichtumsetzung eines Rahmenbeschlusses nicht zugesprochen werden können, da die Möglichkeit der unmittelbaren Anwendung hierfür Voraussetzung ist[141]. Nach der Umsetzung in das nationale Recht muss allerdings eine rahmenbeschlusskonforme Auslegung erfolgen[142]. Teilweise wird auch vertreten, eine solche Pflicht zur rahmenbeschlusskonformen Auslegung bestünde auch schon vor der nationalen Umsetzung. Wegen dieser objektiven Wirkung handle es sich bei einem Rahmenbeschluss daher um eine „Mischung aus supranationalen und völkerrechtlichen Grundsätzen"[143].

c) Zuständigkeit des EuGH

Durch den Vertrag von Amsterdam wurde auch die Möglichkeit geschaffen, über die Gültigkeit und Auslegung von Rahmenbeschlüssen und die zugehörigen Durchführungsmaßnahmen zu entscheiden[144]. Dies stellt das Äquivalent dazu dar, dass durch den Rahmenbeschluss ein die Mitgliedstaaten bindendes EU-Recht durch Ratsbeschluss geschaffen werden kann[145].

Nach Art. 46 lit. b EUV wird die „dritte Säule" der Union, also die polizeiliche und justizielle Zusammenarbeit, gerichtlicher Kontrolle unterworfen. Art. 46 lit. b EUV verweist auf Art. 35 EUV. Kern der Regelung des Art 35 EUV ist ein Vorabentscheidungsverfahren, das dem Verfahren nach Art. 234 EGV nachgebildet ist[146]. Die Zuständigkeit des EuGH gilt jedoch nicht automatisch. Voraussetzung dafür ist, dass der betreffende Mitgliedstaat die Zuständigkeit des Gerichts durch eine spezielle Unterwerfungserklärung anerkannt hat. Diese Konstruktion fakultativer

---

139 Schwarze-*Böse* EU Kommentar, S. 148.

140 Schwarze-*Böse* EU Kommentar, S. 127.

141 *Harings* in: Konsolidierung und Kohärenz, S. 88. *v. Bubnoff* NJW 2002, 2672, 2673 bezeichnet das Fehlen einer unmittelbaren Durchgriffswirkung als „Systemschwäche" des Rahmenbeschlusses.

142 Vgl. *Harings* in: Konsolidierung und Kohärenz, S. 88, wonach die Grundlage einer solchen rahmenbeschlusskonformen Auslegung im nationalen Recht liegt.

143 Vgl. *Oppermann* Rn. 1576 und *Zott* S. 285, der zufolge der Rahmenbeschluss „im wesentlichen" völkerrechtlicher Natur ist.

144 Vgl. dazu *Zott* S. 278.

145 *Scholz/Hofmann* ZRP 1998, 295, 301.

146 *Zott* S. 278.

Anerkennung obligatorischer Gerichtsbarkeit ist Art. 36 Abs. 2 des IGH-Statuts[147] entlehnt[148]. Es handelt sich insoweit um eine klassisch völkerrechtliche Zuständigkeit des EuGH[149] Die Bundesrepublik hat eine Erklärung nach Art. 35 Abs. lit. b abgegeben und damit gemäß § 1 Abs. 1 EuGHG[150] für sämtliche deutsche Gerichte eine Vorlagebefugnis bzw. eine Vorlagepflicht für funktionell letztinstanzliche Gerichte geschaffen[151]. Die Zuständigkeit bezieht sich gemäss Art. 35 Abs. 1 EUV auf die „Auslegung der Übereinkommen nach diesem Titel". Gemeint sind damit sämtliche Bestimmungen des Titel VI über die polizeiliche und justizielle Zusammenarbeit[152]. Überprüft werden kann die Gültigkeit und die Auslegung von Rahmenbeschlüssen[153]. Das Vorabentscheidungsverfahren bietet die Möglichkeit, über strittige Punkte zu einer einheitlichen Auslegung innerhalb des gesamten Rechtsraums der Europäischen Union zu gelangen. Problematisch ist insoweit jedoch, dass die Anerkennung der Zuständigkeit nur fakultativ ist. Überdies bleibt - auch im Falle der Anerkennung - abzuwarten, in welchem Maße die Gerichte von der Möglichkeit einer Anrufung des EuGH Gebrauch machen werden[154].

In Bezug auf die Rechtmäßigkeitskontrolle des Rahmenbeschlusses selbst sieht Art. 35 Abs. 6 EUV eine der Nichtigkeitsklage nach Art. 230 EGV nachgebildete Klagemöglichkeit vor[155].

---

[147] BGBl. 1973 II 505.

[148] Diese Konstruktion wird auch „opting in"-Modell genannt, vgl. *Harings* in: Konsolidierung und Kohärenz, S. 92.

[149] *Herdegen* Rn. 469.

[150] BGBl. 1998 I 2035.

[151] Jeder Mitgliedstaat kann selbst entscheiden, welche Gerichte zur Vorabentscheidung vorlegen können, vgl. *Schütz/Sauerbier* JuS 2002, 658, 661; Schwarze-*Böse* EU Kommentar, S. 142;*Streinz* EuZW 1998, 142.

[152] *Schomburg* StV 1999, 244, 248, der auch auf die Reichweite der Zuständigkeit bisher - insbesondere bezüglich des SDÜ - eingeht.

[153] *Schütz/Sauerbier* JuS 2002, 658, 661.

[154] *Hecker* StV 2002, 71, 73 fordert vehement, von der Möglichkeit der Vorlage vermehrt Gebrauch zu machen; zur zukünftigen Rolle des Vorabentscheidungsverfahrens auch *Schomburg* NJW 2000, 1833, 1839.

[155] *Schütz/Sauerbier* JuS 2002, 658, 661.

II. Der Europäischen Haftbefehl und die Entwicklung der EU

Die Einordnung des Europäischen Haftbefehls in die Entwicklung der Europäischen Union im Bereich der „dritten Säule“ und im Bereich des Straf- und Strafverfahrensrechts muss die vielfältigen Aspekte beachten, die dem Auslieferungsrecht als Schnittstelle des Völker-, Strafverfahrens- und Strafrechts eigen sind. Gerade die Vielzahl der Bezüge macht das Auslieferungsrecht zu einem besonders wichtigen, wegweisenden Teil der Entwicklung der Europäischen Union auf dem Gebiet der justiziellen und polizeilichen Zusammenarbeit.

1. Erste Etappe auf dem Weg zur Europäisierung des Strafrechts?

In Nr. 6 der Erwägungsgründe zum Europäischen Haftbefehl wird dieser als erste konkrete Verwirklichung des Prinzips gegenseitiger Anerkennung im strafrechtlichen Bereich bezeichnet. In Nr. 5 der Erwägungsgründe heißt es gleichzeitig, aus dem Ziel, sich innerhalb der Union zu einem Raum der Sicherheit und des Rechts zu entwickeln, folge die Abschaffung der Auslieferung. Der Europäische Haftbefehl könnte daher einen Schritt hin zu einem europäisierten Straf- und Strafprozessrecht darstellen, der die Auslieferung tatsächlich überflüssig machen würde[156]. Voraussetzung für eine solche Entwicklung hin zu bundesstaatlichen Strukturen wäre jedoch die Ersetzung traditioneller Grundprinzipien im Verhältnis der Staaten zueinander, welche die Auslieferung bisher geprägt habe.

Das Prinzip der gegenseitigen Anerkennung wird regelmäßig im Zusammenhang mit der Schaffung eines gemeinsamer Rechtsraums der Freiheit, Sicherheit und des Rechts verwendet. Dahinter stehen letztlich Bestrebungen zu weitergehender Harmonisierung der Strafrechts- und Strafprozessordnungen[157]. Ziel ist die Schaffung eines einheitlichen Rechtsraums[158] und eines einheitlichen europäischen Strafverfahrens[159]. In letzter Konsequenz wäre die Auslieferung dann gänzlich entbehrlich,

---

[156] Vgl. den Titel des Aufsatzes „Abschaffung der Auslieferung?“ von *Vogel* JZ 2001, 937.

[157] Zur Entwicklung *Dannecker* JZ 1996, 869, ders Jura 1998, 79; *Jung* GA 2002, 65. Instruktiv zum Begriff der Harmonisierung auch *Klip* NStZ 2000, 626, mit dem Hinweis, der Begriff Harmonisierung sei selber noch nicht harmonisiert und lasse unterschiedliche Definitionen zu.

[158] In diesem Zusammenhang zu beachten sind vor allem die Bemühungen zur Schaffung eines Modellstrafgesetzbuches „Corpus Juris“, vgl. *Delmas-Marty Corpus Juris* passim; sowie die Modelle zur Schaffung einer Europäischen Staatsanwaltschaft und der Koordinierungsstelle Eurojust, vgl. DRiZ 2002, 1, 4.

[159] Für ein solches „europäisches Strafverfahren“ *Perron* ZStW 112 (2000), 202, 224.

wenn „in einem Staat getroffene Entscheidungen einfach in allen anderen anerkannt werden"[160]. Gleichzeitig stellt gegenseitige Anerkennung jedoch die Alternative zur Harmonisierung dar, da die nationalen Unterschiede dadurch nicht eingeebnet, sondern nur als Hindernisse im Auslieferungsverfahren „entschärft" werden.

Für eine Effektivierung der Auslieferung auch durch eine Harmonisierung des Strafrechts insgesamt spricht, dass die Handhabung traditioneller Auslieferungshindernisse - wie das Prinzip der beiderseitigen Strafbarkeit - durch die Angleichung des materiellen Strafrechts vereinfacht wird[161]. Auch andere klassische Voraussetzungen der Auslieferung würden durch eine Harmonisierung strafprozessualer Vorschriften ihre Bedeutung als Auslieferungshindernisse verlieren[162].

2. Ein Mittel zum Erhalt der nationalen Strafrechtssysteme?

Der Neuordnung des Auslieferungsrechts zwischen den Mitgliedstaaten durch den Europäischen Haftbefehl kann aber auch noch eine andere Bedeutung beigemessen werden. Denn eine Harmonisierung der Strafrechtssysteme ist mit der Vereinfachung der Auslieferung nicht zwangsläufig verbunden[163]. Vielmehr wird durch die Übergabe zwischen den Mitgliedstaaten gerade das Bestehen unterschiedlicher, eigenständiger Strafrechtssysteme implizit anerkannt.

Zwar sind verstärkt Tendenzen zu erkennen, innerhalb der Europäischen Union materielles Strafrecht und Verfahrensrecht zu harmonisieren. Die Entstehung einer einheitlichen europäischen Strafrechtsordnung zeichnet sich in naher Zukunft aber noch nicht ab[164]. Überwiegend wird

---

160 Mitteilung der Kommission an den Rat und das Europäische Parlament vom 26.7.2000 - Gegenseitige Anerkennung von Endentscheidungen in Strafsachen, KOM (2000) 495 endgültig, unter Punkt 2; dazu *Vogel* JZ 2001, 937, 940. *Brüner/Spitzer* NStZ 2002, 393, 395, weisen darauf hin, dass die Schaffung einer Europäischen Staatsanwaltschaft klassische Instrumente der Rechtshilfe entbehrlich machen würde.

161 Vgl. *Tiedemann* S. 138; *Klip* NStZ 2000, 626, 627.

162 Kritisch zu diesem Argument jedoch *Klip* NStZ 200, 626, 627 f, nach dessen Auffassung die Behauptung, Harmonisierung führe zu einer Verbesserung der strafrechtlichen Zusammenarbeit, nicht begründet ist; vgl. zur Problematik der Vollstreckung von Urteilen in Abwesenheitsverfahren ausführlich unten D IV. 4..

163 Darauf weist auch *Grevi* Il Mulino 1/2002119, 128 hin, der die Vorbehalte der italienischen Regierung deshalb auch als unbegründet bezeichnet.

164 Vgl. schon *Jung* StV 1990, 509, 515, die Vorstellung ein einheitliches europäisches Strafrecht „von heute auf morgen" zu schaffen, sei naiv; *Dannecker* Jura 1998,79, 87. hält ein solches Konzept für „allenfalls langfristig durchsetzbar; zusammenfassend auch *Kühl* ZStW 109 (1997), 777, 778 f. m. w. N.

einer Vereinheitlichung auf dem Gebiet des Strafrechts inzwischen auch auf längere Sicht mit Skepsis und Kritik begegnet[165]. Die Chancen für ein Europäisches Modellstrafgesetzbuch werden allgemein als eher gering eingeschätzt[166]. Die Struktur der nationalen Strafverfolgungssysteme hängt in hohem Maße von kulturellen und historischen Entwicklungen ab[167]. Es gibt daher gute Gründe, die kulturellen Besonderheiten in der Zukunft beizubehalten und den Wettbewerb der verschiedenen Systeme fortzusetzen[168]. Seit dem europäischen Gipfeltreffen von Tampere scheint die Vision der Entwicklung eines Europäischen Strafrechts in weite Ferne gerückt[169]. Wenn überhaupt, wird mittels Rahmenvorgaben ein gewisses Maß an Harmonisierung angestrebt, während eigene europäische Straftatbestände bisher nicht in Rede stehen[170]. Lediglich im Bereich des Schutzes der finanziellen Interessen der Europäischen Union gibt es - vor allem mit dem Entwurf des „Corpus Juris" - Ansätze zu einer „echten" Europäisierung des Strafrechts[171].

Die Alternative zur Harmonisierung des Strafrechts kann gerade in einer Intensivierung der Rechtshilfe und dort insbesondere in einer Vereinfachung der Auslieferung gesehen werden[172]. Man könnte sogar soweit

---

165 Dazu *Jung* StV 1990, 509, 515.: „Insofern wäre es ausgesprochen kontraproduktiv, nationale Referenzsysteme einfach durch ein einheitliches europäisches Referenzsystem zu ersetzen"; *Scholz/Hofmann* ZRP 1998, 295, 300 f, schätzen Forderungen nach einer Vereinheitlichung des Strafrechts mit Blick auf die kulturelle Wertevielfalt als „problematisch" ein; *Schomburg* NJW 2001, 801:"Erst Recht zum Scheitern verurteilt ist auch der zwischen untauglich und irreal anzusiedelnde Versuch, zu einem gemeinsamen europäischen Straf- oder Strafprozessrecht zu kommen, das über den Schutz der Interessen etwa der EU hinausgeht"; vgl. auch *Tiedemann* S. 136; kritisch auch *Kühne* StV 2001, 73, 74; *Klip* NStZ 2000, 626.

166 Ablehnend zum corpus juris *Braum* JZ 2000, 493, 498 ff.

167 Ausführlich zu diesem Aspekt *Rüter* ZStW 105(1993), 30 ff.

168 *Sieber* JZ 1997, 369, 376; *Rüter* ZStW 105(1993), 30, 42, spricht im Hinblick auf ein einheitliches Strafrecht von einem „strafrechtlichen Esperanto"; vgl. zum drohenden Verlust an nationaler Strafrechtskultur auch den gleichnamigen Aufsatz von *Weigend* ZStW 105(1993), 774.

169 *Bendler* justament 2/2002, 14, 15; nach *Walter* Die Polizei 2002, 33, 34, „sind die beteiligten von einer Harmonisierung und Kompatibilität der Rechtssysteme und einer Konvertierbarkeit polizeilicher Befugnisse noch Lichtjahre entfernt".

170 Vgl. dazu auch *Frank* DRiZ 2002, 210.

171 Vgl. das Corpus Juris, sowie neuerdings das Grünbuch der Kommission zum Schutz der finanziellen Interessen der Europäischen Gemeinschaften und zur Schaffung einer Europäischen Staatsanwaltschaft, im Internet unter http://europa.eu.int/olaf/livre vert; dazu eine (kritische) Stellungnahme der Strafrechtslehrer der Universität München vom 15.5.2002; zustimmend zu dem Projekt *Frank* DRiZ 2002, 210; ausführlich zum „europäischen Staatsanwalt" *Brüner/Spitzer*, NStZ 2002, 393.

172 *Nehm* DRiZ 1996, 41, 42; *Klip* NStZ 2000, 626, 628.

gehen, das Übergabeverfahren nach dem Europäischen Haftbefehl als *das* „Europäische Strafrecht" zu bezeichnen. Denn derzeit ist die Auslieferung/Übergabe - als Teil der internationalen Rechtshilfe in Strafsachen - das einzige Mittel, um auf transnationale Kriminalität auch durch staatenübergreifende Strafverfolgung zu reagieren[173].

Die Vereinfachung der Auslieferung zwischen den Mitgliedstaaten durch die Einführung des Übergabeverfahrens des Europäischen Haftbefehls schafft daher die Möglichkeit, von Harmonisierungsbemühungen im Bereich des materiellen Straf- und Strafprozessrechts abzukommen. Das Bestehen eines einfachen, unkomplizierten und einheitlichen Übergabeverfahrens stellt die Notwendigkeit europäischer Strafrechtsnormen in Frage. Zwar setzt ein effektives Auslieferungsrecht ein gewisses Maß an Harmonisierung voraus, insbesondere im Hinblick auf die Beibehaltung des Grundsatzes der beiderseitigen Strafbarkeit[174]. Die Anerkennung ausländischer Maßnahmen verlangt nicht notwendig *gleiche*, sondern oft nur weitgehend *gleichwertige* Regelungen[175]. Deshalb könnte die Einführung des Europäischen Haftbefehls eine weitere Harmonisierung im Bereich der Strafrechtspflege nach sich ziehen[176]. Andererseits wäre das Bedürfnis nach materiell-strafrechtlicher Vereinheitlichung wesentlich reduziert, wenn auf traditionelle Auslieferungsvoraussetzungen - wie die beidseitige Strafbarkeit - weitgehend verzichtet wird[177].

---

[173] Vgl. *Schomburg* StV 1998, 153: "Rechtshilfe in Strafsachen *ist* das Internationale Strafrecht"; im Ergebnis, die nationalen Strafrechtssysteme beizuhalten, ähnlich auch *Rüter* ZStW 105(1993), 30, 46, der allerdings vorschlägt, vermehrt zum Tatortprinzip überzugehen und auf stellvertretende Strafrechtspflege zu verzichten.

[174] *Tiedemann* S. 138. Vgl. auch *Pradel* in Wirtschaftsstrafrecht, S. 66 f zur Schwierigkeit Verfahrensrecht zu harmonisieren ohne vorherige Harmonisierung des materiellen Rechts.

[175] *Weigend* ZStW 105(1993), 774, 794, spricht darüber hinaus von der Notwendigkeit der „Anerkennung dieser Gleichwertigkeit" als Voraussetzung der Anerkennung von Entscheidungen.

[176] Vgl. die Stellungnahme der Strafrechtslehrer der Universität München vom 15.5.2002 zum Grünbuch. Dafür, auf die Schaffung eines gemeinschaftlichen europäischen Strafgerichts (zunächst) zu verzichten und die nationalen Strafverfolgungsbehörden beizubehalten auch *Frank* DRiZ 2002, 210, im Hinblick auf das Modell der Verzahnung durch einen Europäischen Staatsanwalt mit beschränkten Zuständigkeiten.

[177] Darauf weist auch *v. Bubnoff* ZEuS 1999, 393, 409. hin: „Ein Missbrauch von EU-Mitgliedstaaten als Reservate der Straflosigkeit durch grenzüberschreitend agierende, organisierte kriminelle Zusammenschlüsse kann letztlich nur verhindert werden *entweder* durch eine Harmonisierung der nationalen Rechte im Sinne gleichläufiger Strafbestimmungen *oder* durch eine partielle Abkehr von dem Grundsatz der beiderseitigen Strafbarkeit"; ähnlich *Lagodny* ZRP 2000, 175, 177.

Der Europäische Haftbefehl wäre nach solchem Verständnis nicht Vorstufe zu einer Harmonisierung der Strafrechtsordnungen und der Entstehung eines „Europastrafrechts". Vielmehr würde er die Voraussetzungen schaffen, innerhalb der Europäischen Union unter Beibehaltung national eigenständiger und unterschiedlicher Strafrechtssysteme auf grenzüberschreitende Kriminalität durch verbesserte Zusammenarbeit auf einfachere Weise zu reagieren[178]. Die Leitmotive des Europäischen Haftbefehls - Vertrauen und gegenseitige Anerkennung - erhalten so eine eigenständige Bedeutung. Denn vor dem Hintergrund nationaler Unterschiede in den Strafrechtssystemen der Mitgliedstaaten können diese Prinzipien eine intensive Form der Zusammenarbeit ermöglichen, ohne auf das Ziel einer umfassenden Harmonisierung zu verweisen. Ermöglicht würde so eine effektive Zusammenarbeit statt „Assimilation"[179].

---

[178] *Weigend* ZStW 105(1993), 774, 793.
[179] Vgl zu dieser Formulierung *Weigend* ZStW 105(1993), 774, 793.

3. Die Grundprinzipien des Europäischen Haftbefehls

a) Die Ersetzung des Souveränitätsprinzips

(1) Die Souveränität im „klassischen" Auslieferungsrecht

Nationale Souveränität spielt im Auslieferungsrecht von jeher eine wichtige Rolle. Trotz aller Bemühungen um ein vereintes Europa galt die Strafverfolgung lange geradezu als Bastion nationaler Souveränität[180]. Die spezifische Form der internationalen Rechtshilfe in strafrechtlichen Angelegenheiten hat sich historisch zu einer Zeit herausgebildet, als den nationalstaatlichen Belangen - wie Souveränitätswahrung - politisch ein starkes Gewicht beigemessen wurde und sich die Entscheidung über die Bewilligung einer Auslieferung politischen Notwendigkeiten unterzuordnen hatte[181]. Ausprägung dieses Souveränitätsverständnisses war auch die Überzeugung, die eigene nationale Rechtsordnung biete grundsätzlich die beste Gewähr für die Durchführung von Strafverfahren[182]. Fremden Rechtsordnungen wurde mit grundsätzlichem Misstrauen begegnet[183], die eigene Strafjustiz als überlegen eingestuft[184]. Viele Auslieferungshindernisse beruhen auf diesem Verständnis[185], so z.B. das Verbot der Auslieferung eigener Staatsangehöriger, das Prinzip der beiderseitigen Strafbarkeit und die Nichtauslieferung bei politischen Delikten. Aber auch die Nichtgeltung des Prinzips ne bis in idem im zwischenstaatlichen Verkehr erklärt sich aus dem staatlichen Souveränitätsanspruch und der Missachtung fremder Rechtssysteme, da die Anerkennung ausländischer Abschlussentscheidungen stets als tiefer Einschnitt in die eigene Souveränität empfunden wurde[186].

---

180 *Gleß/Lüke* Jura 1998, 70; *Scholz/Hofmann* ZRP 1998, 295, 300. Zum engen Zusammenhang zwischen nationaler Souveränität und Strafrecht auch *Satzger* Die Europäisierung, S. 157 f.

181 *Scheller* S. 3.

182 *Weigend* JuS 2000, 105, 110.

183 *Perron* ZStW 112 (2000), 202, 206.

184 *Baier* GA 2001, 427, 434. Vgl. auch *Rüter* ZStW 105(1993), 30, 42, der darauf hinweist, als Exportprodukt sei das Strafrecht zwar nicht geeignet, die Einschätzung, man selbst habe das beste Strafrecht der Welt sei aber kein überholter Nationalismus, sondern entspreche „für den eigenen Kulturkreis" der Wahrheit.

185 *Walter* GA 1981, 250, 252.

186 *Lagodny* ZRP 2000,175, 176.

(2) Der Wandel des Souveränitätsprinzips

Der Begriff staatlicher Souveränität unterliegt im Rahmen der Entwicklung der Europäischen Union vielfältigen Wandlungen. Die Zunahme von Abhängigkeiten und Verpflichtungen im internationalen Bereich führt zu einer Relativierung im Verständnis von Souveränität und Staatsgewalt[187]. Das absolute Souveränitätsdogma der Völkerrechtslehre ist jedenfalls im Rahmen der Europäischen Union überwunden[188]. Denn schon durch ihren Beitritt haben die Mitgliedstaaten ihre Souveränität im Rahmen der vertraglich vereinbarten Ziele eingeschränkt[189]. Ob es in Zukunft überhaupt noch sinnvoll sein kann, von einer nationalen Souveränität zu sprechen[190], muss an dieser Stelle dahingestellt bleiben[191]. Schon über den genauen Bedeutungsgehalt, der sich hinter dem Begriff der Souveränität verbirgt, herrscht Unklarheit[192]. Im Rahmen der wachsenden internationalen Solidarität bei der Bekämpfung grenzüberschreitend agierenden Verbrechens werden die auf nationale Reservate gegründeten Vorbehalte bei der Auslieferung jedenfalls mehr und mehr als hinderlich angesehen[193]. Nationales Kompetenzgerangel und das Beharren auf nationalstaatlichen Exklusivpositionen erscheint vor dem Hintergrund verstärkter Zusammenarbeit der Strafverfolgungsbehörden bei der internationalen Verbrechensbekämpfung als „Anachronismus"[194]. Der Begriff der Souveränität wirkt angesichts veränderter

---

187 *Jung/Schroth* GA 1983, 241, 253; ausführlich *Oeter* in: FS-Steinberger, S. 259 ff.

188 *Jung/Schroth* GA 1983, 241, 253. *Spinellis*, S. 685, glaubt, die Sorge, die Souveränität intakt zu halten, sei den Mitgliedstaaten „nicht mehr so wichtig", da ein Teil dieser Souveränität ohnehin an die EU abgetreten wurde.

189 *Satzger* Die Europäisierung, S. 158. Vgl auch *Bleckmann* StV 1995, 552, 555, der im Zusammenhang mit Problemen bei der Bestimmung der Fluchtgefahr nach § 112 StPO im Hinblick auf die Übertragung breiter Souveränitätsrechte für eine Gleichstellung ausländischer und deutscher Gerichte plädiert.

190 So *Denninger* JZ 2000, 1121, 1123.

191 Vgl. *Weigend* ZStW 105(1993), 774, 778, mit dem Hinweis, die Behauptung, nationalstaatliche Souveränität in Strafrechtsfragen sei angesichts der Aktivitäten der Organe der EG zu einer Illusion geworden, klinge „*noch* etwas überzogen". Auf die Bedeutung des Amsterdamer Vertrags auf die Vorstellung von einem einheitlichen Europäischen Rechtsraum- selbst in Bezug auf die Souveränitätsfrage weist *Pradel* in Wirtschaftsstrafrecht, S. 68 hin.

192 *Satzger* Die Europäisierung, S. 158. *Jung/Schroth* GA 1983, 241, 253, sprechen von „mystifizierender Unklarheit", die den Souveränitätsbegriff umgebe; Darstellung der verschiedenen Bedeutungsgehalte des Begriffs bei *Oeter* in: FS-Steinberger, S. 283 ff.

193 *Nehm* DRiZ 1996, 41, 43. klagt über „kleinliche Vorbehalte aufgrund übersteigerten nationalen Souveränitätsdenkens". Vgl. *Schomburg* NJW 2001 zur Tendenz, „immer neue claims abzustecken, die mit der real existierenden Kriminalität geographisch nichts zu tun haben".

194 *Walter* Die Polizei 2002, 33, 40; *Jung* StV 1990, 509, 516.

praktischer Herausforderungen heute vielfach vage und sinnentleert[195]. Schon länger überwiegt daher die Auffassung, dass viele Staaten auf die „Reservate traditionellen Souveränitätsdenkens" wohl verzichten würden, „wenn sie diesen Verzicht auf bestimmte ausländische Staaten beschränken könnten, mit denen sie sich durch eine gemeinsame Rechtskultur und durch die übereinstimmende Achtung grundlegender Menschenrechte verbunden wissen"[196]. Nicht Souveränitätsschutz sondern die Ermöglichung wirksamer Strafverfolgung unter Wahrung der Rechte des Beschuldigten steht im Rahmen der Europäischen Union im Vordergrund[197].

Als Grundlage des Auslieferungsrechts innerhalb der Europäischen Union wirkt der Gedanke der unbedingten Staatssouveränität jedenfalls überholt, wenn es um die Frage der Effektivierung und Vereinfachung des Verfahrens geht. Denn je enger die kulturelle, wirtschaftliche und politische Verbindung zwischen den Mitgliedstaaten ist, desto mehr können Souveränitätsvorbehalte zurückgedrängt werden[198].

(3) Vertrauen als Grundlage

Als Grundlage für den Europäischen Haftbefehl wird auf ein hohes Maß an Vertrauen zwischen den Mitgliedstaaten verwiesen[199]. Souveränität und Vertrauen stellen insoweit zwei gegensätzliche Pole dar[200]. Auch dem „klassischen" Auslieferungsrecht ist gegenseitiges Vertrauen immanent. Denn auch bisher waren nur Staaten, denen gewisse grundsätzliche rechtstaatliche Standards zugetraut werden, Partner von Auslieferungsverträgen. Schon der Abschluss eines Auslieferungsabkommens war und ist Ausdruck des Vertrauens darauf, der Partner werde rechtli-

---

195 *Schomburg* StV 1998, 153, 157, nach dessen Auffassung Souveränität nur „die individualrechtliche Komponente der Bewahrung des - weil dem Staat durch legalen Aufenthalt im Staatsgebiet besonders anvertrauten - Menschen vor unerträglicher strafrechtlicher Verfolgung" ausmacht.

196 *Weigend* JuS 2000, 105, 110. Zum Aspekt regionaler Rückschraubung von rechtlichen Anforderungen im Hinblick auf die Grundrechte *Elbing*, S. 303. *Schultz* ZStW 81(1969), 199, spricht bereits von einem „langsam entstehenden, über die einzelnen Staaten hinausgreifenden neuen Rechtsbewusstsein, welches den in starrer Selbstherrlichkeit verharrenden souveränen Staaten die Idee der zwischenstaatlichen Souveränität und der Zusammenarbeit, nicht zuletzt auf dem Gebiet der Bekämpfung der Kriminalität, gegenüberstellt".

197 Vgl. *Trechsel* EuGRZ 1987, 71, 78. mit der Forderung an den EuGHMR, den Souveränitätsschutz als Argument auszublenden.

198 *Jung/Schroth* GA 1983, 241, 253.

199 Erwägungsgrund Nr. 10.

200 *Weigend* JuS 2000, 105, 110.

che Mindeststandards und die vertraglichen Bestimmungen einhalten[201]. Besteht die Befürchtung einer rechtstaatlichen Grundsätzen nicht genügenden Prozessführung in einem Staat, sollte deshalb mit diesem kein Auslieferungsverkehr unterhalten und kein Auslieferungsabkommen abgeschlossen werden[202]. Vor Eingehung einer völkerrechtlichen Verpflichtung zur Auslieferung wurden und werden der potenzielle Vertragspartner, seine Menschenrechtssituation und sein Justizsystem schon bisher sorgfältig geprüft[203]. Auch dass eine Tatverdachtsprüfung im Auslieferungsverfahren regelmäßig nicht stattfindet, ist Ausdruck eines Vertrauens in die Rechtstaatlichkeit und die überlegenen Aufklärungsmöglichkeiten des ersuchenden Staates[204].

Wenn die Erwägungen zum Europäischen Haftbefehl das Vertrauen zwischen den Mitgliedstaaten besonders betonen, ist daher etwas darüber Hinausgehendes gemeint. Vertrauen zwischen den Staaten steht im Gegensatz zum Misstrauen, das als Ausdruck staatlicher Souveränität fremden Rechtsordnungen grundsätzlich entgegengebracht wird. Ein „hohes Maß an Vertrauen zwischen den Mitgliedstaaten" soll den Abbau von Auslieferungshindernissen ermöglichen, die auf solchen Vorbehalten beruhen. Vertrauen innerhalb der Europäischen Union kann zum einen Grundlage für das Ziel einer weitergehenden Vereinheitlichung der strafrechtlichen Systeme sein, doch wird darin auch ein weiterer Aspekt zum Ausdruck gebracht. Denn Vertrauen wird einer *fremden* Rechtsordnung entgegengebracht. Nicht das Ziel einer weitgehenden Vereinheitlichung und Harmonisierung, sondern das Nebeneinander unterschiedlicher Strafrechtsordnungen innerhalb eines Systems - der Auslieferung bzw. Übergabe - wird dadurch also erst ermöglicht.

Bezug genommen wird auf einen Mindeststandard, der davon ausgeht, dass alle Mitgliedstaaten demokratische Rechtsstaaten sind, die überdies an die Europäische Menschenrechtskonvention gebunden sind und die Grund- und Menschenrechte auch im Strafverfahren achten[205]. Innerhalb der Europäischen Union erhält dieses Vertrauen in die Einhaltung gemeinsamer Standards im Unterschied zu den Beziehungen zu Drittländern mehr und mehr eine andere Bedeutung, was sich auch an der ge-

---

201 *Lagodny* in: The Individual as Subject, S. 755; *Rinio* ZStW 108 (1996), 354, 384, mit dem Hinweis, jedes andere Verhalten sei „zynisch".
202 *Baier* GA 2001, 427, 436.
203 *Baier* GA 2001, 427, 436.
204 *Graßhof/Backhaus* EUGRZ 1996, 445, 446.
205 Vgl. *Nehm* DRiZ 1996, 41, 46.

meinsamen Charta der Grundrechte ablesen lässt[206]. Im Ergebnis könnte also auf eine Überprüfung der Vorgehensweise des ersuchenden Staates weitgehend verzichtet werden.

b) Die gegenseitige Anerkennung

Dem Europäischen Haftbefehl soll Vorbildfunktion im Bereich der justiziellen Zusammenarbeit als erste praktische Umsetzung des Prinzips der gegenseitigen Anerkennung zukommen. Dieses Prinzip wiederum wird in den Erwägungsgründen als „Eckstein der justiziellen Zusammenarbeit"[207] bezeichnet.

(1) Das Prinzip

Ausdrücklich nehmen die Erwägungsgründe zum Europäischen Haftbefehl auf die Umsetzung des Grundsatzes der gegenseitigen Anerkennung Bezug[208]. Die genaue Bedeutung dieses Prinzips erschließt sich allerdings nicht ohne weiteres. Denn auch bisher lag dem Auslieferungsrecht die „Anerkennung" fremder Rechtsordnungen zugrunde. Durch die Bewilligung der Auslieferung erkennt der „ersuchte Staat" die Strafverfolgung durch den „ersuchenden Staat"[209] als Grundlage seines eigenen Handelns an[210]. Im Rahmen des Europäischen Haftbefehls ist mit der Berufung auf ein Anerkennungsprinzip daher noch etwas anderes gemeint. Die Entscheidungen der Mitgliedstaaten in Strafsachen sollen als gänzlich gleichwertig behandelt werden. Ein Automatismus beim Ersuchen eines anderen Staates wäre die Folge. Jegliche Überprüfung oder ein Infragestellen ausländischer Entscheidungen in Strafsachen wird bei konsequenter Anwendung eines so verstandenen Anerkennungsprinzips nicht nur überflüssig, sondern erscheint sogar unzulässig[211].

---

[206] Die Charta der Grundrechte der europäischen Union wurde am 7.12.2000 in Nizza verabschiedet. *Tettinger* NJW 2001, 1010, 1015 spricht von einer stärkeren „Verdichtung" gemeinsamer europäischer Werte durch die Charta.

[207] Erwägungsgrund Nr. 6.

[208] Erwägungsgrund Nr. 2 unter Verweis auf das Maßnahmenprogramm vom 30.11.2000, ABl. C 12 vom 15.1.2001, S. 10-12.

[209] Die Begriffe ersuchender und ersuchter Staat bezeichnen im Auslieferungsrecht den Staat, der durch Stellung eines Auslieferungsersuchens um Auslieferung ersucht und den Staat, der über dieses Ersuchen entscheidet. In der Terminologie des Europäischen Haftbefehls werden diese Begriffe ersetzt durch die Ausdrücke des „ausstellenden" und des „vollstreckenden" Mitgliedstaates.

[210] *Vogel* JZ 2001, 937, 940.

[211] Zum Anerkennungsverfahren im Rahmen der beschränkten Zuständigkeit des geplanten Europäischen Staatsanwalts *Frank* DRiZ 2002, 210.

(2) Das Konzept der „Freizügigkeit" von Entscheidungen

Weiter findet sich in den Erwägungsgründen zum Europäischen Haftbefehl der Verweis auf ein „System der Freizügigkeit strafrechtlicher Gerichtsentscheidungen"[212]. Der aus dem EGV bekannte Grundsatz, dass alles, was in anderen Mitgliedstaaten rechtmäßig ist, im Rechtsraum der EU frei zirkulieren können muss, wird so auf das Strafrecht übertragen[213]. Das Herkunftslandprinzip - bisher auf Waren und Dienstleistungen bezogen - wird auf Entscheidungen in Strafsachen ausgedehnt[214]. Im Ergebnis handelt es sich bei der Freizügigkeit von Entscheidungen daher lediglich um eine Ausprägung des Grundsatzes der gegenseitigen Anerkennung. Das Modell einer solchen „Verkehrsfähigkeit" von Entscheidungen hat ebenso wie ein Anerkennungsprinzip zur Folge, dass ausländische Entscheidungen nicht mehr zu überprüfen sind, wenn sie grundsätzlich „im Verkehr" innerhalb der Union sind[215]. Dem europäischen Rechtsraum wird im Hinblick auf das Ziel, ein hohes Maß an Sicherheit zu schaffen, die gleiche Bedeutung wie dem Binnenmarkt als Wirtschaftsraum eingeräumt[216]. Die Annahme, das Prinzip der Verkehrsfähigkeit, wie es im Rahmen der Grundfreiheiten im System der EG konzipiert ist, sei als Begründung für das Prinzip der Anerkennung geeignet und auf strafrechtliche Entscheidungen übertragbar, begegnet jedoch grundsätzlichen Zweifeln[217]. Denn die unionsweite Durchsetzung von Strafansprüchen and die Ermöglichung der Auslieferung hat mit dem Konzept der Ermöglichung von Grundfreiheiten keine gemeinsame Basis[218]. Das Strafrecht ist als „Produkt" nicht ohne weiteres mit wirt-

---

212 Erwägungsgrund Nr. 5 S. 3. Für die Einführung einer solchen Verkehrsfähigkeit der Entscheidungen der Strafverfolgungsbehörden *Brüner/Hetzer*, NStZ 2003, 113.

213 Vgl. Mitteilung der Kommission an den Rat und das Europäische Parlament vom 26.7.2000 - Gegenseitige Anerkennung von Endentscheidungen in Strafsachen, KOM (2000) 495 endgültig, wo in der Einleitung explizit auf die positiven Erfahrungen mit dem Binnenmarkt verwiesen wird.

214 Vgl. *Nelles* ZStW 109 (1997), 727, 750.

215 Zu diesem Modell vor allem *Sieber* in: Delmas-Marty, Corpus Juris, S. 3, ders., ZRP 2000, 186, 190, der für die Verkehrsfähigkeit von Entscheidungen eine Harmonisierung zwar nicht für zwingend erforderlich, aber doch für hilfreich und langfristig wünschenswert hält; Eine Parallele zur Warenverkehrsfreiheit und der Cassis-de-Dijon-Rechtsprechung des EuGH zieht im Hinblick auf die Fluchtgefahr des §112 StPO innerhalb der EU auch *Bleckmann* StV 1995, 552, 555.

216 Kritisch dazu *Klip* NStZ 2000, 626, 628.

217 Vgl. auch die Diskussion zum sog. Herkunftslandprinzip, das Art. 3 der E-Commerce -Richtlinie der EG zugrunde liegt und sich wohl auch auf strafrechtliche Fragen beziehen soll.

218 *Vogel* JZ 2001, 937, 941. Kritisch zum Anerkennungsprinzip auch *Nelles* ZStW 109 (1997), 727, 750.

schaftlichen Konzepten gleichzustellen[219]. Allerdings wird die Parallele zur Freizügigkeit im Rahmen der Grundfreiheiten für gerichtliche Entscheidungen wohl primär nicht zur Begründung, sondern zur Beschreibung des Mechanismus der Anerkennung verwendet. Denn die grundsätzliche Frage, ob und bis zu welchem Grad gegenseitige Anerkennung in Strafsachen erfolgen soll, ist innerhalb der Europäischen Union auf politischer Ebene zu beantworten. Im Ergebnis bedeutet Verkehrsfähigkeit also, dass sich die Mitgliedstaaten gegenseitig so viel grundsätzliches Vertrauen entgegenbringen, dass Entscheidungen gegenseitig anzuerkennen sind und innerhalb des gemeinsamen Rechtsraums frei zirkulieren können, ohne in Frage gestellt oder überprüft zu werden. Dadurch wird um Ausdruck gebracht, dass bei Geltung einheitlicher Rechtsschutzstandards eine Deregulierung erfolgen kann[220].

(3) Die Umsetzung

Das Prinzip der gegenseitigen Anerkennung wird in den Erwägungen und den Begründungen des Europäischen Haftbefehls zwar vielfach als Leitmotiv des Vorhabens herausgestellt. Von einer konsequenten Umsetzung ist der Europäische Haftbefehl jedoch weit entfernt[221]. Eine unbedingte und ungeprüfte - gleichsam automatische - Anerkennung aller strafrechtlichen Entscheidungen durch andere Mitgliedstaaten[222] ist keineswegs vorgesehen. Das zeigt sich schon daran, dass verschiedene formelle und materielle Voraussetzungen beibehalten wurden[223]. Entgegen allen anderslautenden Absichtserklärungen ist die Zusammenarbeit der Mitgliedstaaten nicht frei von nationalen Vorbehalten und Souveränitätsbestrebungen, die das Prinzip gegenseitiger Anerkennung in vielerlei Hinsicht einschränken.

---

[219] *Klip* NStZ 2000, 626, 628. Vgl. jedoch auch den Schlussantrag von Generalanwalt *Dámaso Ruíz-Jarabo* in der Rs. C-187/01, EuGRZ 2002, 556, der von einem „gemeinsamen Markt der Grundrechte" spricht.

[220] *Sieber* in: Delmas-Marty, Corpus Juris, S. 3.

[221] Insoweit anders *Frank* DRiZ 2002, 210, nach dessen Auffassung der Rahmenbeschluss zum Europäischen Haftbefehl die Erwartung stützt, dass die Mitgliedstaaten sich auf der Grundlage eines von ihnen akzeptierten Standards auf ein Anerkennungsverfahren einlassen.

[222] Vgl. die Kritik an einem solchen Anerkennungsprinzip bei *Vogel* JZ 2001, 937, 941, der von einem „Gleichstellungsprinzip" spricht.

[223] Vgl ausführlich unten D.

4. Ergebnis: Der Europäische Haftbefehl als Kompromiss

Der Widerstreit zwischen Individualschutz und dem Bemühen um mehr Effektivität, der im Auslieferungsrecht von jeher bestand, wird im europäischen Zusammenhang um einen weiteren Widerstreit erweitert. Den Tendenzen einer Europäisierung auf dem Gebiet des Strafrechts in Gestalt von gegenseitigem Vertrauen und gegenseitiger Anerkennung stehen sowohl Reste nationaler Souveränität als auch das Bestreben gegenüber, das Strafrecht als nationales Instrument zu erhalten. Ausdruck findet dieser Konflikt unter anderem in der Frage, ob die Auslieferung durch ein System gegenseitiger Anerkennung oder eine weitergehende Harmonisierung des Strafrechts der Mitgliedstaaten von hergebrachten Hemmnissen befreit werden soll. Die Gegensatzpaare geraten oftmals in Konflikt, überschneiden sich aber auch in einigen Bereichen. So ist die Forderung nach mehr Individualschutz zwar mit der Beibehaltung von Kontrollmechanismen verbunden, was in Widerspruch zu einer Vereinfachung und Effektivierung und dem System gegenseitiger Anerkennung steht. Gleichzeitig lassen sich viele Hindernisse im Auslieferungsrecht, die dem Souveränitätsverständnis entspringen, beseitigen und durch neue Mechanismen ersetzen, ohne auf Individualschutz zu verzichten. Harmonisierung des Strafrechts ist in einigen Bereichen Voraussetzung für eine effektive Zusammenarbeit. Das Prinzip gegenseitiger Anerkennung erlaubt den Abbau von Auslieferungshemmnissen, ohne auf eine weitere umfassende Europäisierung des Strafrechts hinzuarbeiten. Vertrauen und gegenseitige Anerkennung als zentrale Prinzipien der Kooperation der Mitgliedstaaten der Europäischen Union erlauben einerseits national eigenständiger Strafrechtssysteme, ohne auf eine effektive unionsweite Strafverfolgung zu verzichten. Andererseits kann in der verstärkten Zusammenarbeit auch der erste Schritt hin zu einer umfassenden Harmonisierung der strafrechtlichen Systeme liegen. Als Maßnahme der „dritten Säule" der Europäischen Union stellt der Europäische Haftbefehl also einen Schritt hin zu einer neuen Qualität der Zusammenarbeit und einer möglichen Europäisierung des Strafrechts dar. Die Effektivierung des Auslieferungs- und Rechtshilferechts könnte aber die Beibehaltung unterschiedlicher Strafrechtssysteme gerade erst ermöglichen und eine Europäisierung auf diesem Gebiet in absehbarer Zeit überflüssig machen[224].

---

[224] Vgl. auch *Jokisch* S. 123, der sich ebenfalls für die Beibehaltung der nationalen Vielfalt der Prozessordnungen als „zur Zeit einzig realistischen und auch anzustrebenden Möglichkeit" ausspricht und als Ziel einer grenzüberschreitenden Strafverfolgung die Anerkennung fremder Rechtsakte nennt (S. 125).

Die dargestellten Grundprinzipien der gegenseitigen Anerkennung und der Ersetzung von Souveränität durch Vertrauen, die dem Europäischen Haftbefehl zugrunde liegen, bedürfen allerdings weiterer Konkretisierung. Es handelt sich um Begriffe mit politischer Appellfunktion, die allenfalls ergänzend zur Auslegung der Regelungen des Europäischen Haftbefehls Verwendung finden können. Sie spiegeln in ihren unterschiedlichen Bedeutungsgehalten die grundsätzlichen Strömungen innerhalb der Entwicklungen im Bereich der Zusammenarbeit innerhalb der „dritten Säule" der Europäischen Union wider. Erst die konkreten Regelungen zur Vereinfachung des Verfahrens und dem Abbau von Auslieferungsvoraussetzungen lassen Erkennen, welchen Prinzipien Geltung getragen wurde und inwieweit die angestrebten Grundsätze auch tatsächlich verwirklicht wurden.

D Die Hauptunterschiede zum Auslieferungsrecht

I. Die Vereinfachung des Verfahrens

Die Bestrebungen, das System der Auslieferung zu effektivieren, richten sich zum einen auf die Abschaffung bzw. das Zurückdrängen materieller Voraussetzungen der Auslieferung. Daneben sollen, obwohl bereits in den letzten Jahren eine Reihe von erleichternden Abkommen geschlossen wurden,[225]vor allem Erleichterungen im Verfahren geschaffen werden.

1. Der Wegfall des Bewilligungsverfahrens

Die einschneidenste und wichtigste Neuerung des Europäischen Haftbefehls in verfahrenstechnischer Hinsicht ist der vollständige Verzicht auf ein Bewilligungsverfahren. Denn neben den rein verfahrenserleichternden Auswirkungen hat dieser Verzicht gewichtige Auswirkungen auf die grundsätzliche Natur des Auslieferungsverfahrens.

a) Das zweistufige Auslieferungsverfahren

Wichtigstes strukturelles Prinzip des „klassischen" Auslieferungsverfahrens, wie es nicht nur in der BRD sondern auch in den meisten anderen Staaten der EU[226] besteht, ist ein zweistufiger Aufbau. Der gerichtlichen Zulässigkeitsprüfung durch das OLG (§§ 12, 13 IRG) folgt das Bewilligungsverfahren. In diesem wird durch Regierungsvertreter nach außenpolitischen Ermessenserwägungen über die Frage nach der Zweckmäßigkeit der Auslieferung im Einzelfall entschieden (§ 74 IRG). Man kann insoweit von einer doppelten, rechtlichen und politischen Dimension der Auslieferung sprechen[227]. Zuständig für die Auslieferungsbewilligung ist die Bundesregierung - im Regelfall der Bundesminister der Justiz im Einvernehmen mit dem Auswärtigen Amt. Es besteht eine Delegationsmöglichkeit auf die Landesregierungen[228].

---

[225] Vgl. oben B I. 1.d).
[226] *Vogel* JZ 2001, 937, 943.
[227] *Weigend* JuS 2000, 105, 109.
[228] Vgl. *v. Bubnoff* Auslieferung, S. 23.

b) Das einstufige Verfahren des Europäischen Haftbefehls

Sämtliche Initiativen, das Auslieferungsverfahren in der EU zu modernisieren, hielten am Bewilligungsverfahren fest. Im Verfahren nach dem Europäischen Haftbefehl entfällt die zweite Stufe dagegen ersatzlos[229]. Die Beteiligung der Regierung und damit das politische Moment bei der Entscheidung über die Auslieferung werden als überflüssig und hinderlich angesehen[230]. Zwar wurde bereits durch Art. 95 des Schengen II-Abkommens die Möglichkeit geschaffen, auf eine Regierungsbeteiligung bei der Antragstellung auf Seiten des ersuchenden Staates zu verzichten[231]. Die völlige Entkoppelung von Auslieferung und Diplomatie ist jedoch neu. Die Abschaffung des Bewilligungsverfahrens bildet wohl den radikalsten Einschnitt dar, den der Europäische Haftbefehl für das Auslieferungsverfahren in seiner bisherigen Form bedeutet.

Die Abschaffung des Bewilligungsverfahrens soll in erster Linie eine Beschleunigung und mehr Effektivität bewirken. Die Kommission geht in ihrer Begründung davon aus, dass der Wegfall der politischen Entscheidung Wirksamkeit und Schnelligkeit erheblich steigert[232]. Gerade die außenpolitische Entscheidung wurde für die Schwerfälligkeit und Ineffizienz des Rechtshilfeverfahrens verantwortlich gemacht[233]. Die Forderung, das Auslieferungsverfahren gänzlich auf die gerichtliche Zulässigkeitsprüfung zu beschränken, wurde daher schon in der Vergangenheit aufgestellt[234]. Der Wegfall der zweiten Stufe spart Zeit, da etwaige (doppelte) Rechtschutzmöglichkeiten durch ein Widerspruchsverfahren gegen die politische Entscheidung entfallen[235]. Das Verfahren soll allein in den Händen der Justizbehörden liegen, um die Ablehnungsgründe voll justiziabel zu machen und gleichzeitig möglichst einzuschränken. Der Verzicht auf eine Beteiligung der Regierung ist auch systematisch zu erklären. Eine politische Opportunitätsentscheidung passt nicht in das geplante europäische Konzept der gegenseitigen Anerkennung von Ent-

---

229 *Spinellis*, S. 686 spricht von einer Zusammenarbeit der Justizorgane und Polizeibehörden „ohne die Einmischung der Verwaltung oder Regierung".

230 Vgl. Punkt 4.5 Nr. 4 der Begründung zum Entwurf der Kommission, ABl. C 332 E vom 27.11.2001, S. 0305-0319. Kritik auch bei *Nehm* DRiZ 1996, 41, 43: „Diplomatische Gepflogenheiten, Formeln und Wege machen das Verfahren unangemessen aufwendig".

231 Durch Ausschreibung im Schengener Informationssystem, vgl. dazu *Lagodny* in: The Individual as Subject, S. 751 f.

232 Vgl. Begründung 4.5 Nr. 4, KOM (2001) 522, ABl. C 332 E vom 27.11.2001, S. 035-0319.

233 Laut *Scheller*, S. 3, gilt dies für andere europäische Länder eher in noch höherem Maße.

234 *Vogel* JZ 2001, 937, 943. *Lagodny* in: The Individual as Subjekt, S. 751.

235 Begründung der Kommission 4.5 Nr. 4, ABl. C 332 E vom 27.11.2001, S. 0305-0319.

scheidungen. Abgesichert werden sollte durch die Entscheidungszuständigkeit der Regierung in erster Linie die staatliche Souveränität[236]. Da dieses Argument im Verbund der Europäischen Union an Bedeutung stark verloren hat, ist die Abschaffung des Bewilligungsverfahrens letztlich nicht nur Mittel zur Vereinfachung, sondern logische Konsequenz der veränderten Bedeutung der Auslieferung innerhalb der Europäischen Union. Der Wegfall des Bewilligungsverfahrens ist Ausdruck des gesteigerten Vertrauens der Mitgliedstaaten untereinander. Wenn den Vertragspartnern ein so hohes Maß an Vertrauen in Bezug auf die Einhaltung gemeinsamer Standards entgegengebracht wird, ist eine Bewilligung auf politischer Ebene im Einzelfall nicht mehr nötig[237].

2. Die Folgen des Wegfalls des Bewilligungsverfahrens

a) Die Auswirkungen auf die Vertragstheorie

Wichtig für das Verständnis des theoretischen Gerüsts des klassischen Auslieferungsverfahren ist die sog. Vertragstheorie[238]. Die Auslieferung ist danach eine zwischenstaatliche Maßnahme. Auslieferungsersuchen und die Bewilligung der Auslieferung stellen als Angebot und Annahme Teilakte eines völkerrechtlichen Rechtsgeschäfts, eines völkerrechtlichen Vertrages für jede einzelne Auslieferung dar[239]. Nach der Prüfung durch das Oberlandesgericht trifft die Bundesregierung im Bewilligungsverfahren die Entscheidung über das Ersuchen, wobei Rücksicht auf außenpolitische Erwägungen zu nehmen ist. Der völkerrechtliche Vertrag ist mit der Bewilligung der Auslieferung, spätestens aber mit dem Zugang der Bewilligungsnote bei dem ersuchenden Staat geschlossen, da in der Bewilligung die Annahme eines völkerrechtlichen Angebots liegt[240].

An dieser juristischen Konstruktion der Vertragstheorie kann im Hinblick auf das Verfahren der Übergabe nach dem Europäischen Haftbefehl nicht festgehalten werden. Der Verzicht auf das politische Moment durch den Wegfall des Bewilligungsverfahrens zugunsten direkter Kooperation der Behörden entzieht der Vertragstheorie die Grundlagen:

---

236 Vgl. oben C II. 3 a) (1).

237 Vgl. zu diesem Argument *Lagodny* in: The Individual as Subject, S. 761.

238 Grundlegend *Vogler* Auslieferungsrecht und Grundgesetz, S. 33 ff; *v. Bubnoff* Auslieferung, S. 10; *Kimminich* EuGRZ 1986, 317, 320.

239 *Vogler* Auslieferungsrecht und Grundgesetz, S. 34; ders. in: Festschrift zum 125 jährigen Bestehen der Juristischen Gesellschaft zu Berlin, S. 832; ders. in: Spendel-FS, S. 871f; zusammenfassend auch Mangold/Klein/Starck-*Becker* Art. 16 Abs. 2 Rn. 67.

240 *Vogler* Auslieferungsrecht und Grundgesetz, S. 34; *v. Bubnoff* Auslieferung, S. 26.

Eines der konstituierenden Merkmale eines völkerrechtlichen Vertrages ist die Vertragsfähigkeit der Parteien. An dieser Vertragsfähigkeit besteht im klassischen Auslieferungsrecht kein Zweifel, da die Bewilligungserklärung von der Regierung abgegeben wird[241]. An der Völkerrechtsfähigkeit der am Verfahren beteiligten Parteien fehlt es aber im rein justiziellen Verfahren des Europäischen Haftbefehls, da die Auslieferung kein Vorgang mehr ist, der sich zwischen zwei Regierungen vollzieht. Es liegt daher keine Willensübereinstimmung zwischen Völkerrechtssubjekten vor, wie sie die Vertragstheorie voraussetzt. Wenn lediglich Justizbehörden handeln, lässt sich ein völkerrechtlicher Vertrag nicht mehr konstruieren[242].

Neben diesem formalen Mangel fehlt es auch an dem durch die Vertragstheorie vorausgesetzten Willen der Parteien, ein Rechtsverhältnis zu begründen, das dem Völkerrecht unterstellt ist. Denn die zweite Stufe fällt nicht lediglich verfahrenserleichternd weg. Die Mitgliedstaaten verpflichten sich auch, auf der Grundlage des Prinzips der gegenseitigen Anerkennung grundsätzlich jeden Europäischen Haftbefehl, der den Bestimmungen des Rahmenbeschlusses entspricht, zu vollstrecken (Art. 1 Abs. 2). Zwar ermöglicht auch der Europäische Haftbefehl in bestimmten Fällen, die Vollstreckung zu verweigern. Es besteht insoweit aber gerade kein Ermessen des ersuchten Staates.

Auch aus diesem Grund erscheint in Auslieferungsfällen die Konstruktion eines „speziellen"[243] völkerrechtlichen Vertrages nicht mehr geeignet, dem Mechanismus des Europäischen Haftbefehls gerecht zu werden. Denn durch die direkte Kooperation der Justizbehörden der Mitgliedstaaten im Sinne einer bloßen Übergabe soll das System der Auslieferung zwischen den Mitgliedstaaten gerade ersetzt werden. Das Erfordernis einer gerichtliche Entscheidung zur Übergabe durch den ersuchten Staat stellt nach der Konzeption des Europäischen Haftbefehls lediglich ein Instrument zur justiziellen Kontrolle[244] dar und nicht eine eigenständige völkerrechtliche Annahmeerklärung. Eine Verpflichtung zur Auslieferung besteht schon aufgrund der Regelungen des Europäischen Haftbefehls und nicht erst durch eine gesonderte Bewilligung. Zwar verpflichten auch generelle Auslieferungsverträge die Vertragsparteien

---

241 *Lagodny* Die Rechtstellung des Auszuliefernden in der BRD, S. 12.
242 Vgl. dazu bereits *Lagodny* Die Rechtstellung des Auszuliefernden in der BRD, S. 12.
243 „Speziell" ist hier im Gegensatz zum „allgemeinen", d.h. dem die grundsätzliche Auslieferungspflicht begründenden völkerrechtlichen Vertrag gemeint, vgl. zu diesen Begriffen *Kimminich* EuGRZ 1986, 317, 320.
244 Vgl. Erwägungsgrund Nr. 8.

zur Auslieferung. Diese Verpflichtung erschöpft sich jedoch darin, auf ein konkretes Ersuchen hin im Einzelfall zu überprüfen, ob nach dem Vertrag eine Auslieferung vorzunehmen ist. Die Vertragspartner wollen gerade nicht bereits im Vorfeld über ihre Hoheitsrechte verfügen, d.h. auf diese verzichten. Deshalb stehen Auslieferungsverträge unter ausdrücklichen und stillschweigenden Vorbehalten[245]. Im Rahmen des Europäischen Haftbefehls ist dies anders. Zwar bestehen nach wie vor Vorbehalte in Form von Gründen, die eine Vollstreckungsverweigerung ermöglichen. Diese sind jedoch voll justiziabel. Nicht die Regierungen, sondern die Gerichte entscheiden über Auslieferungsersuchen. Eine richterliche Verfügung führt zur Auslieferung, nicht das Handeln der Regierungen der beteiligten Staaten[246]. Die Übergabe nach dem Europäischen Haftbefehl ist ein Akt der Justizbehörden, der sich nicht als spezieller völkerrechtlicher Vertrag konstruieren lässt[247].

b) Die Auswirkungen auf die Natur des Auslieferungsverfahrens

Die genaue dogmatische Einordnung der Auslieferung, die als Teil der Rechtshilfe dem internationalen Strafrecht zuzuordnen ist, bereitet seit jeher Schwierigkeiten[248]. Die Auslieferung weist Elemente des Straf-, Strafprozess- Völker- und Staatsrechts auf[249].

Die Erklärungsmodelle zur Natur der internationalen Rechtshilfe in Strafsachen können vereinfacht in zwei Theorien zusammengefasst werden: Die Rechtspflege- und die Rechtshilfetheorie, die sich rechtshistorisch bis ins 19. Jahrhundert zurückverfolgen lassen[250]. Zwar wird der Streit überwiegend nicht mehr als entscheidungsrelevant für die Beantwortung der konkreten Sachfragen eingeschätzt[251]. Rechtshilfe ist sinnvoll nur im Hinblick auf praktische Fragen zu charakterisieren[252] und die Durchführung und Gewährung von Rechtshilfe enthalten Elemente von

---

245 *Vogler* Auslieferungsrecht und Grundgesetz, S. 47; *Mayer* S. 215.

246 Dies stellt die Umkehrung eines Zitats von v. Martitz vom Ende des 19. Jhd. dar, dass *Vogler* im Rahmen seiner Begründung der Vertragstheorie aufgreift, vgl. *Vogler* Auslieferungsrecht und Grundgesetz, S. 48, wonach die Auslieferung "stets ein zwischen den Regierungen sich vollziehender Vorgang ist, auch wenn hierbei den beiderseitigen Landgerichten eine bestimmte Mitwirkung oder Kontrolle eröffnet wird".

247 Von den Vertretern der Rechtspflegetheorie wurde dies schon immer vertreten, vgl. dazu (ablehnend) *Vogler* Auslieferungsrecht und Grundgesetz, S. 48, nach dessen Auffassung diese Vorstellung „der Geschichte angehört".

248 *Oehler* Internationales Strafrecht, S. 4 f.

249 *Vogler* Auslieferungsrecht und Grundgesetz, S. 18.

250 Vgl. aus rechtshistorischer Sicht *v. Moock,* passim.

251 Vogler/Wilkitzki-*Vogel* vor § 1 Rn. 6.

252 *Popp* Rn. 18.

Rechtshilfe- und Rechtspflege[253]. Aufgrund der komplexen Natur der Rechtshilfe in Strafsachen ist es daher in der Tat zweifelhaft, ob ein solcher Theorienstreit sinnvoll ist[254]. Aufgrund der Auswirkungen, die eine grundsätzliche Einordnung im Hinblick auf praktisch relevante Fragen nach sich ziehen kann, soll aber eine kurze Darstellung im Hinblick auf die Auswirkungen erfolgen, die der Europäische Haftbefehl für die Theorien zeitigt.

(1) Die Rechtspflegetheorie

Die Rechtspflegetheorie sieht die Leistung von Rechtshilfe und die Auslieferung jedenfalls auch als Akt der Strafrechtspflege des ersuchten Staates an. Das Rechtshilferecht wird demnach dem Bereich des Strafverfahrensrechts zugerechnet. In dieser, ursprünglich von *Lammasch* vertretenen Form „übt auch der Staat, welcher einen Beschuldigten ausliefert, ein Strafrecht gegen denselben aus"[255], die Auslieferung trägt zum ausländischen Strafverfahren bei wie eine nationale Prozesshandlung[256].

(2) Die Rechtshilfetheorie

Die seit der Weimarer Zeit herrschende, den zwischenstaatlichen, völkerrechtlichen Charakter des Rechtshilferechts betonende Rechtshilfetheorie, begreift die internationale Rechtshilfe in Strafsachen als Unterstützung fremder, nicht eigener Strafverfolgung[257]. Das Rechtshilfeverfahren wird nicht der Strafrechtspflege, sondern der Pflege der äußeren Beziehungen zugerechnet. Der Wegfall des Bewilligungsverfahrens beim Europäischen Haftbefehl wirkt sich auf die Rechtshilfetheorie aus. Nicht die Pflege der auswärtigen Beziehungen, sondern direkte Kooperation der Justizbehörden in Strafsachen zeichnet das Verfahren nach dem Europäischen Haftbefehl aus. Zwar kann nach wie vor betont werden, die Übergabe nach dem Europäischen Haftbefehl sei Unterstützung fremder, nicht eigener Strafverfolgung, denn jedenfalls die Strafgewalt verbleibt auch nach dem Europäischen Haftbefehl bei den einzelnen Mitgliedstaaten. Der Schwerpunkt liegt jedoch auf der direkten Kooperation der Justizbehörden.

---

[253] *Popp* Rn. 18.
[254] Vogler/Wilkitzki-*Vogel* vor § 1 Rn. 7.
[255] Zusammengefasst und zitiert bei: *Vogel* Auslieferungsrecht und Grundgesetz, S. 27.
[256] *Popp* Rn. 16.
[257] *Popp* Rn. 16; Vogler/Wilkitzki-*Vogel* vor § 1 Rn. 5.

(3) Das Konzept eines „arbeitsteiligen Strafverfahrens"

Weder die Rechtshilfe- noch die Rechtspflegetheorie werden dem durch den Europäischen Haftbefehl angestrebten Übergabeverfahren in vollem Umfang gerecht. Denn bei diesem Übergabeverfahren handelt es sich weder um ein reguläres Strafverfahren, noch um ein Verfahren, dass nur völkerrechtlichen Beziehungen dient und sich in der Übergabe einer Person über die Grenze erschöpft.

Anknüpfend an ein Urteil des Bundesverfassungsgerichts, das von der Internationalen Rechtshilfe als „Teil der gegen den Verfolgten durchgeführten Strafverfolgung insgesamt" spricht[258], kann die Auslieferung neuerdings als Teil eines „international arbeitsteiligen Strafverfahrens" verstanden werden[259]. Die Auslieferung als Teil der Rechtshilfe in Strafsachen gehört danach systematisch zum transnationalen Straf- und Strafprozessrecht[260]. Wegen des „Grundsatzes der Verfahrenseinheit"[261] ist der Verfolgte so zu behandeln, „als handele es sich um ein deutsches Strafverfahren"[262]. Ein solches Verständnis hat den Vorteil, dass es die komplexe Struktur des Auslieferungsverfahrens gut erklärt, ohne dass der Streit zwischen Rechtspflege- und Rechtshilfetheorie entschieden werden muss[263]. Gewisse Parallelen zur Rechtspflegetheorie sind insoweit erkennbar, als der einheitliche strafverfahrensrechtliche Charakter des Auslieferungsrechts betont wird. Die Theorie von der arbeitsteiligen Strafverfolgung wird von *Schomburg/Lagodny* primär zur Begründung

---

258 BVerfGE 61, 28, 34.

259 *Schomburg/Lagodny* Einleitung Rn. 105; vgl. auch *Lagodny* JZ 1998, 565, 568, im Anschluss an den Beschluss des BVerfG vom 18. 6. 1997; *Lackner/Kühl* § 51 Rn. 3, wo die Formulierung aus BVerfGE 61 28, 34. von „der gegen den Verfolgten durchgeführten Strafverfolgung insgesamt" zitiert wird; der Begriff des arbeitsteiligen Strafverfahrens wird für ein europäisches Ermittlungsverfahren auch aufgegriffen von *Perron* ZStW 112 (2000), 202 f.

260 *Schonburg/Lagodny* Einleitung Rn. 15. Vgl. auch die Definition von *Schünemann* in: 140 Jahre GA, S. 216, wonach die Auslieferung als „eine Art begrenztes Strafverfahren, durch das der ersuchte Staat quasi an einer internationalen Strafverfolgung partiell teilnimmt" qualifiziert werden kann.

261 *Lackner/Kühl* § 51 Rn. 3, 12, 13 zur Einbeziehung ausländischer Urteile.

262 *Schomburg/Lagodny* Einleitung Rn. 105.

263 *Schomburg/Lagodny* Einleitung Rn. 89 weisen darauf hin, der Streit zwischen Rechtshilfe- und Rechtspflegetheorie betreffe primär die Frage nach der Zuständigkeit. Allerdings weist ihr Hinweis, Auslieferung sei nicht Hilfe zur Strafverfolgung im ersuchenden Staat, durchaus Parallelen zur Rechtspflegetheorie auf. Vgl. dagegen Vogler/Wilkitzki-*Vogel* vor § 1 IRG Rn. 41, nach dessen Auffassung das Konzept arbeitsteiliger Strafverfolgung nicht im Widerspruch dazu steht, die Auslieferung als bloße Hilfe zur fremden Strafverfolgung zu begreifen.

eigener, umfassender Rechte des Beschuldigten verwendet[264]. Die genaue Definition und Einordnung vieler der in diesem Zusammenhang verwendeten Begriffe steht zwar noch aus, doch hat dieser Versuch der Deutung des Auslieferungsverfahrens bereits Zustimmung erfahren[265].

Der Europäische Haftbefehl lässt sich unschwer mit dem Verständnis der Auslieferung als arbeitsteiliger Strafverfolgung in Einklang bringen. Denn das Konzept der direkten Kooperation von Justizbehörden stützt die Vorstellung, die Auslieferung als Teil einer einheitlichen - europäischen - Strafverfolgung zu begreifen[266]. So gesehen ist der Europäische Haftbefehl ein weiterer Schritt hin zu einer „europäischen Strafrechtspflegegemeinschaft"[267]. Angesiedelt in der „dritten Säule" der EU ist er somit Instrument zur Verwirklichung eines einheitlichen Raums der Sicherheit, der Freiheit und des Rechts[268]. Das Interesse an der Vollstreckung eines Europäischen Haftbefehls unterscheidet sich daher von demjenigen der „klassischen" Auslieferung. Das gemeinsame europäische Interesse lässt die Auslieferung nicht mehr als bloße Hilfeleistung zu fremder Strafverfolgung erscheinen, die im Einzelfall zwischen souveränen Staaten geleistet wird. Auch wenn Maßnahmen innerhalb der „dritten Säule" völkerrechtlichen Charakter haben, steht dahinter doch die Absicht, auf dem Gebiet der Justiz zu einer dauerhaften Zusammenarbeit zu finden, so dass aus dem Allgemeininteresse an der „Verbrechensbekämpfung innerhalb der Europäischen Union" eine „europäische Verbrechensbekämpfung" wird[269]. Das Verfahren nach dem Europäischen Haftbefehl ist daher Teil eines Systems „international arbeitsteiliger Verbrechensbekämpfung"[270]. Das Prinzip der Kooperation in einem gemeinsamen Rechtsraum führt insoweit dazu, dass dieses

---

[264] *Schomburg/Lagodny* Einleitung Rn. 105 ff, die vor allem auf die Unterscheidung zwischen innerstaatlichem Vollzugs- und Vornahmeakt abstellen.

[265] Vgl. Vogler/Wilkitzki-*Vogel* vor § 1 IRG Rn. 13, der dem Konzept, das Recht der internationalen Rechtshilfe als Teil eines internationalen Strafprozessrechts anzusehen „im Ausgangspunkt" zustimmt.

[266] Vgl. auch den Hinweis von *Lagodny* in: The Individual as Subject, S. 746, demzufolge in common law-Staaten das Auslieferungsverfahren von jeher jedenfalls teilweise auch als Strafverfahren behandelt wird.

[267] *Schomburg* StV 1998, 153; der Begriff der „europäischen Strafrechtspflege" benutzt auch *Vogler* in: Dannecker, Die Bekämpfung des Subventionsbetrugs im EG-Bereich, S. 12.

[268] Vgl. Erwägungsgrund Nr. 5 des Rahmenbeschlusses.

[269] Vgl. *Bleckmann* StV 1995, 552, 555, nach dessen Auffassung „der Gedanke des nationalen Strafanspruchs hinter einer gemeinsamen europäischen Verantwortung für die Verbrechensbekämpfung zurücktritt".

[270] *Schomburg* StV 1998, 153.

arbeitsteilige Strafverfahren im jeweiligen Mitgliedstaat so geführt und unterstützt wird, als sei es ein eigenes Strafverfahren[271].

Ein gänzlich abstraktes Auslieferungsverfahren ohne Einfluss auf das intendierte Strafverfahren gibt es nach diesem Verständnis innerhalb der Europäischen Union nicht (mehr). Das entspricht auch den bisherigen Realitäten, denn alles, was im Rahmen des Auslieferungsverfahrens geschieht, konnte auch schon bisher Teil der Feststellungen des Tatrichters im Urteilsstaat werden[272]. Unterschiede zu machen, weil es sich lediglich um ein Verfahren zur Übergabe handelt, erscheint willkürlich, weil auch Fälle denkbar sind, in denen eine Strafbefugnis in beiden Ländern besteht[273]. Als arbeitsteiliges, einheitliches Verfahren zeichnet sich das Verfahren des Europäischen Haftbefehls dadurch aus, dass dem Betroffenen insgesamt ein Rechtsschutzniveau garantiert wird, das dem in einem normalen innerstaatlichen Verfahren entspricht. Das bedeutet zum einen, dass der ersuchte Staat sich nicht mit dem Argument, nur einen Beitrag zu fremder Strafverfolgung zu leisten, aus der Verantwortung entlassen darf[274]. Zum anderen erlaubt die Arbeitsteilung es gerade auch, die Gewährleistung des Rechtsschutzniveaus auf beide beteiligten Staaten zu verteilen[275].

Insbesondere die Verpflichtung, auch eigene Staatsangehörige auszuliefern, wird das Bewusstsein für die Zielrichtung eines Übergabeverfahren innerhalb der Europäischen Union verändern. Denn eigenen Staatsangehörigen eine gleichberechtigte Stellung im Verfahren mit der Begründung zu verweigern, lediglich Hilfe zu fremder Strafverfolgung zu leisten, erscheint jetzt in einem anderen Licht als dies bei der Auslieferung von Ausländern in Erfüllung eines völkerrechtlichen Vertrages der Fall war. Zwar ist mit der Auslieferung eigener Staatsangehöriger an einen fremden Staat zwangsläufig auch die Rücknahme der eigenen Schutzgewährleistung verbunden[276], doch erfolgt diese Rücknahme gerade nicht unter der Prämisse, lediglich eine völkerrechtliche Verpflichtung zu erfüllen. Gerade im Hinblick auf die Möglichkeit, die Übergabe eige-

---

271 *Schomburg* DRiZ 1999, 107, 112.

272 Vgl. Schomburg/Lagodny-*Schomburg* vor §§ 21, 22 IRG Rn. 34 mit dem Hinweis auf die Pflicht zur Bezeichnung eines Anrechnungsmaßstabs für die im Ausland erlittene Untersuchungshaft.

273 Schomburg/Lagodny-*Schomburg* vor § 21, 22 IRG Rn. 35.

274 Zum Verbot „wechselseitiger Verantwortungsverlagerung" *Schomburg/Lagodny* Einleitung Rn. 112.

275 Was die Prüfung des Schuldverdachts betrifft ist dies völlig unstreitig.

276 Zu den Schutzpflichten bei der Auslieferung eigener Staatsbürger *Baier* GA 2001, 427, 437 ff.

ner Staatsangehöriger nur unter der Bedingung der Rücküberstellung zuzulassen, wird deutlich, dass es sich um eine Zusammenarbeit innerhalb eines arbeitsteiligen Strafverfahrens handelt.

Somit stellt das Übergabeverfahren des Europäischen Haftbefehls insgesamt einen Beitrag zur Strafverfolgung im Rahmen eines einheitlichen, arbeitsteiligen Systems der Strafverfolgung dar.

c) Die Auswirkungen auf die Zuständigkeit und Kompetenz

(1) Das Verhältnis Bund-Länder

Zur Entscheidung über die Bewilligung einer Auslieferung ist in Deutschland nach § 74 IRG grundsätzlich die Bundesregierung zuständig. Im Wege der Delegierung können die Länder bestimmte Befugnisse erhalten. Ob dies mit der verfassungsrechtlichen Kompetenzverteilung in Einklang steht, ist seit jeher umstritten[277]. Der Streit ist allerdings auf das Bewilligungsverfahren beschränkt. Für die gerichtliche Prüfung der Rechtmäßigkeit von Auslieferungsersuchen sowie die Anordnung und den Vollzug der Auslieferungshaft bestand schon bisher unstreitig die alleinige Kompetenz der Länder nach allgemeinen Regeln, Art. 83 GG[278].

Aus dem völkerrechtlichen Charakter der Auslieferungsbewilligung werden traditionell die Argumente für eine Zuständigkeit des Bundes im Verhältnis zu den Ländern, die für die Ausübung der Strafrechtspflege verantwortlich sind, hergeleitet. Argument für die Zuständigkeit des Bundes ist die außenpolitische Dimension, die der Auslieferung als grenzüberschreitender Kooperation innewohnt[279]. Im Übergabeverfahren, das durch den Europäischen Haftbefehl eingeführt werden soll, fehlt diese außenpolitische Dimension jedoch gänzlich. Die bloße Überstellung auf das Ersuchen einer Justizbehörde hin ist ein Akt der Rechtspflege, der die Pflege auswärtiger Beziehungen nicht mehr tangiert[280]. Auf eine Kooperation zwischen den Mitgliedstaaten soll es gerade nicht ankommen. Vielmehr soll die direkte Zusammenarbeit der Justizbehörden ermöglicht werden. Für das Verfahren nach dem Europäischen Haftbefehl kann § 74 IRG daher nicht mehr gelten.

Der Wegfall des Bewilligungsverfahrens und die Einführung direkter Kooperation zwischen den Mitgliedstaaten führt im Ergebnis dazu, dass sich die Frage nach der Zuständigkeit und Kompetenz erledigt hat. Eine

---

[277] Vgl. ausführlich *Vogler* Auslieferungsrecht und Grundgesetz, S. 51 ff.

[278] Vogler/Wilkitzki-*Vogel* vor § 1 Rn. 8.

[279] *Jannasch* in: Faller-FS S. 399.

[280] Anders als dies bei der Auslieferung nach der Vertragstheorie der Fall war.

Verwaltungskompetenz des Bundes besteht nicht mehr, da dafür nach Wegfall des Bewilligungsverfahrens keinerlei Anknüpfungspunkt mehr besteht. Das Ausstellen eines Europäischen Haftbefehls durch die zuständige Justizbehörde stellt sich ebenso wie seine Bewilligung im Rahmen arbeitsteilige Strafverfolgung insoweit als Rechtspflege dar.

(2) Die zentrale Behörde

Der Rahmenbeschluss zum Europäische Haftbefehl lässt die Möglichkeit offen, in den Mitgliedstaaten zentrale Behörden zu schaffen. Diese Möglichkeit beruht jedoch lediglich auf organisatorischen Gründen. Gemäss Erwägungsgrund Nr. 9 muss sich die Rolle der Zentralbehörden bei der Vollstreckung eines Europäischen Haftbefehls auf praktische und administrative Unterstützung beschränken. Daraus folgt im Umkehrschluss, dass die Entscheidungszuständigkeit dezentralisiert bei den jeweils zuständigen Gerichtsbehörden liegt. Der Gewinn an Effektivität, der durch die Abschaffung der Bewilligung als zweiter Stufe erzielt werden soll, würde andernfalls in Frage gestellt. Die direkte Kooperation der Justizbehörden bei der Entscheidung über Ausstellung und Vollstreckung eines Europäischen Haftbefehls wird abgesichert, indem die Rolle etwaiger Zentralbehörden von vornherein auf Hilfstätigkeiten reduziert wird. Ob eine oder mehrere Zentralbehörden eingerichtet werden, lässt Art. 7 Abs. 1 ebenso offen wie die Frage, ob die Behörde mit der administrativen Übermittlung und Entgegennahme des Europäischen Haftbefehls betraut wird (Art. 7 Abs. 2).

Aufgrund des Wegfalls des außenpolitischen Moments und des Charakters als arbeitsteiliges Strafverfahren fällt auch die Errichtung der zentralen Behörden in die Zuständigkeit der Bundesländer.

Unabhängig von der Zuständigkeitsfrage wäre die Errichtung einer zentralen Behörde auf Bundesebene aber auch unzweckmäßig und stünde dem Prinzip des Europäischen Haftbefehls entgegen. Denn eine schnelle, direkte Kooperation auf der Ebene der Justizbehörden würde durch eine obligatorische zusätzliche Einschaltung einer Zentralbehörde unterlaufen.

d) Die Auswirkungen auf die Stellung des Individuums im Verfahren

Ein Großteil der Streitfragen im Auslieferungsrecht beruht auf unterschiedlichen Ansichten zur Stellung des Individuums im Verfahren. Dabei stehen sich zwei Konzepte - das zwei- und das dreidimensionale Modell - gegenüber. Zwar spiegeln die verschiedenen Ansichten in ihren komplexen Begründungsmodellen auch die grundsätzlichen Ansichten zur Natur des Auslieferungsverfahrens wider[281]. Die praktische Bedeutung ist jedoch wesentlich größer und steht im Vordergrund. Insbesondere die Anwendung nationaler Grundrechte[282] und des Rechtsschutzes sind davon betroffen. Man kann daher sagen, dass sich, ausgehend von der Unterscheidung zwischen zwei- und dreidimensionalem Modell, die Grundsatzfragen im modernen Auslieferungsrecht stellen[283] und den Streit um Rechtshilfe- und Rechtspflegetheorie demgegenüber nicht mehr präjudiziell erscheinen lassen[284].

(1) Das zweidimensionale Modell

Die traditionelle Konzeption eines zweipoligen Verfahrens sieht den Auszuliefernden als bloßes Objekt im Verfahren zwischen den Staaten als Vertragspartnern. Dieses Verständnis folgt aus dem strikt völkerrechtlichen Verständnis der Auslieferung, wonach Rechtsbeziehungen nur zwischen den Staaten be- und entstehen. Rechte des Betroffenen lassen sich nur als Reflexe aus diesen zwischenstaatlichen Beziehungen erklären und darstellen[285]. Dieses Konzept wird durch den Wegfall des Einzelauslieferungsvertrages im Sinne der Vertragstheorie in Frage gestellt, weil das zweidimensionale Verständnis vor allem auf der Annahme gründet, jede Auslieferung stelle auch im Einzelfall einen rein zwischenstaatlichen Vorgang dar. Der zwischenstaatliche, völkerrechtliche Aspekt ist im Verfahren nach dem Europäischen Haftbefehl jedoch auf den Erlass des Rahmenbeschlusses als völkerrechtlichen Vertrag beschränkt, während die einzelne Auslieferung gerade keinen solchen völkerrechtlichen Vertrag mehr darstellt[286].

---

[281] Vgl. Vogler/Wilkitzki-*Vogel* vor § 1 IRG Rn. 6, der von der „einigermaßen speziellen Diskussion zur Natur der Auslieferungsbewilligung" spricht, in deren Rahmen die Modelle entwickelt wurden.

[282] Vgl. unten D II..

[283] *Weigend* JuS 2000, 105, 110.

[284] Vogler/Wilkitzki-*Vogel* vor § 1 IRG Rn. 6.

[285] Grundlegend *Vogler* Auslieferungsrecht und Grundgesetz; vgl. auch *Weigend* JuS 2000, 105, 110.

[286] Vgl. oben

(2) Das dreidimensionale Modell

In jüngerer Zeit wird vermehrt ein dreidimensionales Modell der Auslieferung propagiert. Der Auszuliefernde ist danach nicht mehr bloßes Objekt, sondern Subjekt im Auslieferungsverfahren, dem eigene Auslieferungs-Gegenrechte zustehen können[287]. Statt einer Zweierbeziehung zwischen ersuchendem und ersuchten Staat handelt es sich danach rechtlich um ein Dreiecksverhältnis[288]. Die Vorstellung, der Betroffene sei als bloßes Objekt einer Vereinbarung zwischen den Staaten zu begreifen, wird als nicht mehr zeitgemäß abgelehnt, da ein solches Verständnis dem heutigen Stand des Völkerrechts nicht mehr entspreche[289]. Die „Evolution"[290] in der internationalen Kooperation in Strafsachen hin zu einer dreidimensionalen Betrachtung, ist hinsichtlich ihrer Begründung und der Reichweite ihrer Konsequenzen in vollem Gange.

(3) Die Konzeption des Europäischen Haftbefehls

Zur Frage nach der Stellung des Individuums im Verfahren nimmt der Europäische Haftbefehl nicht eindeutig Stellung. Aufgrund der zahlreichen Parallelen zum EuAlÜbk könnte man zu dem Schluss kommen, den derzeitigen Bestrebungen liege ein zweidimensionales Auslieferungsmodell zugrunde, das sich strukturell nicht vom überkommenen Auslieferungsverständnis unterscheidet[291].

Dafür spricht, dass die Konzeption eines Prinzips gegenseitiger Anerkennung im Verfahren zwischen den Mitgliedstaaten einen Automatismus erzeugen würde, der dem Betroffenen die Berufung auf eigene Gegenrechte verwehren würde[292].

Die Zuweisung einer reinen Objektstellung, wie sie dem zweidimensionalen Verständnis entsprach, folgt aus der Konzeption des Europäischen Haftbefehls hinsichtlich des Prinzips der gegenseitigen Anerkennung jedoch nicht. Denn dem Betroffenen wird nicht die Möglichkeit abgesprochen, Träger von eigenen Rechten zu sein. Seine Möglichkeit, im Verfahren eigene Grund- und Menschenrechte geltend zu machen, wird nicht etwa geleugnet und auf die rein zwischenstaatliche Ebene verwiesen. Vielmehr wird prinzipiell vorausgesetzt, dass diese Rechte durch die Mitgliedstaaten in gleicher Weise gewahrt werden, so dass eine Prü-

---

287 Grundlegend *Lagodny* Die Rechtstellung des Auszuliefernden in der BRD; *Häde* Der Staat 36 (1997), 1, 12 f; zusammenfassend *Vogel* JZ 2001, 937, 941.

288 *Scheller* S. 3.

289 *Vogel* JZ 2001, 937, 941.

290 *Schomburg* StV 1998, 153.

291 *Vogel* JZ 2001, 937, 941.

292 *Vogel* JZ 2001, 937, 941.

fung im Einzelfall nicht erforderlich ist. Die Anwendung des Prinzips gegenseitiger Anerkennung wirkt sich daher erst bei der Frage nach Art und Umfang möglicher Gegenrechte des Betroffenen und der Möglichkeit, diese Rechte geltend zu machen, aus.

Allerdings ist der Europäische Haftbefehl von der Etablierung eines solchen ungeprüften, automatischen Verfahrens ohnehin weit entfernt. Materielle Auslieferungshindernisse bestehen weiterhin. Das Konzept eines dreidimensionalen Verständnisses wird durch die vollständige Eingliederung des Verfahrens nach dem Europäischen Haftbefehl in das Justizsystem gestärkt. Denn die Stellung des Betroffenen in einem rein justiziellen Verfahren als die eines bloßen Objekts lässt sich nur schwerlich begründen. Der zweidimensionale Charakter gründet sich im klassischen Auslieferungsrecht gerade auch auf die Limitierung der Justiz auf Teilaspekte des Verfahrens[293]. Mit dem Wegfall der Vertragstheorie fehlt dem rein zwischenstaatlichen Verständnis zudem der konstruktive Begründungsansatz[294]. Wenn die einzelne Auslieferung keinen völkerrechtlichen Vertrag mehr darstellt, kann der Einzelne auch nicht unter Hinweis auf den rein zwischenstaatlichen Charakter der Auslieferung aus der Betrachtung entlassen werden.

[293] Vgl. *Lagodny* in: The Individual as Subjekt, S. 698: „the more power is reserved to the executive, and the more the judiciary is precluded concomitantly from subject matters to be decided, the more this procedural approach can be characterised as two-dimensional or the object-Approach".

[294] Vgl. *Lagodny* Die Rechtstellung des Auszuliefernden in der BRD, S. 11, der darauf hinweist, das Hauptanliegen der Vertragstheorie sei der Versuch, „die traditionell zweidimensionale Betrachtungsweise dogmatisch zu rechtfertigen und zu verfestigen".

3. Die verfahrenstechnischen Regelungen

a) Die direkte Kooperation der Justizbehörden

Das Verfahren nach dem Europäischen Haftbefehl ist stark auf Vereinfachung ausgerichtet. Der Europäische Haftbefehl kann direkt der vollstreckenden Justizbehörde übermittelt werden (Art. 9 Abs. 1). Diese kann beschließen, die gesuchte Person im Schengener Informationssystem auszuschreiben (Art. 9 Abs. 2). Eine solche Ausschreibung steht dem Europäischen Haftbefehl gleich, wenn die in Art. 8 Abs. 1 aufgeführten, grundlegenden Informationen beigefügt sind (Art. 9 Abs. 3). Die Übermittlung kann durch jedes sichere Mittel erfolgen (Art. 9 Abs. 4). Daneben sollen Schwierigkeiten direkt zwischen den betreffenden Justizbehörden behoben werden (Art. 9 Abs. 5). Bei Bedarf kann die Hilfe der Kontaktstellen des Europäischen Justiziellen Netzes in Anspruch genommen werden (Art. 9 Abs. 1 und Abs. 2).

Gemäß Nr. 8 der Erwägungsgründe muss die Entscheidung zur Übergabe durch eine Gerichtsbehörde des Mitgliedstaates getroffen werden, um ausreichende Kontrolle zu gewährleisten. Der Prüfungsumfang, der dem Gericht dabei zukommt, wird dabei aber nicht näher definiert. Im Umkehrschluss ergibt sich, dass für die Ausstellung des Europäischen Haftbefehls keine gerichtliche Entscheidung erforderlich ist, solange ausstellende Behörde eine Justizbehörde ist (Art. 6 Abs. 1).

b) Die Fristen

Ein Europäischer Haftbefehl wird als Eilsache erledigt und vollstreckt (Art. 17 Abs. 1). Die endgültige Entscheidung über die Vollstreckung soll innerhalb von 60 Tagen nach der Festnahme erfolgen (Art. 17 Abs. 2), die Übergabe spätestens zehn Tage nach der endgültigen Entscheidung über die Vollstreckung (Art. 23 Abs. 2)[295].

c) Die Zustimmung zur Übergabe

Die festgenommene Person kann ihre Zustimmung zur Übergabe und gegebenenfalls den Verzicht auf den Schutz des Grundsatzes der Spezialität[296] vor der zuständigen Stelle erklären (Art. 13 Abs. 1). In diesen Fällen verkürzt sich die Frist zur Entscheidung über die Vollstreckung auf zehn Tage nach Erteilung der Zustimmung (Art. 17 Abs. 2).

---

295 Zur Fristberechnung *Burhoff* Rn. 846.

296 Zum Grundsatz der Spezialität unten D III. 3..

d) Die Einbindung von Eurojust

An verschiedenen Stellen verweist der Rahmenbeschluss darauf, Eurojust[297] zu informieren bzw. eine Stellungnahme dieser Institution einzuholen. Dies gilt etwa für die Frage, welchem Europäischen Haftbefehl im Fall von Mehrfachersuchen der Vorrang zu geben ist (Art. 16 Abs. 2) oder wenn aufgrund außergewöhnlicher Umstände die vorgesehenen Fristen zur Vollstreckung nicht eingehalten werden (Art. 17 Abs. 7). Für die Übermittlung eines Europäischen Haftbefehls wird, wenn der ausstellenden Behörde die zuständige vollstreckende Justizbehörde des Vollstreckungsstaates nicht bekannt ist, auf die Hilfe der Kontaktstellen des Europäischen Justiziellen Netzes (EJN)[298] verwiesen (Art. 10 Abs. 1 u. Abs. 2). Unterstrichen wird damit die Einbindung des Europäischen Haftbefehls in ein entstehendes System europäischer Strafverfolgung.

4. Zusammenfassung

(1) Die Vertragstheorie ist auf das Verfahren der Übergabe nach dem Europäischen Haftbefehl nicht anwendbar, da es aufgrund des Wegfalls des Bewilligungsverfahrens an den konstitutiven Elementen eines völkerrechtlichen Vertrages fehlt.

(2) Das Übergabeverfahren stellt sich als ein Verfahren internationaler, arbeitsteiliger Strafverfolgung dar.

(3) Dem justiziellen Verfahren des Europäischen Haftbefehls liegt ein dreidimensionales Modell zugrunde, demzufolge der Betroffene grundsätzlich auch eigene Rechte geltend machen kann.

(4) Die Zuständigkeit liegt bei den Ländern, da es sich beim Ausstellen und Vollstrecken eines Europäischen Haftbefehls nicht um die Pflege auswärtiger Beziehungen handelt.

---

297 Eurojust ist als Stelle zur Koordinierung geplant und in Art. 31 II EUV geregelt. Seit dem 1.3.2001 existiert die vorläufige Einrichtung „Pro-Eurojust", die mit Beschluss des Rates vom 14.12.2000 (ABl. L 324 vom 31.12.2000, S. 2) als vorläufige Koordinierungsstelle für die Strafverfolgungsbehörden der Mitgliedstaaten eingerichtet wurde. Eurojust wird auch als Vorläufer einer Europäischen Staatsanwaltschaft angesehen, vgl. dazu *Schomburg* ZRP 1999, 237 ff; *Pache/Schorkopf* NJW 2001, 1377, 1385; *Dieckmann* NStZ 2001, 617, 620; *ders.* DRiZ 2002, 1 ff.

298 Gemeinsame Maßnahme vom 29. Juni 1998 zur Errichtung eines Europäischen Justiziellen Netzes, ABl. L 191 vom 7.7.1998, S. 4. Das EJN hat nationale Kontaktstellen, die den direkten Kontakt zwischen den Mitgliedstaaten herstellen. Dieses Netzwerk von in der justiziellen Praxis tätigen Staatsanwälten, Untersuchungsrichtern und Beamten soll die justizielle Zusammenarbeit erleichtern; dazu *Dieckmann* NStZ 2001, 617, 621 und *Antor*, DRiZ 2002, 330.

II. Grund- und Menschenrechte als Gegenrechte

Voraussetzungen und Ablehnungsgründe der Auslieferung gründen sich neben Souveränitätsaspekten vor allem auf die Durchsetzung von Grund- und Menschenrechten[299], insbesondere auf die Garantie eines rechtsstaatlichen Verfahrens. Das Bewusstsein für die Bedeutung dieser Rechte im Rahmen des Auslieferungsverkehrs ist in jüngster Zeit stetig gestiegen[300]. Der Abbau traditioneller Auslieferungshemmnisse ist daher häufig in erster Linie mit der Frage verbunden, inwieweit diese Individualrechte gewahrt sind und ob die Einhaltung durch den ersuchenden Staat als Ablehnungsgrund geltend gemacht werden kann bzw. geltend gemacht werden muss. Bestrebungen, die traditionellen Voraussetzungen und Hindernisse der Auslieferung - insbesondere die beiderseitige Strafbarkeit und die Spezialität - zu beseitigen, sind daher eng mit der Frage verknüpft, wie die Rechte des Individuums geschützt werden können[301].

1. Der Meinungsstand im geltenden Auslieferungsrecht

Unstreitig gelten im innerstaatlichen Zulässigkeitsverfahren grundrechtlich keine Besonderheiten. Das Verhalten deutscher Hoheitsträger unterliegt der Bindung an die Grundrechte[302]. Dem Verfolgten stehen die prozessualen Grundrechte wie auch der Anspruch auf ein faires Verfahren ungeschränkt zu[303].

In der Mehrzahl der problematischen Auslieferungsfälle fühlen sich die Verfolgten zwar nicht unmittelbar durch Maßnahmen deutscher Hoheitsträger, sondern potenzielle Maßnahmen des ersuchenden (Ziel)-Staates bedroht[304]. Umstritten ist jedoch, ob der Betroffene sich in dem

---

299 Zur terminologischen Unterscheidung, europäische Grundrechte im Unterschied zu nationalen Grundrechten als Menschenrecht zu bezeichnen vgl. *Kühne* in: Europäischer Grundrechtsschutz, S. 56.

300 *Lagodny* in: The Individual as Subject, S. 700; *Trechsel* EUGRZ 1987, 69, 78:"Angesichts der Schrumpfung der Welt, der Intensivierung des internationalen Verbrechens und der internationalen Kooperation bei seiner Bekämpfung sowie des Anwachsens der Empfindlichkeit gegenüber Eingriffen der Staaten in die Rechtssphäre des Einzelnen dürfte das Thema .Grundrechtsschutz bei der internationalen Zusammenarbeit in Strafsachen, seine Aktualität nicht so bald einbüßen".

301 *Schomburg* StV 1998, 153, 157, spricht von einer „Notbremse", die beim - von ihm geforderten - kompletten Wegfall der Auslieferungshindernisse bestehen bleiben müsste; der Begriff wird ebenfalls verwendet von *Weigend* JuS 2000, 105, 110.

302 *Graßhof/Backhaus* EuGRZ 1996, 445, 447.

303 *Hofmann* S. 264.

304 *Graßhof/Backhaus* EuGRZ 1996, 433, 447.

Verfahren auch darauf berufen kann, im ersuchenden Staat drohe ihm im Falle der Auslieferung eine Verletzung in seinen Rechten durch die Gerichte oder Behörden dieses Staates. Während im vertragslosen Auslieferungsverkehr anerkanntermaßen nicht nur die internationalen Menschenrechte, sondern alle nationalen Grundrechte für den Betroffenen anwendbar sind[305], gehört die Frage, ob und in welchem Umfang Grund- und Menschenrechte einer Auslieferung entgegenstehen können, zu den umstrittensten des gesamten Auslieferungsrechts. Auch für das Übergabeverfahren nach dem Europäischen Haftbefehl bleibt die Frage nach grund- und menschenrechtlichen Gewährleistungen daher von zentraler Bedeutung.

Systematisch ist die Antwort eng mit dem zwei- oder dreidimensionalen Verständnis der Auslieferung verknüpft[306]. Auf die teilweise sehr ausführliche, stark von verfassungsrechtlichen Aspekten geprägte Auseinandersetzung - gekennzeichnet durch im wesentlichen drei Konzepte - kann hier nur am Rande eingegangen werden.

a) Keine direkte Anwendbarkeit

Die einschränkenste, grundrechtsfeindlichste Konzeption vertritt vor allem *Vogler*[307]. Aus einem zweidimensionalen Verständnis der Auslieferung heraus lehnt er originäre Grundrechte des Betroffenen ab[308]. Nur die dem völkerrechtlichen jus cogens zugehörigen Rechte können sich danach als Auslieferungshindernis auswirken. Vermittelt durch den völkerrechtlichen Vertrag stellen sie sich dem Betroffenen lediglich als Reflex dar. Die völkerrechtliche Verpflichtung zur Auslieferung entfällt im Falle eines Verstoßes gegen zwingendes Völkerrecht gänzlich. Nur so könne ein Konflikt zwischen der vertraglichen Pflicht und dem innerstaatlichen Recht vermieden werden. Argumentiert wird mit dem Hinweis auf ein Verbot des „Grundrechtsexports" und der Diskriminierung fremder Rechtsordnungen[309]. In der Ausprägung, die diese Konzeption durch *Vogler* erhalten hat, wird die jus cogens-Lösung praktisch nicht mehr vertreten[310]. Durch den Wegfall des Bewilligungsverfahrens und

---

305 *Häde* Der Staat 36 (1997), 1, 20; *Hofmann* S. 265; Schomburg/Lagodny-*Lagodny* § 73 IRG Rn. 7.

306 Vgl. oben D I. d).

307 Grundlegend *Vogler* Auslieferungsrecht und Grundgesetz.

308 Vgl. dazu *Vogler* Die Rechtstellung des Auszuliefernden in der BRD, sowie oben D I. 3. d) (1).

309 *Vogler* NJW 1994, 1433, 1435.

310 *Haas* S. 322, kritisiert, dass die Auffassung Voglers teilweise noch als h. M. bezeichnet wird, obwohl sie „in dieser Absolutheit isoliert geblieben" sei. Vogler weitestgehend zustimmend jedoch *v. Bubnoff* Auslieferung, S. 57, der ebenfalls nur zwingende Grundsätze des humanitären Völkerrechts anerkennen möchte.

die Auswirkungen auf die Vertragstheorie und das zweidimensionale Verständnis fehlt ihr im Rahmen des Europäischen Haftbefehls zudem die Basis[311].

b) Umfassende Anwendbarkeit

Aus einem dreidimensionalen Verständnisses heraus postuliert vor allem *Lagodny* die volle Anwendbarkeit nationaler Grundrechte[312]. Ansatzpunkt ist dabei der innerstaatliche Auslieferungsvollzugsakt; völkerrechtliche und innerstaatliche Ebene werden unterschieden[313]. Die Zurechenbarkeit begründet *Lagodny* über den Auslieferungsvollzugsakt, der „notwendige Voraussetzung" dafür sei, dass der ersuchende Staat die „problematischen Handlungen" vornehmen kann[314]. Hinsichtlich einer Auslieferungsverpflichtung könne nicht von einem völkerrechtlichen „Müssen" in Form einer Auslieferungsverpflichtung auf ein innerstaatliches „Dürfen" geschlossen werden[315]. Ein Verstoß gegen nationale Grundrechte führt danach zur Unzulässigkeit der Auslieferung. Die Lösung über den völkerrechtlichen Mindeststandard wird mit Blick auf die Probleme der Bestimmbarkeit eines völkerrechtlich verbindlichen Mindeststandards unzureichend kritisiert[316].

c) Die vermittelnde Auffassung

Die Rechtsprechung des BVerfG[317] geht von einem doppelten Prüfungsmaßstab aus[318]. Die Behandlung des Verfolgten im ersuchenden Staat muss zum einen dem völkerrechtlich verbindlichen Mindeststandard entsprechen. Grundrechte und der Grundsatz der Verhältnismäßigkeit kommen daneben nur in einem Kernbereich zur Anwendung, soweit die unabdingbaren Grundsätze der verfassungsrechtlichen Ordnung der Bundesrepublik Deutschland betroffen sind[319]. Weil die deutschen Gerichte durch die Auslieferung die Strafverfolgung oder Strafvollstreckung im ersuchenden Staat ermöglichen, darf nach Auffassung des BVerfG ihre Mitverantwortung für das Schicksal des Verfolgten darum nicht unter Hinweis darauf verneint werden, etwaige Übergriffe der Behörden des ersuchenden Staates seien allein diesem zuzurechnen[320].

---

[311] Vgl. oben D I. 3. a).

[312] Grundlegend *Lagodny* Die Rechtstellung des Auszuliefernden in der BRD; ihm weitestgehend zustimmend *Haas* S. 314 ff.

[313] *Lagodny* NJW 1988, 2146, 2147.

[314] *Lagodny* NJW 1988, 2146, 2148.

[315] *Lagodny* Die Rechtsstellung des Auszuliefernden in der BRD, S. 1 ff.

[316] *Lagodny* Die Rechtsstellung des Auszuliefernden in der BRD, S. 90 f.

[317] Übersicht über die Rspr. des BVerfG bei *Graßhof/Backhaus* EuGRZ 1996, 445, 447.

[318] Vgl. *v. Bubnoff* Auslieferung, S. 57 f.

[319] BVerfGE 75 1, 16.

[320] *Graßhof/Backhaus* EuGRZ 1996, 445, 448.

Jedenfalls bei Grundrechtsverletzungen, die den unabdingbaren Kernbereich verfassungsmäßiger Grundsätze tangieren, wird eine Auslieferung daher für unzulässig erklärt[321].

Diese Kompromisslösung des BVerfG ist sowohl auf Zustimmung[322] wie auch auf Ablehnung[323] gestoßen. Auch in der Literatur herrschen aber vermittelnde Lösungsmodelle vor. Ausgehend vom dreidimensionalen Verständnis wird die Möglichkeit des Betroffenen, sich neben international anerkannten Menschenrechten auch auf nationale Grundrechtsverbürgungen zu berufen, weitgehend anerkannt. Lediglich Reichweite und Begründung werden diskutiert. Hauptargument für eine Beschränkung ist die gebotene Rücksichtnahme auf das Rechtsverständnis anderer Staaten und das Verbot eines deutschen Verfassungsexports[324]. Hingewiesen wird auf die Notwendigkeit, die Fähigkeit zur Teilnahme am internationalen Rechtsverkehr in angemessener Weise zu erhalten[325], da der Auslieferungsverkehr deutlich beeinträchtigt wäre, würde man das Handeln des ersuchenden Staates stets am strengen Maßstab des Grundgesetzes messen[326]. Überdies sei der Respekt gegenüber der Eigenständigkeit von Rechtsordnungen anderer Staaten auch durch das Grundgesetz geboten, dass die Achtung fremder Rechtsordnungen und Anschauungen als Strukturprinzip enthält[327]. Schließlich wird auch ganz

---

321 *Graßhof/Backhaus* EuGRZ 1996, 445, 449 nennen beispielhaft das Verbot grausamer, unmenschlicher oder erniedrigender Strafen sowie grobe Verstöße gegen das Verhältnismäßigkeitsgebot, wozu jedoch nicht gerechnet werden dürfe, „wenn die Strafe lediglich als in hohem Maße hart anzusehen ist und daher bei einer strengen Beurteilung anhand deutschen Verfassungsrechts nicht mehr als angemessen erachtet werden könnte".

322 *Hofmann* S. 274, konstatiert, „dass es dem BVerfG in völker- wie verfassungsrechtlich befriedigender Weise gelungen ist, eine Lösung des oben dargestellten Dilemmas zwischen gebotener Beachtung grundrechtlicher Schutzpflichten im Auslieferungsverkehr und erforderlicher Rücksichtnahme auf völkerrechtliche Verpflichtungen zu finden".

323 Schomburg/Lagodny-*Lagodny* § 73 IRG, Rn. 14, kritisiert die Lösung als zu eng und EMRK-widrig; *Vogler* GA 1996, 569 ff, bezeichnet die Lösung dagegen als zu weit; *v. Bubnoff* Auslieferung S. 57 nennt die Lösung „nicht unbedenklich" und folgt darin Vogler; *Schünemann in:* 140 Jahre GA, S. 219, vermisst jegliche dogmatische Begründung und findet die Lösung „nicht überzeugend".

324 *Vogel* JZ 2001, 937, 941.

325 *Hofmann* S. 284.

326 *Häde* Der Staat 36 (1997), 1, 22.

327 Vgl. *Graßhof/Backhaus* EuGRZ 1996, 445, 448 zur Argumentation des BVerfG; zum Argument der Völkerrechtsfreundlichkeit des Grundgesetzes auch *Häde* Der Staat 36 (1997), 1, 21.

pragmatisch auf mangelnde politische Akzeptanz und fehlende Notwendigkeit der Anwendung nationaler Grundrechte verwiesen[328].

Neben dem völkerrechtlich verbindlichen Mindeststandard werden nationale Grundrechte meist nur in einem Kernbereich für anwendbar erachtet[329]. Eine Grundrechtsbindung wird nicht grundsätzlich geleugnet, aber nur in einem mehr oder weniger stark reduzierten Umfang anerkannt. Die Frage lautet daher nicht mehr ob, sondern in welchem Umfang grundrechtliche bzw. rechtsstaatliche Normen einer Auslieferung entgegenstehen[330]. Im Ergebnis ähneln die meisten Lösungsversuche damit der Position des Bundesverfassungsgerichts.

---

328 *Vogel* JZ 2001, 937, 941.

329 *Baier* GA 2001, 427, 438; *Hofmann*; S. 284, *Vogel* JZ 2001, 937, 941; *Schünemann* in: 140 Jahre GA, S. 219 ff, der durch Interpretation des Art. 16 Abs. 2 S. 1 GG a. F. unter Realisierung der berechtigten Zielsetzung der Grundrechtsschutztheorie Schomburgs und Lagodnys zum Verbot einer Auslieferung zur Durchführung eines eklatant menschen- und rechtsstaatswidrigen Verfahrens kommt; *Häde* Der Staat 36 (1997), 1, 23.

330 Vgl. *Haas* S. 322 ff, der selber unter Berufung auf Lagodny einen umfassenden Schutz durch Anlegung des nationalen Grundrechtsmaßstab fordert.

2. Die Auslieferung eigener Staatsangehöriger

Von besonderer Bedeutung für die Frage nach dem Prüfungsmaßstab und die Grundrechtsgeltung ist die Änderung des Art. 16 Abs. 2 GG[331]. Die alte Regelung, die ein grundsätzliches Verbot der Auslieferung eigener Staatsangehöriger normierte, war in ihrer unbedingten Form schon lange in Frage gestellt worden[332]. Durch die Ergänzung von Art. 16 Abs. 2 GG wurde zum ersten Mal die Möglichkeit geschaffen, eigene Staatsangehörige an Internationale Gerichtshöfe und Mitgliedstaaten der Europäischen Union auszuliefern[333]. Die Frage, ob und in welchem Maße die Rechtsordnung des ersuchenden Staates vor der Auslieferung an den Maßstäben der deutschen Verfassung gemessen werden muss, erhält dadurch zusätzliche Bedeutung.

a) Entwicklung

Bisher herrschte stets die Sorge vor, eigene Staatsangehörige könnten im Ausland benachteiligt werden und der umfassendste Rechtschutz sei stets im Heimatstaat gewährleistet. Dieses generelle Misstrauen stößt inzwischen auf Kritik[334]. Verwiesen wird auf die Vorteile, die etwa mit der Durchführung eines Strafverfahren am Ort der Handlung verbunden sind[335]. Im Rahmenbeschluss zum Europäischen Haftbefehl wird nicht einmal mehr explizit erwähnt, dass die Pflicht zur Übergabe auch für eigene Staatsangehörige gelten soll. Vielmehr wird es als selbstverständlich vorausgesetzt, dass „gesuchte Person" nach der Definition des Art. 1 Abs. 1 auch ein Angehöriger des ersuchten Mitgliedstaats sein kann. Im Auslieferungsverkehr zwischen den Mitgliedstaaten der EU ist die umfassende Möglichkeit bzw. Pflicht zur Übergabe eigener Staatsangehöriger, wie sie der Europäische Haftbefehl vorsieht, Endpunkt einer fortsch

---

331 Gesetz vom 29. 11. 2000, BGBl I 2000, 1633.

332 *Vogler* Auslieferungsrecht und Grundgesetz, S. 138. Vgl. auch *Rinio* ZStW 108, 354, 385: „Als Ergebnis lässt sich festhalten, dass die Gründe, die für ein Verbot der Auslieferung eigener Staatsangehöriger angeführt werden, nicht überzeugen. Sie spiegeln vielmehr enge nationale Anschauungen und Ängste wieder, die heutzutage zumindest im Verhältnis zu den Staaten, zu denen Auslieferungsbeziehungen bestehen, nicht mehr mit gutem Grund vertreten werden können. Hingegen ist es am ehesten gewährleistet, dass dem Angeklagten Gerechtigkeit widerfährt, wenn die Hauptverhandlung vor den Gerichten des Tatortstaates stattfindet".

333 *Uhle* NJW 2001, 1889, 1890.

334 *Rinio* ZStW 108 (1996), 354, 383 konstatiert, „dass es sich bei der Befürchtung, der ausländische Richter könne sich bei der Wahrheitsfindung von unsachgemäßen Erwägungen leiten lassen, in dieser Allgemeinheit um eine durch nichts zu belegende Vermutung handelt."

335 *Rinio* ZStW 108 (1996), 354, 385: „Hingegen ist es am ehesten gewährleistet, dass dem Angeklagten Gerechtigkeit widerfährt, wenn die Hauptverhandlung vor den Gerichten des Tatortstaates stattfindet".

reitenden Entwicklung: Art. 6 Abs. 1 EuAlÜbk enthält die Berechtigung, die Auslieferung eigener Staatsangehöriger zu verweigern, noch als fakultativen Ablehnungsgrund und Art. 7 des Vertrags über die Auslieferung zwischen den Mitgliedstaaten der Europäischen Union[336] statuiert die Pflicht, eigene Staatsangehörige grundsätzlich auszuliefern. Vorbehalte, die dem widersprechen, sind in ihrer Geltungsdauer auf fünf Jahre beschränkt. Durch diese Regelungen sollte verdeutlicht werden, dass in der Europäischen Union zukünftig die Auslieferung eigener Staatsbürger als Normalfall zu betrachten sei[337]. Mehreren Mitgliedstaaten wurde jedoch eine verlängerte Übergangsfrist gewährt, um die Auslieferung eigener Staatsangehöriger durch Änderungen der Verfassung zu ermöglichen[338].

b) Art. 16 Abs. 2 Grundgesetz

Der Vorbehalt des Art. 16 Abs. 2 S. 2 GG, wonach eine abweichende Regelung für Auslieferungen an einen Mitgliedstaat der Europäischen Union durch Gesetz getroffen werden, soweit rechtsstaatliche Grundsätze gewahrt sind[339], enthält eine verfassungsmäßige Schranke für die Übergabe im Rahmen des Europäischen Haftbefehls. Die exakte Bedeutung des Vorbehalts des Art. 16 Abs. 2 S. 2 GG ist umstritten. Der Wortlaut legt es nahe, dass die Wahrung rechtsstaatlicher Grundsätze sich sowohl auf die Auslieferung an internationale Gerichtshöfe als auch auf die Auslieferung an Mitgliedstaaten der EU bezieht[340]. Nicht die Rechtstaatlichkeit des in Deutschland auszuführenden Auslieferungsverfahrens ist in Art. 16 Abs. 2 S. 2 GG gemeint, da es hierfür keiner neuen Garantie bedurft hätte[341].

---

336 ABl. C 313/11 vom 23.10.1996, im folgenden EU-AuslÜbk.

337 *Uhle* NJW 2001, 1889, 1891 Fn 19 mit Hinweis auf die insoweit ausdrückliche amtliche Begründung des Gesetzesentwurfs zur Ergänzung des Art. 16 Abs. 2 GG, BT-Dr 14/2668, S. 5.

338 Vgl. Art. 26 Abs. 2, wonach Österreich bis spätestens zum 31.12.2008 die Vollstreckung eines Europäischen Haftbefehls verweigern kann, wenn es sich um einen österreichischen Staatsbürger handelt und die fragliche Tat nach österreichischem Recht nicht strafbar ist.

339 Vgl. zur Entwicklung des Vorbehalts *Uhle* NJW 2001, 1889, 1891 und *Zimmermann* JZ 2001, 233, 235.

340 So *Gundel* NJW 2001, 2380, Fn. 7 und *Uhle* NJW 2001, 1889, 1893; a.A. *Zimmermann* JZ 2001, 233ff, nach dessen Auffassung Art. 16 Abs. 2 S. 2 GG sich nur auf die Fälle der Auslieferung an internationalen Gerichtshöfe bezieht.

341 *Baier* GA 2001, 427, 436.

Vielmehr muss die Behandlung in externen Strafverfahren im wesentlichen den Standards der deutschen Rechtsordnung genügen[342]. Die genaue Festlegung dieser Standards bereitet aber Probleme. Denn entgegen ersten Entwürfen stellt der Vorbehalt des Art. 16 Abs. 2 S. 2 GG nicht auf die Gewährleistung eines dem Grundrechtsschutz im Wesentlichen vergleichbaren Standards ab[343]. Inhaltlich soll jedenfalls ein Kernbereich erfasst sein, darunter wohl der Grundsatz rechtlichen Gehörs und das Verbot der Doppelbestrafung[344]. Der Gesetzgeber ging dabei davon aus, dass Mitgliedstaaten der EU die Voraussetzungen erfüllen, um vergleichbare Standards zu gewährleisten, da sie anderenfalls der Union nicht hätten beitreten dürfen[345]. In der Begründung zum interfraktionellen Antrag zur Änderung von Art. 16 GG heißt es dementsprechend, dass bei einer Verletzung fundamentaler Grundsätze durch einen Mitgliedstaat die Sanktionsmechanismen des EU-Vertrags greifen würden[346].

Eine direkte Folgerung für Art und Umfang der Anwendbarkeit von Grundrechten im Auslieferungsverfahren lässt sich aus Art. 16 GG nicht herleiten. Eine anderslautende Regelung, welche die Wahrung eines dem Grundgesetz im Wesentlichen vergleichbaren Standards vorsah, wurde erwogen, aber letztlich nicht angenommen[347]. Ein Ausführungsgesetz zur Regelung der Auslieferung muss jedenfalls sicherstellen, dass die Einhaltung des Mindeststandards gewahrt bleibt. Eine Einzelfallprüfung fordert Art. 16 Abs. 2 S. 2 GG nicht und muss daher im Umsetzungsgesetz auch nicht vorgeschrieben sein[348]. Eine entsprechende Regelung könnte aber auch über den Mindestschutz hinausgehen und eine Einzelfallprüfung vorschreiben[349].

---

342 *Baier* GA 2001, 427, 436.

343 Vgl. dazu *Scholz* DVBl 2000, 1377, 1382, der diese Formulierung in Parallele zur Struktursicherungsklausel des Art. 23 Abs. 1 S. 1 GG fordert.

344 *Uhle* NJW 2001, 1889, 1893; *Zimmermann* JZ 2001, 233, 237; Vogler/Wilkitzki-*Vogel* vor § 1 IRG Rn. 82.

345 *Baier* GA 2001, 427, 436.

346 Zitiert nach *Zimmermann* JZ 2001, 233, 237, Fn 41; vgl. auch die gleichlautende Formulierung für den Fall einer Vertragsverletzung in Nr. 10 der Erwägungsgründe zum Europäischen Haftbefehl.

347 Dazu *Zimmermann* JZ 2001, 233, 235.

348 Vgl. *Zimmermann* JZ 2001, 233, 237.

349 Nach *Baier* GA 2001, 427, 436 „sollte gleichwohl eine Einzelfallprüfung auf die Wahrung eines rechtsstaatlichen Verfahrens vorgeschrieben werden".

3. Die Bedeutung der EMRK

Der EMRK und der Rechtsprechung des EuGHMR kommt für die Herausbildung gemeinsamer europäischer Grundrechtsstandards erhebliche Bedeutung zu[350]. Zwar sind die Urteile des EuGHMR für deutsche Behörden und Gerichte (noch) nicht unmittelbar verbindlich[351]. Dennoch haben sie eine deutlich integrierende Auswirkung auf Grundrechtsverständnis und -praxis in den Mitgliedstaaten[352]. Der BGH und das BVerfG greifen bei der Beurteilung auslieferungsrechtlicher Fragen verstärkt auf die Inhalte der EMRK zurück, wenn es um die Beurteilung von Individualrechtsverletzungen geht[353]. Die materiellen Standards der EMRK gewinnen eine Eigendynamik, durch die die Strafjustizsysteme der beteiligten Länder von außen her harmonisiert und auf international gültige Maßstäbe der Fairness und Rechtsstaatlichkeit verpflichtet werden[354]. Der Einfuß der EMRK auch auf das Auslieferungsrecht wird an vielen Stellen deutlich, insbesondere seit der Entscheidung des EuGHMR im Fall Soering[355], mit der der EuGHMR ein Auslieferungshindernis aus Art. 3 EMRK wegen drohender unmenschlicher Behandlung im ersuchenden Staat bejahte.

Im Fall Soering erklärte der EuGHMR die Auslieferung des deutschen Staatsangehörigen Soering von Großbritannien in die USA für unzulässig, weil ihm dort bei einer Verurteilung zur Todesstrafe das unter Umständen jahrelange Warten im Todestrakt - der sog. „death row" - drohe. (Der EuGHMR legt in seinem Urteil eine Zeitspanne von im Schnitt sechs bis acht Jahren von der Verurteilung bis zur Hinrichtung zugrunde) Aufgrund dieser überlangen Wartezeit treten bei Gefangenen häufig er-

---

350 Vgl. ausführlich *Dannecker* in: 50 Jahre BGH, S. 342, der von der EMRK als „Europäischem Grundgesetz" spricht.

351 Das gleiche gilt für andere Mitgliedstaaten, vgl. *Limbach* NJW 2001, 2913, 2915, Fn.16, a.A. wohl *Bleckmann* EUGRZ 1995, 387, 388; auch *Kieschke/Osterwald* NJW 2002, 2003, Fn. 17 weisen darauf hin, dass diese Auffassung im Wandel begriffen ist.

352 Vgl. schon *Frowein* JuS 1986, 845, 850.

353 BGH, Beschl. vom 16.10.2001, JZ 2002, 464, mit Anmerkung *Vogel*, der diese Orientierung an der EMRK als Beitrag zur europäischen Integration befürwortet; *Limbach* NJW 2001, 2913, 2915; zur zunehmenden Heranziehung der EMRK durch den BGH auch ausführlich *Dannecker* in: 50 Jahre BGH, S. 342 ff. *Sommer*, StraFo 2002, 309, 310 spricht davon, der BGH vereinnahme „in nahezu leidenschaftlicher Auseinandersetzung Rechtsprechungsgedanken des EuGHMR".

354 *Weigend* ZStW 105(1993), 774, 778; ders. StV 2001, 63, nach dessen Auffassung der EuGHMR Maßstäbe für ein faires, rechtsstaatliches Verfahren ableitet, welche die nationale Diskussion in ihrer „Eindeutigkeit und Klarheit" übertreffen; *Sieber* ZStW 103(1991), 957, 962, spricht von Mindeststandards auf dem Gebiet des Strafprozessrechts, die nationale Prozessordnungen zunehmend beeinflussen und einer „institutionalisierten Rechtsangleichung" innerhalb Europas.

355 Vgl. Urteil des EuGHMR vom 7. 7. 1989, NJW 1990, 2183, mit Anmerkung *Lagodny*; Schomburg/Lagodny-*Lagodny* § 73 IRG Rn. 46 ff.

hebliche psychische Probleme auf (sog. „Todeszellensyndrom", das auf der extremen Stresssituation wegen der immer gegenwärtigen Todesangst in Verbindung mit den besonders strengen Haftbedingungen für Todeskandidaten beruht). Der EuGHMR sah im Ergebnis zwar keinen Verstoß gegen Art. 2 bzw. 3 EMRK durch die Todesstrafe selbst, wohl aber durch Art. und Vollstreckung der Verurteilung (Verbot unmenschlicher oder erniedrigender Behandlung oder Bestrafung), so dass die Auslieferung aus diesem Gunde für unzulässig erklärt wurde. Für den Einfluss der EMRK im Auslieferungsrecht und die Entwicklung hin zum „dreidimensionalen" Verständnis war diese Entscheidung von erheblicher Bedeutung[356].

Ein Wandel zeichnet sich auch in Bezug auf die strafprozessualen Gewährleistungen des Art. 6 EMRK bzw. Art. 5 EMRK[357] ab. Art. 6 EMRK wurde bisher deswegen als nicht anwendbar erachtet, weil dieser nur auf Entscheidungen über strafrechtliche Anklagen Bezug nimmt, das Auslieferungsverfahren aber nicht als eigenes Strafverfahren eingeordnet wurde[358]. Diese Einschränkung wurde schon bisher kritisiert, inzwischen wird teils offen gelassen, ob daran noch festzuhalten ist[359]. Denn zum Ausdruck kommt darin einmal mehr eine völkerrechtliche, auf der Vertragstheorie aufbauende Sichtweise. Folgt man dagegen der Ansicht, das rein justizielle Verfahren des Europäischen Haftbefehls als Teil eines arbeitsteiligen Strafverfahrens zu verstehen, ist Art. 6 EMRK jedenfalls anwendbar. Denn dann geht es um Verfahrensschritte, die schließlich zu einem Entscheid über eine strafrechtliche Anklage führen[360]. Es besteht kein Grund, in diesem angestrebten Kooperationsverhältnis der Justizbehörden auf die Gewährleistungen des Art. 6 EMRK zu verzichten. Die Anwendbarkeit der Verfahrensgarantien auf das Verfahren des Europäischen Haftbefehls wird - was aus Sicht der Befürworter einer Europäisierung zu begrüßen ist - dazu beitragen, den Standard innerhalb der Mitgliedstaaten mehr und mehr anzugleichen[361].

---

[356] *Lagodny* NJW 1990, 2189, spricht in seiner Urteilsanmerkung von einer Einteilung „vor und nach Soering".

[357] Zur Rspr. des EuGHMR zur Akteneinsicht *Kieschke/Osterwald* NJW 2002, 2003f.

[358] *Haas* S. 359.

[359] *Schomburg/Lagodny* vor §§ 21, 22 IRG Rn. 33; Zum Streitstand *Frowein/Peukert* Rn. 35 ff zu Art. 6 EMRK und Fn. 199.

[360] Darauf weist schon *Trechsel* EuGRZ 1987, 69, 71 hin, der den Grund für die Nichtanwendbarkeit von Art. 6 EMRK darin sieht, dass die Behörden des ersuchten Staates nicht über die Stichhaltigkeit der Anklage befinden dürfen. Diese auslieferungsrechtliche Besonderheit rechtfertigt es jedoch nicht, auf sämtliche Verfahrensgarantien zu verzichten, vgl. *Schomburg/Lagodny* vor §§ 21, 22 IRG Rn. 30-33.

[361] Vgl. den Einfluss der auf Art. 6 EMRK beruhenden Krombach-Entscheidung des EuGHMR auf die französische Rechtsprechung zu Abwesenheitsurteilen *Gundel* NJW 2001, 2380 Fn. 18; zur Rspr. des EuGHMR zu Art. 5 Abs. 4 EMRK und dem Einfluss auf die Auslegung des § 147 Abs. 2 StPO *Kieschke/Osterwald* NJW 2002, 2003f.

4. Grund- und Menschenrechte im Europäischen Haftbefehl

Der Europäische Haftbefehl enthält keine eindeutige Stellungnahme zur Frage, ob und welche Grundrechte als Vollstreckungshindernis in Betracht kommen. In Art. 1 Abs. 3 findet sich lediglich der klarstellende Hinweis, der Rahmenbeschluss berühre nicht die Verpflichtungen zur Achtung der Grundrechte und der allgemeinen Rechtsgrundsätze gemäß Art. 6 EUV.

a) Die gegenseitige Anerkennung

Eine konsequente Umsetzung der Prinzipien der gegenseitigen Anerkennung und des gegenseitigen Vertrauens würde die Frage nach der Anwendbarkeit von Grundrechten als „Auslieferungsgegenrechten" überflüssig machen. Denn nicht nur eine Prüfung am Maßstab nationaler Grundrechte und des nationalen und internationalen ordre public, sondern jegliche Prüfung würde vollständig entfallen. Die Verantwortung für die Rechtmäßigkeit des gesamten Verfahrens läge allein beim ausstellenden Staat, dem „grundsätzliches Vertrauen" entgegengebracht würde. Das abstrakte Vertrauen zwischen den Mitgliedstaaten würde eine Berufung des Betroffenen auf seine Rechte im Verhältnis zum Vollstreckungsstaat ausschließen. Eine Rückkehr zur zweidimensionalen Betrachtungsweise, die dem Verfolgten eine bloße Objektstellung zuweist, ist damit zwar nicht verbunden, das Ergebnis wäre aber dasselbe[362]: Geleugnet wird bei dieser Betrachtungsweise nicht, dass dem Betroffen eigene (Grund)- Rechte zustehen können. Jedoch wird aufgrund des gegenseitigen Vertrauens auf die Prüfung einer möglichen Verletzung dieser Rechte im ausstellenden Staat verzichtet.

b) Die Regelungen im Europäischen Haftbefehl

Zwar enthält der Europäische Haftbefehl keinen ausdrücklichen Grundrechtsvorbehalt, wie er vielfach gefordert wurde[363]. Doch ein System gegenseitiger Anerkennung, das einen solchen Vorbehalt kategorisch ausschließen würde, ist ebenfalls nicht konsequent durchgeführt. Vielmehr sind eine Reihe von Gründen für die Ablehnung der Vollstreckung einzeln für die Fälle normiert, die auf besonders drängenden grund- und

362 Vgl. dazu aber *Vogel* JZ 2001, 937, 941, nach dessen Auffassung den Reformbestrebungen „eindeutig ein zweidimensionales Modell zugrunde" liege, „das sich strukturell nicht vom überkommenen Auslieferungsverständnis" unterscheide.

363 *Vogel* JZ 2001, 937, 941 spricht von einem „europäischen Grund- und Menschenrechtsvorbehalt" im Anlehnung an die Humanitätsklauseln im Auslieferungsecht des 19. Jahrhunderts.

menschenrechtlichen Problemen beruhen[364]. Diese Lösung entspricht weitgehend dem bisherigen auslieferungsrechtlichen Standard.

Der Europäische Haftbefehl bringt daher keine Lösung des Streits um die Frage nach der Möglichkeit des Betroffenen, sich auf Grundrechte zu berufen[365]. Vielmehr sind die Aussagen dazu widersprüchlich. Ein Katalog „klassischer" Ablehnungsgründe ist zwar enthalten. Von der Etablierung eines Grundrechtsvorbehalts wurde aber Abstand genommen.

Ein Indiz dafür, dass der Europäische Haftbefehl keine endgültige Aussage zur Frage der Grundrechte treffen will, ist die Tatsache, dass sich grundrechtsbezogene Regelungen in erster Linie in den Erwägungsgründen zum Rahmenbeschluss finden[366]. Kernaussage der Präambel, die auch in Art. 3 Abs. 3 wiederholt wird, ist der Hinweis darauf, dass der Rahmenbeschluss die Grundrechte achtet und die in Art. 6 des Vertrages über die Europäische Union anerkannten Grundsätze wahrt, die auch in der Charta der Grundrechte der Europäischen Union, insbesondere in Kapitel VI, zum Ausdruck kommen. Dieser Vorbehalt schließt mittelbar auch die EMRK ein[367]. Auch soll keine Bestimmung dahin ausgelegt werden können, dass sie es untersagt, die Übergabe einer Person zu verweigern, wenn objektive Anhaltspunkte dafür vorliegen, dass Verfolgung aus Gründen des Geschlechts, der Rasse der Religion, der Herkunft, Staatsangehörigkeit, Sprache oder politischen Überzeugung droht. Der Rahmenbeschluss belässt jedem Mitgliedstaat „die Freiheit zur Anwendung seiner verfassungsmäßigen Regeln für ein ordnungsgemäßes Gerichtsverfahren". Darüber hinaus ist in Nr. 12 a der Erwägungsgründe die Überstellung, Ausweisung oder Auslieferung an solche Staaten untersagt, in denen die Gefahr der Todesstrafe, Folter oder unmenschlicher oder erniedrigender Strafe oder Behandlung besteht.

---

[364] Dazu ausführlich unten D III. u. IV..

[365] Anders wohl *Vogel* JZ 2002, 464, 468, nach dessen Auffassung durch den Vorbehalt des Art. 6 EUV deutlich wird, dass die Überstellungspflicht des Europäischen Haftbefehls „weder nur allgemein gehaltenen völkerrechtlichen Grenzen, noch uneingeschränkten mitgliedstaatlichen Verfassungsvorbehalten unterworfen" sei.

[366] Erwägungsgrund Nr. 12. Vgl. zur normativen Wirkung von Präambeln und Erwägungsgründen als obligatorische Auslegungshilfen im Rahmen der Auslegung nach dem Zusammenhang in völkerrechtlichen Verträgen Vogler/Wilkitzki-*Vogel* vor § 1 IRG Rn. 63.

[367] Siehe zur Bedeutung des Art. 6 Abs. 2 EUV als Verpflichtungsgrund für die Beachtung der EMRK durch die Europäische Union und die Mitgliedstaaten *Pechstein/König* Rn. 117; *Vogel* JZ 2002, 464, 467 f; *Pradel* in Wirtschaftsstrafrecht, S. 63.

Unklar bleibt, wie die Hinweise auf die „Achtung der Grundrechte" und die Freiheit der Mitgliedstaaten „zur Anwendung seiner verfassungsmäßigen Regeln für ein ordnungsgemäßes Gerichtsverfahren" zu verstehen sind[368]. Denkbar wäre, darin die Möglichkeit zu sehen, sich bei Verstößen gegen nationale Grundrechte und Verfahrensgrundsätze von der Verpflichtung zur Übergabe zu befreien. Dagegen, dass es sich um einen allgemeinen Grundrechtsvorbehalt handelt, spricht jedoch, dass nur in Bezug auf die politische Verfolgung eine spezielle Ausnahme formuliert ist, während der Hinweis auf die Achtung der Grundrechte deklaratorisch ist[369]. Der Hinweis auf die Anwendung der verfassungsmäßigen Regeln für ein ordnungsgemäßes Gerichtsverfahren lässt offen, ob die Prüfung der drohenden Grundrechtsverletzungen im Ausstellungsstaat davon umfasst ist.

Festzuhalten bleibt, dass der Europäische Haftbefehl die Frage danach, ob nationale Grundrechte als Gegenrechte geltend gemacht werden können, nicht eindeutig beantwortet. Es bleibt bei einer Festschreibung der wichtigsten Einzelprobleme und dem Verweis auf grundsätzlichen europäischen Grundrechtsschutz[370]. Die Beibehaltung festgeschriebener, auf Grund- und Menschenrechten basierender Übergabeverweigerungsgründe stellt lediglich eine Absage an eine konsequente Umsetzung des Prinzips der gegenseitigen Anerkennung dar. Ob darüber hinaus Ablehnungsgründe geltend gemacht werden können, ist durch den Rahmenbeschluss nicht abschließend geregelt. Die Diskussion um die Anwendbarkeit nationaler Grundrechte ist daher weiter offen.

---

368 Erwägungsgrund Nr. 12.

369 Vgl. die Formulierung in Erwägungsgrund Nr. 12: „Der vorliegende Rahmenbeschluss achtet die Grundrechte".

370 Diese Lösung – europäischer Grundrechtsvorbehalt plus gesonderte Regelung der dringendsten Einzelfragen – fordert *Vogel* JZ 2001, 937, 941.

c) Eigene Stellungnahme

(1) Contra Anwendbarkeit

Zwar wird die Anwendbarkeit nationaler Grundrechte nicht mehr mit dem Argument abgelehnt, aufgrund des zweidimensionalen Charakters des Auslieferungsverhältnisses seien diese Rechte insgesamt nicht einschlägig. Dennoch lassen sich auch für das justizielle Verfahren nach dem Europäischen Haftbefehl Argumente gegen eine Prüfung anhand nationaler Maßstäbe anführen.

Die Schutzfunktion der Grundrechte kann auch auf europäischer Ebene Bedeutung erlangen, ohne dass diese vollumfänglich zum Prüfungsumfang deutscher Behörden im Übergabeverfahren zählen. Dafür spricht insbesondere, dass der Topos der Schutzpflicht[371] keine Besonderheit des deutschen Rechts mehr darstellt, sondern in die Rechtsprechung des EuGHMR Eingang gefunden hat, der den Bestimmungen der EMRK vermehrt Schutzgebote entnimmt[372]. Eine Europäisierung des Rechtschutzes kann daher auch durch die Rechtsprechung des EuGHMR erfolgen[373]. Bereits jetzt werden viele verfahrensrechtliche Grundprinzipien daher schon über die EMRK abgedeckt[374]. Daneben besteht die Möglichkeit, nach Erschöpfung des innerstaatlichen Rechtsweges Rechtsschutz durch den EuGHMR zu erlangen[375]. Die Rechtsprechung des EuGHMR hat nicht nur die Funktion, im Strafprozessrecht der Mitgliedstaaten für einen vergleichbaren Standard der Schutzrechte zu sorgen; sie kann und soll gerade auch verhindern, dass unter dem Vorwand der Angleichung eine Einigung auf dem schwächsten Schutzniveau erfolgt[376].

---

371 Zu den staatlichen Schutzpflichten im Auslieferungsverfahren *Baier* GA 2001, 427, 437 ff.
372 *Baier* GA 2001, 427, 445 m. w. N.
373 Vgl. die Beeinflussung der französischen Rspr. zum Abwesenheitsurteil durch den EuGHMR bei *Gundel* NJW 2001, 2380 Fn. 18.
374 *Kühne* in: Europäischer Grundrechtsschutz, S. 65.
375 *Zimmermann* JZ 2001, 233, 237.
376 *Kühne* StV 2001, 73, 75.

Die Charta der Grundrechte, auf die der Europäische Haftbefehl in seinen Erwägungsgründen verweist[377], eröffnet zudem eine neue Dimension der Etablierung eines Grund- und Menschenrechtsschutzes auf europäischer Ebene. Im Hinblick auf die durch die Charta eröffnete Entwicklung hin zu einer künftigen Verfassung könnte der EuGH eine umfassende Rechtsschutzzuständigkeit erhalten und so einen einheitlichen Schutzstandard in den Mitgliedstaaten gewährleisten[378].

Bei grundlegenden Bedenken, ob die rechtsstaatlichen Standards im Verfahren eines ausstellenden Mitgliedstaates eingehalten werden, besteht auch beim Europäischen Haftbefehl die Möglichkeit der Vorlage an den EuGH. Dies kann zu einer einheitlichen Handhabung und einer Gewährleistung unabdingbarer Standards beigetragen[379].

Die Zusammenarbeit der Mitgliedstaaten der Europäischen Union im Rahmen der dritten Säule unterscheidet sich fundamental von der auslieferungsrechtlichen Zusammenarbeit mit Drittstaaten[380]. Während im Verhältnis zu Drittstaaten eine genauere Prüfung in Einzelfällen angezeigt ist, gilt dies für Mitgliedstaaten der Europäischen Union in vielen Fällen gerade nicht, da es insoweit ein „spezifisch europäisches" Humanitäts- und Toleranzverständnis gibt[381]. Im Urteil des EuGHMR im Fall Soering[382] stand bezeichnender Weise auch die Problematik der Todesstrafe in den Vereinigten Staaten im Mittelpunkt[383]. Eine Tendenz dahingehend, jeglichen Verstoß gegen die EMRK als Grund für die Ablehnung der Auslieferung/Übergabe anzuerkennen, ist daher nicht unbedingt zu erkennen.

---

[377] Vgl. *Tettinger* NJW 2001, 1010, mit dem Hinweis, die Charta bedeute jedenfalls „eine beachtliche Signalwirkung" sowie einen „deutlichen Impetus für die Grundrechtsjudikatur des EuGH"; zur Bedeutung der Grundrechtcharta auch *Albert/Widmaier* EuGRZ 2000, 497 ff; aufgrund der mangelnden Verbindlichkeit der Charta kritisch zu diesem „scheinbaren Königsweg" *Schomburg* NJW 2001, 801 mit Fn. 30.

[378] Vgl. zu dieser Forderung *Schütz/Sauerbier* JuS 2002, 658, 664. Zur zukünftigen Rolle des EuGH im Grundrechtsbereich im Hinblick auf die beabsichtigte Rechtsverbindlichkeit der EU-Charta *Hoffmann-Riehm* EuGRZ 2002, 473, 478.

[379] Vgl. zum Grundrechtsschutz auf europäischer Ebene und dem Verhältnis von EuGHMR und EUGH *Kühne* in: Europäischer Grundrechtsschutz, S. 66 ff.

[380] *Baier* GA 2001, 427, 444 ff.

[381] *Vogel* GA 2002, 517, 522, der von einer „europäischen Strafrechtsidentität" auf der „Grundlage gemeinsamer Verfassungs- und Strafrechtsgeschichte" spricht.

[382] Urteil des EuGHMR vom 7.7.1989, NJW 1990, 2183, vgl. dazu oben D II.3..

[383] Vgl. dazu und zum Venezia-Fall des italienischen corte costituzionale *Lagodny* in: The Individual as Subject, S. 754 f.

Was die Einschränkung des Prüfungsumfangs betrifft, lässt sich auch eine Parallele zur Rechtsprechung des Bundesverfassungsgerichts zum Grundrechtsschutz in der Europäischen Gemeinschaft ziehen[384]. Grundsätzlich wird das gemeinsame Schutzniveau als so gleichmäßig hoch und ausreichend angesehen, dass auch gemessen am eigenen Standard keine Grundrechtsverletzung erfolgt[385].

Gegen eine umfassende Anwendbarkeit lässt sich auch die Neuregelung des Art. 16 Abs. 2 GG anführen[386]. Denn dort geht das Grundgesetz ausdrücklich nur von einem Mindeststandard aus, der für eine Auslieferung Deutscher erfüllt sein muss. Eine vollumfängliche Prüfung am Maßstab des gesamten Grundrechtskatalogs ist gerade nicht vorgesehen

Auch eine Parallele zur Neuregelung des Asylrechts in Art. 16 a GG kann als Argument für eine Einschränkung der Überprüfungsmöglichkeiten fremder Strafverfahren herangezogen werden. Denkbar wäre, entsprechend zur Liste der Länder, in denen keine das Asylrecht begründende Verfolgung stattfindet, eine Liste der Staaten[387] zu schaffen, die ein rechtstaatliches Verfahren gewährleisten[388]. Insoweit käme eine Annäherung an die Regelung des Art. 16 a GG in Bezug auf die EU-Staaten als sichere Drittstaaten in Betracht[389].

Das Argument, die Überprüfung anhand von nationalen Grundrechten käme einem Verfassungsexport und Grundrechtsimperialismus gleich, wird im Rahmen des Europäischen Haftbefehls weiterhin eine Rolle spielen[390]. Im europäischen Kontext verschiebt sich dabei die Argumentationsperspektive. Im Vordergrund steht nicht das Verbot der Bevormundung anderer souveräner Staaten. Der Verzicht auf die Überprüfung am Maßstab der eigenen Rechtsordnung stellt sich vielmehr als notwendig dar, um die Beibehaltung nationaler Strafrechtssysteme bei

---

384 Vgl. *Zimmermann* JZ 2001, 233, 237, der in Bezug auf die Wahrung rechtstaatlicher Grundsätze eine Analogie zur Rspr. des BVerfG in den Entscheidungen Solange II und Bananenmarktverordnung bildet.

385 Die Parallele zur Rspr. des BVerfG auf EG-Ebene zieht auch *Elbing* S. 288, unter dem Gesichtspunkt, dass „die Grundrechte, so wie sie im Grundgesetz ausgestaltet sind, auch formell zurückgenommen werden können, wenn dafür materiell ein Ersatz institutionalisiert worden ist".

386 Vgl. dazu ausführlich oben D II. 2..

387 Vgl. Art. 16 a Abs. 3 s. 1 GG i. V. m. § 29 AsylG i. V. m. Anlage II.

388 *Baier* GA 2001, 427, 444.

389 Vgl. *Baier* GA 2001, 427, 444.

390 Vgl. *Kühne* in: Europäischer Grundrechtsschutz, S. 56, der sich dagegen ausspricht, „unser Grundrechtssystem bei aller ihm zukommenden Wertschätzung zum Maßstab eines europäischen Verständnisses zu stilisieren".

gleichzeitiger Öffnung der Grenzen eine wirksame Strafverfolgung zu gewährleisten.

(2) Pro Anwendbarkeit

Der Europäische Haftbefehl enthält eine Reihe von Bestimmungen, die deutlich machen, dass eine konsequente Umsetzung des Anerkennungsprinzips weder gewollt noch erfolgt ist. An verschiedenen Stellen werden Gründe genannt, die es erlauben, die Vollstreckung zu verweigern. Die Nr. 12 der Erwägungsgründe und Art. 1 Abs. 3 nehmen ausdrücklich Bezug auf die Achtung der Grundrechte. Dabei wird sowohl auf die Grundrechtscharta der EU verwiesen, als auch auf die Möglichkeiten der einzelnen Staaten, ihre verfassungsmäßigen Regeln und einzelne Grundrechte zur Anwendung zu bringen.

Hauptargument für eine vollumfängliche Überprüfung der zu erwartenden Behandlung im Ausstellungsstaat ist sowohl die Sorge vor einer wechselseitigen Verantwortungsverschiebung innerhalb der Europäischen Union als auch die Skepsis gegenüber den rechtstaatlichen Standards einzelner Mitgliedstaaten[391]. Der Verzicht auf eine vollumfängliche Überprüfung der Übergabeentscheidung unter Verweis auf die grundsätzliche Gewährleistung aller Rechte durch den Zielstaat sind als „Pilatus-Argument" abzulehnen[392]. Einheitliche Lösungen im Rahmen der Europäischen Union stellen häufig nur eine Einigung auf dem kleinsten gemeinsamen Nenner dar und sind daher für menschenrechtssensible Probleme nur bedingt geeignet.

Fraglich ist auch, welche Interventionsmöglichkeiten bleiben, wenn sich rechtstaatliche Bedenken nachträglich ergeben. Denn in diesen Fällen sind wohl nur Folgerungen für die Zukunft denkbar, von diplomatischen Demarchen abgesehen[393]. Die bestehende Schutzpflicht eines Staates für seine Bürger sollte nicht durch Beschneidung des deutschen Grundrechtschutzes eingeschränkt, sondern im Gegenteil versucht wer-

---

391 Kritisch gegenüber den Strafverfahren in anderen Mitgliedstaaten *Eser* ZStW 108 (1996), 86, 126, nach dessen Auffassung „manche europäische Nachbarn bislang nicht einmal jenen rechtsstaatlichen Standard erreicht haben, den es hierzulande zu verteidigen gilt".

392 Vgl. diesen Begriff im Zusammenhang mit dem Asylrecht *Rothkegel* ZRP 1992, 222, 226.

393 *Baier* GA 2001, 427, 436; anders *Rinio* ZStW 108 (1996), 354, 383: „Weiterhin ist der um die Auslieferung ersuchte Staat durch nichts gehindert, den Prozess im Ausland mitzuverfolgen, so dass er im Falle der Parteilichkeit der Richter gegenüber seinem Staatsangehörigen immer noch einschreiten kann". Wie dies von statten gehen soll, wird jedoch nicht näher erläutert

den, dem Gedanken auch auf europäischer Ebene Geltung zu verschaffen[394].

Die Verweisung auf die grundrechtlichen Gewährleistungen der EMRK beinhaltet eine Reihe von Problemen. Die effektive Durchsetzung des materiellen Gehalts der EMRK ist nicht immer gewährleistet[395]. Auch weist der Rechtsschutz noch Lücken auf, die erst allmählich geschlossen werden[396]. Dies gilt vor allem für den Bereich des Straf- und Strafprozessrechts, der noch nicht zum Gemeinschaftsrecht gehört[397]. Die Bindung der Mitgliedstaaten an die EMRK reicht zwar aus, um grundsätzlich von der Einhaltung eines gemeinsamen Grundrechtsstandards auszugehen. Angesichts der „strukturellen Durchsetzungsdefizite" erscheint es jedoch nicht unproblematisch, mit dieser Begründung bei der Anerkennung von Entscheidungen aus anderen Mitgliedstaaten auf eine Einzelfallprüfung der „Wahrung rechtstaatlicher Verhältnisse" - zum Beispiel bei der nach Art. 16 Abs. 2 GG künftig möglichen Auslieferung von Deutschen in andere Mitgliedstaaten - zu verzichten[398]. In Bezug auf die Bindung durch die Rechte der Grundrechtscharta der Europäischen Union gilt diese Kritik in ungleich höherem Maße. Denn die Bindung an die Grundrechtscharta der Europäischen Union hat momentan nur Appellcharakter, da die Rechte der Charta bisher nicht wirklich durchsetzbar sind[399].

Die Ersetzung der Souveränität im System des Europäischen Haftbefehls kann den Beginn einer neuen Entwicklung darstellen. Aus der befürchteten „Einmischung" in andere Rechtsordnungen kann innerhalb der Europäischen Union die Durchsetzung gemeinsamer „europäischer" Grundrechtsstandards werden.

---

394 *Baier* GA 2001, 427, 445.

395 Auf das Problem zu langer Verfahrensdauer aufgrund von Arbeitsüberlastung weist *Gundel* NJW 2001, 2380, 2382 hin

396 *Kühne* in: Europäischer Grundrechtsschutz, S. 63 ff weist darauf hin, dass strafprozessuale Zwangsmaßnahmen mit Ausnahme der Untersuchungshaft „praktisch übergangen werden" und auf dem Gebiet der Beweisverbote und Beweisverwertungsverbote ein „nicht unerheblicher Nachholbedarf" bestehe.

397 *Gundel* NJW 2001, 2380, 2382.

398 *Gundel* NJW 2001, 2380, 2382 f.

399 Vgl. zur rechtlichen Relevanz der Grundrechtscharta *Tettinger* NJW 2001, 1010 f; *Hoffmann-Riehm* EuGRZ 2002, 473, 478 geht allerdings davon aus, dass die Charta Rechtsverbindlichkeit in der EU erlangen wird und dies „Erwartungen in eine auch im Grundrechtsbereich aktive und führende Rolle des EuGH vermutlich stärken" würde.

Unabhängig von der Kritik an der Regelung des Art. 16 a GG verbieten sich direkte Parallelen, da Asylgewährung und Auslieferung deutlich voneinander zu unterscheiden sind. Die Drittstaatenregelung des Asylrechts bietet daher keinerlei Begründung für eine ähnliche Handhabung bei der Prüfung von Verfahrensgarantien im Zielstaat im Rahmen des Europäischen Haftbefehls.

Der Europäische Haftbefehl ist als Abkommen der dritten Säule ein völkerrechtlicher Vertrag, so dass die Überlegungen des BVerfG zum Grundrechtsschutz im Rahmen des EGV gerade nicht übertragbar sind. Die Rücknahme der Prüfungskompetenz im Sinne der Solange II- Rechtsprechung des BVerfG[400] kann daher nicht als Modell für den Europäischen Haftbefehl als Abkommen der dritten Säule der Europäischen Union herangezogen werden.

(3) Ergebnis

Im Rahmen der Diskussion um die Geltung von Grundrechten hat sich die Akzentuierung innerhalb der Europäischen Union verschoben. Bisher standen sich im Auslieferungsrecht die Befürworter eines völkerrechtlichen, die autonome Stellung der Staaten als Vertragspartner betonenden zweidimensionalen Ansatzes den Verfechtern eines moderneren, die Bedeutung der Grund- und Menschenrechte betonenden dreidimensionalen Verhältnisses gegenüber. Für den Europäischen Haftbefehl geht es dagegen zusätzlich um die Frage, ob die Europäische Union sich in Richtung bundesstaatlicher Strukturen entwickelt und auf welche nationalen Kontrollinstrumente angesichts einer solchen Entwicklung verzichtet werden kann, bzw. verzichtet werden muss.

Die Stellung des Betroffenen als Subjekt im Übergabeverfahren ist ebenso anzuerkennen wie seine Fähigkeit, sich im Verfahren des Europäischen Haftbefehls auf Grund- und Menschenrechte zu berufen. Das Prinzip der gegenseitigen Anerkennung bedeutet keine Rückkehr zu einem zweidimensionalen Modell, das den Einzelnen als bloßes Objekt im Verhältnis zum zwischenstaatlichen, völkerrechtlichen Vertrag versteht. Im justiziellen, arbeitsteiligen Verfahren des Europäischen Haftbefehls ist Verantwortlichkeit des Übergabestaates für den Betroffenen grundsätzlich gegeben.

---

400 Danach übt das Gericht seine Gerichtsbarkeit nicht mehr aus, *solange* die Europäischen Gemeinschaften, insbesondere die Rspr. des Gerichtshofs der Gemeinschaften einen wirksamen Schutz der Grundrechte generell gewährleistet, der dem vom GG als unabdingbar gebotenen Schutz im wesentlichen gleichzusetzen ist; vgl. BVerfGE 73, 339.

Über den Prüfungsumfang ist damit jedoch noch nichts ausgesagt. Für dessen Bestimmung muss man stärker als im bisherigen Auslieferungsrecht den Besonderheiten Rechnung tragen, die sich daraus ergeben, dass der Europäische Haftbefehl ein Instrument im Rahmen der Entwicklung der Europäischen Union im Bereich der „dritten Säule" darstellt. Denn auch, wenn der Rahmenbeschluss völkerrechtlicher Natur ist, weist der Europäische Haftbefehl doch Charakteristika auf, die ihn von anderen Auslieferungsabkommen unterscheiden und das Übergabeverfahren zum Bestandteil einer einheitlichen, arbeitsteiligen Strafverfolgung machen. Vor allem ist der durch Art. 16 Abs. 2 GG eingeräumten Möglichkeit, eigene Staatsangehörige zu übergeben, Rechnung zu tragen. All dies beruht auf der Tatsache, dass den Mitgliedstaaten der Europäischen Union Respekt und Vertrauen im Hinblick darauf entgegengebracht wird, dass sie denselben ideologischen Wertvorstellungen wie das Grundgesetz folgen und ein gewisses Maß an Verfassungshomogenität besteht[401]. Es ist daher gerechtfertigt, die grundrechtsrelevanten Fragen innerhalb eines Mechanismus der Europäischen Union grundsätzlich anders zu bewerten als im Verhältnis zu anderen Staaten[402].

Die Verweigerung einer Übergabe kommt nicht bereits dann in Betracht, wenn der fragliche EU-Mitgliedstaat die grundgesetzlichen Vorgaben im Einzelfall verletzt. Vielmehr kann dies nur dann der Fall sein, wenn der fragliche Mitgliedstaat - analog zu den Überlegungen des BVerfG[403] zu den Grenzen des Grundrechtsschutzes im Verhältnis zu zwischenstaatlichen Einrichtungen - keinen dem Grundgesetz im wesentlichen vergleichbaren Grundrechtsschutz mehr gewährleistet[404]. Dass ein Mitgliedstaat diesen Anforderungen im Sine der Vorgaben in Art. 6 EUV nicht gerecht wird, ist jedoch nur im Ausnahmefall zu erwarten. Indiz hierfür ist die Ergreifung von Maßnahmen nach Art. 7 EUV[405].

---

401 *Elbing* S. 302.

402 Ausführlich zum Gedanken der regionalen „Rückschraubung" von Grundrechten *Elbing* S. 302 f. Maßgeblich für Elbing ist dabei vor allem die Frage, ob der betreffende Staat einen vergleichbaren Grundrechtsschutz überhaupt gewährleisten will. Dies dürfte bei den Mitgliedstaaten der Europäischen Union in der Tat im wesentlichen zu bejahen sein. Vgl. dagegen die grundlegenden strukturellen Probleme diesbezüglich mit den USA, etwa hinsichtlich der Todesstrafe und strafvollzugsrechtlichen Fragen, die etwa dem Fall Soering (vgl. D II. 3.) zugrunde lagen.

403 Vgl. die Bananenmarktverordnungsentscheidung des BVerfG JZ 2000, 1155.

404 *Zimmermann* JZ 2001, 233, 237; die Parallele zur Rspr. des BVerfG auf der EG-Ebene als Beispiel für die formelle Rücknahme von Grundrechten , wenn ein materieller Ersatz institutionalisiert wurde zieht auch *Elbing* S. 288.

405 *Zimmermann* JZ 2001, 233, 237.

Die Situation stellt sich ähnlich dar wie im Fall der Übertragung von Hoheitsrechten auf die Europäische Gemeinschaft nach Art. 23 GG, in dessen Rahmen die Rücknahme eines individualisierten Grundrechtschutzes durch das BVerfG strukturell durch die Gewährung von Rechtschutz durch die Gemeinschaftsorgane kompensiert wird. Im Falle der Überstellung an einen EU-Mitgliedstaat besteht die Kompensation in der Möglichkeit der Inanspruchnahme nationalen gerichtlichen Rechtschutzes im Zielstaat[406]. Zudem besteht nach Erschöpfung dieses Rechtswegs die Möglichkeit, als gemeinsame Instanz aller Mitgliedstaaten den Weg zum EuGHMR zu beschreiten. Für eine doppelte Prüfung in der Weise, dass im übergebenden Staat bereits in vollem Umfang mögliche Rechtsverletzungen im Zielstaat geprüft werden, besteht innerhalb der Europäischen Union regelmäßig keine Notwendigkeit.

Dieses Ergebnis entspricht auch dem Verständnis des Verfahrens des Europäischen Haftbefehls als arbeitsteiliger Strafverfolgung. Denn die Verantwortlichkeit jedes Mitgliedstaates bezieht sich nur auf seinen Teil des Verfahrens. Entscheidend ist, dass das gesamte arbeitsteilige Verfahren dem Betroffenen eine faire, rechtsstaatliche Strafverfolgung garantiert. Insofern gilt der Grundsatz, dass die zwischenstaatliche Zusammenarbeit weder zur Erschwerung der Strafverfolgung noch zur Reduzierung von Rechten des Verfolgten führen darf[407]. Die Entscheidung für ein System europäischer Strafrechtspflege bedeutet jedoch den Verzicht auf eine uneingeschränkte Überprüfung der drohenden Verletzungen im Zielstaat anhand nationaler Maßstäbe. Hierin unterscheidet sich das Verfahren des Europäischen Haftbefehls von der „normalen" Auslieferung. Insoweit ist es gerechtfertigt, von einem „Kombinationsprinzip"[408] zu sprechen. Eine arbeitsteilige Strafverfolgung zeichnet sich weder durch die Erweiterung, noch durch die Verkürzung von Rechtsschutz aus[409]. Andererseits ermöglicht eine so verstandene Kooperation es auch, hinsichtlich der Garantie dieser Rechte auf den „anderen Staat" zu verweisen. Der Beschuldigte hat daher nicht zwangsläufig alle Rechte, die ihm nach dem Recht eines der beiden beteiligten Staaten zustehen[410].

---

406 Vgl. zu den Anforderungen des Art. 16 Abs. 2 S. 2 GG *Zimmermann* JZ 2001, 233, 237; vergleiche zum Gesichtspunkt, auf den (gleichwertigen) Grundrechtsschutz im fremden Staat zu verweisen auch *Elbing* S. 298 f.

407 *Lagodny* JZ 1998, 565, 568.

408 So Vogler/Wilkitzki-*Vogel* vor § 1 IRG Rn. 41.

409 So die zentrale These von *Schomburg/Lagodny* Einleitung Rn. 106.

410 So aber *Schomburg/Lagodny* Einleitung Rn. 106, die im Ergebnis ein Meistbegünstigungsprinzip propagieren, dass neben dem Schutz im Zielstaat den vollen grundrechtlichen Schutz des ersuchten Staates beinhalten soll.

Wenn man akzeptiert, dass die Mitgliedstaaten der Europäischen Union innerhalb der Gemeinschaft im Rahmen ihrer Gerichtsbarkeit Strafrechtspflege betreiben, besteht angesichts des Wegfalls der Grenzen mit Blick auf die Unionsbürgerschaft und absolute Freizügigkeit keine Notwendigkeit, über die Instanzen von EuGH und EuGHMR sowie die Möglichkeit der Maßnahmen nach Art. 7 EUV hinaus nationale Maßstäbe aufzustellen, um eine Auslieferung zu verhindern. Der „Chance", sich auf dem Gebiet der Europäischen Union ohne Grenzen zu bewegen, entspricht das „Risiko", innerhalb der Europäischen Union von der jeweils zuständigen Gerichtsbarkeit abgeurteilt zu werden. Denn regelmäßig kommt nur im Falle des Auslandsbezuges einer Tat eine Übergabe überhaupt in Betracht[411]. Dann ist jedoch eine Einschränkung des nationalen Grundrechtsschutzes hinzunehmen[412]. Denn das Übergabeverfahren des Europäischen Haftbefehls als Teil der polizeilichen und justiziellen Zusammenarbeit stellt sich im wesentlichen als Kompensation des Defizits an innerer Sicherheit durch den Wegfall der Binnengrenzen dar[413].

Ausreichend ist es, dass dem Verfolgten im Rahmen der zwischenstaatlichen Zusammenarbeit die Wahrnehmung seiner Rechte nicht erschwert wird. Nimmt man das Modell einer arbeitsteiligen Strafverfolgung ernst, kann der Beitrag des für den jeweiligen Teil des Verfahrens zuständigen Staates jedoch beschränkt werden, ohne dass im Verfahren insgesamt der Rechtsschutz leidet oder verkürzt wird[414].

In den Erwägungsgründen zum Europäischen Haftbefehl wird darauf hingewiesen dass bei schweren, anhaltenden Verletzungen der Grundsätze des Art. 6 EUV, die im Verfahren nach Art. 7 Abs. 2 festgestellt wurden, der Mechanismus des Europäischen Haftbefehls ausgesetzt werden kann[415]. Problematisch an dieser Regelung ist zwar, dass solche Maßnahmen nur gemeinsam und zudem wohl meistens erst nachträglich

---

[411] Zu diesem Aspekt auch *Rüter* ZStW 105(1993), 30, 46, der ein striktes Tatortprinzip fordert mit dem Hinweis, man müsse „auch strafrechtlich die Konsequenzen aus der Tatsache ziehen, dass die Bürger Europas sich in jedem EG-Staat aufhalten und dort leben können".

[412] Vgl. *Elbing* S. 287 ff.

[413] *Nehm* DRiZ 1996, 41, 45. Zum Gedanken der Kompensation auch *Elbing* S. 287 ff: „Soweit der Bürger materiell einen Schutz seiner grundrechtlichen Positionen in der anderen Rechtsordndung erwarten kann, der dem grundrechtlichen Schutz in der BRD im wesentlichen entspricht, ist eine Rücknahme des Geltungsanspruchs der deutschen Grundrechte grundsätzlich unbedenklich".

[414] So im Ergebnis *Elbing* S. 298 f; vgl. auch *Lagodny* JZ 1998, 565, 568, der aber letztlich eine Verdoppelung der Rechte propagiert.

[415] Erwägungsgrund Nr. 10.

ergriffen werden können. Dennoch muss es in einem vereinten Europa möglich sein, trotz unterschiedlicher Rechtssysteme der Rechtsordnung eines Partnerlandes das Vertrauen und den Respekt entgegenzubringen, den auch der eigene Staat einfordert[416]. Grundrechtsschutz kann auch durch Mitwirkung in einem internationalen Verbund realisiert werden[417]. Aus der Perspektive des Übergabeverfahrens des Europäischen Haftbefehls als eines europäischen, einheitlich arbeitsteiligen Strafverfahrens wirkt die nur partielle Durchsetzung nationaler Grundrechte ohnehin unzureichend. Ziel muss vielmehr ein möglichst hohes gemeinsames Schutzniveau sein[418].

Ob die diffizile Diskussion um die Reichweite von Grundrechten im Auslieferungsverfahren für das Verfahren der Übergabe nach dem europäischen Haftbefehl innerhalb der Europäischen Union überhaupt sinnvoll ist, erscheint fraglich, sind die tatsächlichen Unterschiede der verschiedenen Ansätze im Ergebnis doch nicht so gewichtig, wie der Umfang der Diskussion es nahe legt[419]. Die praktische Relevanz sollten jedenfalls nicht überschätzen werden[420]. Denn auch nach denjenigen Stimmen, die eine volle Prüfung an deutschen Grundrechten propagieren, wird dem Aspekt der Völkerrechtsfreundlichkeit im Rahmen der Abwägung insoweit Rechnung getragen als nicht bestritten wird, dass der Grundsatz der Völkerrechtsfreundlichkeit eine Legitimation zur Grundrechtseinschränkung bieten kann[421]. Andererseits leugnen auch die Gegner einer vollumfänglichen Prüfung an deutschen Grundrechten nicht, dass es zu einer Zurechnung des Verhaltens ausländischer Hoheitsträger kommen kann und deren Verhalten daher für die Frage nach der Auslieferung auch im Hinblick auf nationale Grundrechte nicht gänzlich unerheblich ist.

---

416 *Nehm* DRiZ 1996, 41, 46.

417 Zum Gedanken des Grundrechtsschutzes durch Mitwirkung *Elbing* S. 293 ff.

418 Zu diesem Gedanken auch *Hassemer* auf den Würzburger Europarechtstagen 2002, der in seinem Vortrag „Ein Strafrecht für Europa" darauf hinwies, eine hochdifferenzierte nationale Grund- und Strafrechtsdogmatik müsse innerhalb der EU vermehrt praktischen Erwägungen der Durchsetzbarkeit Rechnung tragen.

419 Vgl. *Häde* Der Staat 36 (1997), 1, 25.

420 *Weigend* JuS 2000, 105, 111.

421 *Lagodny* Die Rechtsstellung des Auszuliefernden in der BRD, S.138 ff mit dem klarstellenden Hinweis, die grundrechtsdogmatische Argumentation solle „nicht Auslieferungen wegen Lappalien verhindern" (S. 140). Vgl. aber *Lagodny* NJW 1988, 2146, 2150, der sich klar gegen eine Einschränkung des Schutzumfangs ausspricht, da der Grundsatz der Völkerrechtsfreundlichkeit nicht „bedingungslos" sei.

Die beiden Standpunkte sind also nicht soweit voneinander entfernt wie es scheinen mag. Denn ob der Schutzbereich eröffnet ist und „kleinere" Grundrechtsverletzungen im Rahmen der Abwägung dem Argument der Völkerrechtsfreundlichkeit zum Opfer fallen oder ob mit diesem Argument der Schutzbereich von vornherein auf massivere Verletzungen eingeengt wird[422], ist letztlich ohne Belang. Auch weisen die Verfechter der Anwendbarkeit der Grundrechte nicht nur darauf hin, dass es nicht darum gehe, jede Diskrepanz von ausländischem Verfahrensrecht zu unserem einfachrechtlichen Standard für beachtlich zu erklären, sondern auch darauf, dass der Standard des Grundgesetzes mehr und mehr von regional-völkerrechtlichem Standard der EMRK inhaltlich ausgefüllt wird[423]. Pragmatisch ist daher vor allem zu fragen, ob die Anlegung des deutschen Grundrechtsmaßstabes politisch akzeptabel und notwendig erscheint[424].

Eine Prüfung am Maßstab nationaler Grundrechte im Einzelfall ist regelmäßig nicht angezeigt. Nur wenn das Schutzniveau im Zielstaat generell nicht eingehalten wird, was sorgfältiger Begründung bedarf, ist eine Übergabe aufgrund des Europäischen Haftbefehls zu verweigern. Auch im Verfahren vor dem EuGHMR gelten für die Darlegung einer Gefahr der Grundrechtsverletzung strenge Maßstäbe[425]. Die Darlegungslast für die Behauptung einer konkreten Gefahr einer Menschenrechtsverletzung wird sich im Übergabeverfahren des Europäischen Haftbefehls tendenziell noch erhöhen[426]. Denn die Möglichkeit, dass im Zielstaat eine Rechtsverletzung droht und gerichtlicher Schutz nicht in ausreichender Weise gewährt wird, wird sich allenfalls in ganz speziell gelagerten Fällen substantiiert belegen lassen.

---

422 Zur Schutzbereichseinschränkung bzw. Schrankenerweiterung durch den Grundsatz der Völkerrechtsfreundlichkeit des Grundgesetzes Vogler/Wilkitzki-*Vogel* vor § 1 Rn. 39 mit weiteren Nachweisen.

423 *Schomburg/Lagodny* StV 1994, 393, 394 f.

424 *Vogel* JZ 2001, 937, 941.

425 *Haas* S. 344 m. w. N und S. 361 mit der Einschätzung, für die Annahme eines Auslieferungshindernisses aus Art. 6 EMRK liege „die Latte sehr hoch"; der Hinweis bei *Lagodny* in: The Individual as Subject, S. 757, wonach im Soering-Fall eine Umkehrung der Darlegungslast erfolgt sei, ist dagegen mit Skepsis zu betrachten. Die Todesstrafenproblematik eignet sich gerade nicht für Verallgemeinerungen im Hinblick auf die Problemkonstellationen innerhalb der Europäischen Union.

426 Zur Darlegungslast aus rechtsvergleichender Sicht *Lagodny* in: The Individual as Subjekt, S. 753 f.

Der Schutz des Einzelnen im Verfahren nach dem Europäischen Haftbefehl ist überdies insoweit ausreichend gewährleistet, als die wichtigsten Einzelfragen hinsichtlich grund- und menschenrechtlicher Problemfälle ohnehin explizit geregelt sind[427]. Eine darüber hinausgehende Geltendmachung der Verletzung individueller Rechte im Zielstaat ist nicht gänzlich ausgeschlossen.

Der Rahmenbeschluss ist bei der Frage nach der Geltung von Grund- und Menschenrechten im Verfahren insgesamt für eine weitere Entwicklung offen. Diese geht hin zu einer europäischen Grundrechtscharta und der Entwicklung eines kohärenten und vollständigen Systems durch die Rechtsprechung des EuGHMR[428]. Der Europäische Haftbefehl ist insoweit Teil einer Entwicklung hin zu einem System der Zusammenarbeit, die durch eine europäische Garantie von Grund- und Menschenrechten geprägt ist. Mit den Fortschritten in der völkerrechtlichen Anerkennung der Verbindlichkeit von Menschenrechten wird sich der Unterschied in den Theorien zur Grundrechtsgewährleistung im Ergebnis jedoch ohnehin zunehmend einebnen[429]. Eine weitgehende Orientierung an der EMRK trägt durch die Verhinderung nationaler Alleingänge auch zu einer europäischen Integration bei[430].

Zu kritisieren ist, dass der Gesamtkomplex grund- und menschenrechtlicher Vorbehalte nicht ausdrücklich geregelt wurde. Die einzelnen Ablehnungsgründe sind über den gesamten Rahmenbeschluss verstreut. Direkte Hinweise auf die Geltung von Grund- und Menschenrechten finden sich zwar in den Erwägungsgründen, sie bleiben aber in einem Maße vage, dass weiterhin Diskussionsbedarf besteht. Die Chance, klassische Auslieferungshindernisse zu beseitigen, die nur bedingt mit der Gewährleistung von Individualrechten in Zusammenhang stehen, wurde vertan.

---

427 Vgl. die Regelungen zur Todesstrafe, zu Folter, unmenschliche Behandlung, der Strafbarkeit Jugendlicher, der Vollstreckung aufgrund von Abwesenheitsurteile und politischer Verfolgung und Asyl unten; zu den Anforderungen an Mindestrechte im Verfahren vgl. die Entschließungen des XVI. Internationalen Strafrechtskongresses, ZStW 112 (2000), 739.

428 *Kühne* in: Europäischer Grundrechtsschutz, S. 65.

429 *Weigend* JuS 2000, 105, 111.

430 *Vogel* JZ 2002, 464, 467. Zur fortschreitenden Rezeption der EMRK und der Rspr. des EuGHMR durch den BGH *Sommer* StraFo 2002, 309, 310.

5. Zusammenfassung

Der Europäische Haftbefehl stellt die Pflicht zur Überstellung ausdrücklich unter den Vorbehalt des Art. 6 EUV. Für nationale Grundrechtsvorbehalte bleibt daneben nur in eng gelagerten Ausnahmefällen Raum. Im arbeitsteiligen System der Strafverfolgung ist grundsätzlich auf den Rechtsschutz im Zielstaat und den durch die EMRK verbürgten europäischen Menschenrechtsstandard abzustellen.

III. Die materiellen Voraussetzungen der Übergabe

1. Die Gegenseitigkeit

Die „Gegenseitigkeit" als die Erwartung zweier Staaten, der jeweils andere müsse zur Auslieferung im gleichen Umfang bereit sein, ist eine historische Grundvoraussetzung des Auslieferungsrechts. Es handelt sich um eine aus dem Souveränitätsgedanken folgende Ausprägung des do ut des-Prinzips[431]. Sinn und Notwendigkeit des Gegenseitigkeitsprinzips werden zwar schon seit längerem in Frage gestellt[432]. Als eigenständiger Grundsatz ist das Prinzip der Gegenseitigkeit aber in § 5 IRG enthalten und vor allem im vertragslosen Auslieferungsverkehr noch von einiger, wenn auch geringer Bedeutung[433]. Nach dem EuAlÜbk ist eine Auslieferung grundsätzlich auch dann zulässig, wenn die Gegenseitigkeit nicht verbürgt ist[434]. Gemäß Art. 2 Abs. 7 EuAlÜbk kann der Grundsatz der Gegenseitigkeit in bestimmten Fällen Anwendung finden.

Der Europäische Haftbefehl enthält keinerlei Regelung der Gegenseitigkeit. Aufgrund der angestrebten engen Kooperation und der Abschaffung des Bewilligungsverfahrens als zweiter Stufe des Auslieferungsverfahrens erübrigt sich ein Vorbehalt gegenseitiger Mitwirkung im Einzelfall. Laut Art. 1 Abs. 2 verpflichten die Mitgliedstaaten sich, nach dem Grundsatz der gegenseitigen Anerkennung und gemäß den Bestimmungen des Rahmenbeschlusses jeden Europäischen Haftbefehl zu vollstrecken.

---

[431] Vogler/Wilkitzki-*Vogel* vor § 1 IRG Rn. 73

[432] Etwa bei Verabschiedung des IRG, vgl. hierzu *Oehler* ZStW 96 (1984), 555, 556.

[433] *Oehler* ZStW 96 (1984), 555, 557.

[434] Schomburg/Lagodny-*Schomburg* Art. 2 EuAlÜbk, Rn. 3a.

2. Die beiderseitige Strafbarkeit

Die „beiderseitige Strafbarkeit" stellt eines der grundlegensten Prinzipien des herkömmlichen Auslieferungsrechts dar. Bei der Entstehung des Europäischen Haftbefehls gehörte die Frage nach der Beibehaltung, Abschaffung und Ausgestaltung dieses Grundsatzes zu den am heftigst umstrittenen Punkten[435], an denen eine Einigung beinahe gescheitert wäre[436].

a) Definition und Bedeutung

Bei der beiderseitigen Strafbarkeit geht es im Gegensatz zum Prinzip der Gegenseitigkeit darum, ob das Verhalten sowohl aufgrund des Rechts des *ersuchenden,* als auch nach dem Recht des *ersuchten* Staates strafbar ist. Nach traditionellem Verständnis folgt der Grundsatz aus dem Prinzip der Gegenseitigkeit, die anders nicht durchsetzbar wäre[437]. Diese Argumentation ist allerdings nicht zwingend, weil es mit dem Prinzip der Gegenseitigkeit vereinbar wäre, trotz Straflosigkeit im ersuchten Staat an den ersuchenden Staat auszuliefern, wenn dies nur umgekehrt ebenfalls praktiziert würde[438]. Die Bedeutung des Prinzips der beiderseitigen Strafbarkeit beruht darauf, dass so dem ersuchten Staat eine Überprüfungs- und Kontrollmöglichkeit eröffnet wird. Dieser kann die Mitwirkung an der Strafvollstreckung verweigern, wenn der ausländische Tatbestand ihm seiner Art nach unbekannt ist[439]. Der Grundsatz der beiderseitigen Strafbarkeit bietet dem Verfolgten daher eine große Palette von Einwendungen gegen eine unerwünschte Auslieferung, da der mitgeteilte Sachverhalt einer umfassenden materiell-rechtlichen Prüfung unterzogen werden kann[440]. Eine in dieser Weise verstandene individualschützende Wirkung war mit dem Prinzip aber ursprünglich nicht verbunden[441]. Im IRG ist das Prinzip der beiderseitigen Strafbarkeit noch weitgehend enthalten[442]. Auch Art. 2 EuAlÜbk enthält die beiderseitige Strafbarkeit als Auslieferungsvoraussetzung.

---

[435] Vgl. den Entwurf der Kommission, ABl. C 332 E vom 27.11.2001, S. 305-319 und die Beratungen des Rats der Innen- und Justizminister, Pressemitteilungen vom 20.9.2001, 16.10.2001 und 16.11.2001 Links unter http://europa.eu.int/prelex/detail_dossier_real.cfm?CL=de&DosId=167840

[436] Vgl. zur Sonderrolle Italiens unten D III. 2.b)(2)(d).

[437] *Oehler* ZStW 96 (1984), 555, 557.

[438] *Vogel* JZ 2001, 937, 942.

[439] *Oehler* ZStW 96 (1984), 555, 557.

[440] *Gillmeister* NJW 1991, 2245, 2247.

[441] Schomburg/Lagodny-*Lagodny* § 3 IRG Rn. 2.

[442] *Schomburg/Lagodny* Einleitung Rn. 64.

Die Forderung nach der Abschaffung des Erfordernisses der beiderseitigen Strafbarkeit findet sich an vielen Stellen in der Literatur mit verschiedenen Begründungen[443]. Da die Auslieferung keine eigene Strafverfolgung des ersuchten Staates, sondern Hilfe zu fremder Strafverfolgung des ersuchenden Staates darstelle, sei der Grundsatz der beiderseitigen Strafbarkeit ein „Fremdkörper" im System des Auslieferungsrechts, dessen Abschaffung „möglich und begrüßenswert" sei[444]. Da das Prinzip zur Durchsetzung von Grundrechten nicht gefordert werde, gleichzeitig aber teilweise Beschränkungen bei der Verbrechensbekämpfung bewirke, die nicht mehr nachzuvollziehen seien, sei es aufzugeben[445]. Nach diesen Vorstellungen soll dem individualschützenden Regelungsgehalt durch einen Grundrechtsvorbehalt Rechnung getragen werden[446]. Im übrigen wird darauf verwiesen, die Vorstellungen anderer Mitgliedstaaten hinsichtlich der Einstufung eines Verhaltens als strafbar seien schlicht zu akzeptieren[447].

Auch in den Initiativen, die dem Europäischen Haftbefehl auf der Ebene der Europäischen Union vorausgingen, finden sich Ansätze zur Abschaffung bzw. Einschränkung der Bedingung beiderseitiger Strafbarkeit[448]. Ein Vorläufer zum Prinzip des Straftatenkatalogs des Art. 2 Abs. 2 findet sich im EU-AuslÜbk. In Art. 3 EU-AuslÜbk wird auf das Erfordernis der beiderseitigen Strafbarkeit allerdings nur in den Fällen der Verabredung einer strafbaren Handlung und der Beteiligung an einer kriminellen Vereinigung verzichtet. Zum damaligen Zeitpunkt war politischer Konsens über einen Souveränitätsabbau nur bezüglich dieser Delikte als Ausprägung der organisierten Kriminalität zu erzielen[449]. Überdies sieht Art. 3 Abs. 3 EU-AuslÜbk die Möglichkeit vor, Vorbehalte zu erklären, da man davon ausging der Grundsatz beiderseitiger Strafbarkeit sei im Auslieferungsrecht vieler Mitgliedstaaten noch zu fest verankert[450]. Zusammenfassend kann man sagen, dass die Abschaffung des Prinzips der

---

443 Vgl. *Schomburg* StV 1998, 153, 157; *Vogel* JZ 2001, 937, 942; Gegen eine vollständige Abschaffung: *Swart* in: Principles and Procedures, S. 524; für die Beibehaltung auch die Entschließungen des XVI. Internationalen Strafrechtskongresses ZStW 112 (2000), 737.

444 *Vogel* JZ 2001, 937, 942.

445 Schomburg/Lagodny-*Lagodny* § 3 IRG, Rn. 2.

446 *Vogel* JZ 2001, 937, 942, Schomburg/Lagodny-*Lagodny* § 3 IRG; Rn. 2.

447 *Schomburg* StV 1998, 153, 157.

448 Vor allem der Vertrag zwischen Italien und Spanien sah eine weitgehende Einschränkung des Prinzips der beiderseitigen Strafbarkeit vor, siehe dazu oben B I. c).

449 *Lagodny* ZRP 2000, 175, 177.

450 Vgl. den erläuternden Bericht zu Art. 2 EU-AuslÜbk, ABl. C 191/13 vom 23.6.1997, S. 0013-0026. Auch im Vertrag zwischen Spanien und Italien bezog sich die Abschaffung nur auf einen Katalog von wenigen Straftaten.

beiderseitigen Strafbarkeit seit einiger Zeit als eines der wichtigsten Mittel zur Vereinfachung und Effektivierung der Auslieferung eingestuft wird, sich bisher jedoch nur unzureichend durchsetzen ließ.

b) Die Regelung des Europäischen Haftbefehls

Der Entwurf der Kommission ging davon aus, dass das Prinzip der gegenseitigen Anerkennung zwingend den vollkommenen Verzicht der Bedingung der beiderseitigen Strafbarkeit verlangt[451]. Dem individualschützenden Charakter wollte man dadurch Rechnung tragen, dass jedem Mitgliedstaat die Möglichkeit zur Erstellung einer „Negativliste" von Straftaten eingeräumt werden sollte, bei denen die Vollstreckung wegen Verletzung wesentlicher Rechtsgrundsätze des betreffenden Staates abgelehnt werden kann[452]. Dadurch sollte der Grundsatz der beiderseitigen Strafbarkeit als Hindernis möglichst weit zurückgedrängt werden, ohne gänzlich auf die Schutzfunktion dieses Prinzips zu verzichten[453].

Der Europäische Haftbefehl hält dagegen grundsätzlich am Prinzip der beiderseitigen Strafbarkeit fest. Die Übergabe kann davon abhängig gemacht werden, dass die Handlungen, deretwegen der Europäische Haftbefehl ausgestellt wurde, eine Straftat (auch) nach dem Recht des Vollstreckungsmitgliedstaats darstellen, unabhängig von den Tatbestandsmerkmalen oder der Bezeichnung der Tat (Art. 2 Abs. 4). In diesen Fällen kann die Vollstreckung eines Europäischen Haftbefehls verweigert werden (Art. 4 Abs. 1). Dieses Prinzip erfährt jedoch Durchbrechungen, wenn es sich um Straftaten handelt, die in der Liste des Art. 2 Abs. 2 aufgeführt sind.

---

[451] Vorschlag der Kommission, KOM (2001) 522 endgültig, 2001/0215 (CNS), Erwägungsgrund Nr. 14: „Die Anwendung des Grundsatzes der gegenseitigen Anerkennung hat zur Folge, dass die Bedingung der beiderseitigen Strafbarkeit sowie der Grundsatz der Spezialität abgeschafft werden müssen".

[452] Vorschlag der Kommission, Art. 27, ABl. Nr. C 332 E vom 27.11.2001, S. 0305-0319.

[453] Auf die Probleme, die dieses Konzept hinsichtlich der Formulierung der Negativkataloge und mangelnder Definitionen mit sich gebracht hätte, kann an dieser Stelle nicht näher eingegangen werden.

Der Europäische Haftbefehl kombiniert damit verschiedene Techniken, die zur Realisierung des Prinzips der beidseitigen Strafbarkeit schon in bisherigen Abkommen Verwendung fanden. Bereits in älteren Verträgen wurden die Straftaten, bei denen eine Auslieferung möglich war, abschließend positiv aufgezählt[454]. Das Prinzip der beiderseitigen Strafbarkeit war dabei nur relevant für die Frage, nach welchem Recht die Katalogstraftat auszulegen ist[455].

Die geltenden europäischen Auslieferungsabkommen folgen dagegen der Praxis, lediglich ein Mindeststrafmaß zu bestimmen, das für die vorgeworfene Handlung gelten muss. In diesem „Generalklauselsystem"[456] wird die Strafbarkeit nach dem Recht beider Staaten geprüft. Diese neuere sog. Eliminationsmethode erlaubt Auslieferung in weiterem Umfang als bei einer positiven Aufzählung von Delikten und ist zusätzlich Ausdruck des Verhältnismäßigkeitsprinzips, da jede Auslieferung in Rechte des Betroffenen eingreift und wegen des (bisherigen) aufwändigen zweistufigen Verfahrens zudem hohe Kosten verursacht[457].

(1) Der Anwendungsbereich

Art. 2 des Europäischen Haftbefehls ist mit dem Begriff Anwendungsbereich überschrieben. Der „klassische" Anwendungsbereich - ausgehend von der Systematik des EuAlÜbk - ist in Art. 2 Abs. 1 normiert. Ein Europäischer Haftbefehl kann erlassen werden bei Handlungen, die im Höchstmaß mit einer Freiheitsstrafe oder Maßregel von mindestens zwölf Monaten bedroht sind oder im Falle einer Verurteilung zu einer Strafe oder Maßregel der Besserung und Sicherung, deren Maß mindestens vier Monate beträgt. Diese Regelung ist eine konsequente Fortführung der Vorläufer in Art. 2 Abs. 1 EuAlÜbk und Art. 2 Abs. 1 EU-AuslÜbk. Im EuAlÜbk wird jedoch auf die Rechtsordnungen von ersuchendem und ersuchten Staat in gleichem Maße abgestellt. Im EU-AuslÜbk wurde das Mindestmaß in Bezug auf den ersuchten Staat auf sechs Monate herabgesetzt, um das Prinzip der beiderseitigen Strafbarkeit weiter abzuschwächen[458]. Forderungen, auf eine Mindeststraferwartung gänzlich zu verzichten und auf eine Selbstregulierung durch das - hinter der Mindeststraferwartung stehende - Verhältnismäßigkeitsprinzip zu vertrauen[459], wurde somit eine Absage erteilt. Da das Übergabeverfahren

---

454 Schomburg/Lagodny-*Lagodny* § 3 IRG Rn. 24.

455 *Popp* Rn. 199.

456 *Popp* Rn. 199.

457 Schomburg/Lagodny-*Lagodny* § 3 IRG Rn. 23 f.

458 Vgl. den erläuternden Bericht zu Art. 2 EU-AuslÜbk, ABl. C 191/13 vom 23.6.1997, S. 0013-0026.

459 So *Schomburg* StV 1998, 153, 157.

nach dem Europäischen Haftbefehl gegenüber dem bisherigen Auslieferungsverfahren stark vereinfacht ist und zum Normalfall der Kooperation werden soll, mag man diese Entscheidung kritisieren. Da auch die Übergabe aufgrund eines Europäischen Haftbefehls aber nach wie vor einen gewissen verfahrenstechnischen Aufwand erfordert, ist der Entscheidung, Bagatellfälle durch die Aufrechterhaltung einer starren Mindeststrafbarkeitsschwelle auszusondern, zuzustimmen[460].

(2) Der Straftatenkatalog

(a) Allgemeines

Der Verzicht auf die Anwendung des Prinzips der beiderseitigen Strafbarkeit ist im Europäischen Haftbefehl auf eine festgelegte Gruppe von Straftaten beschränkt. Gemäß Art. 2 Abs. 2 erfolgt eine Übergabe ohne Überprüfung des Vorliegens der beiderseitigen Strafbarkeit, wenn es sich um eine der in der Liste aufgeführten 32 Straftaten handelt. Bezeichnenderweise war der Straftatenkatalog bei der Verabschiedung des Rahmenbeschlusses der am heftigsten umstrittene Punkt[461]. Denn vor allem im Hinblick auf grundsätzliche Bedenken gegenüber den Strafrechtsordnungen der Mitgliedstaaten untereinander sollte die beiderseitige Strafbarkeit als „Notbremse"[462] dienen.

Der Versuch, das Erfordernis der beiderseitigen Strafbarkeit als Voraussetzung der Auslieferung zurückzudrängen, wurde bereits durch Art. 3 EU-AuslÜbk unternommen. Im Unterschied zu diesem Abkommen ist der Straftatenkatalog des Europäischen Haftbefehls jedoch nicht auf Terrorismus und die Finanzinteressen der EU begrenzt[463]. Die in die Liste aufgenommen 32 Delikte lassen keine bestimmte Akzentuierung erkennen und sind auch nicht durchgängig auf besonders schwere Formen der Kriminalität begrenzt[464]. Insofern geht der Europäische Haftbefehl über die bisherigen Versuche zur Beschränkung des Prinzips der beiderseitigen Strafbarkeit deutlich hinaus.

---

460 Vgl. zum sog. „Bagatellprinzip" auch Vogler/Wilkitzki-*Vogel* vor § 1 IRG Rn. 77.

461 Zu den Widerständen Italiens vgl. unten, sowie *Grevi* Il Mulino 1/2002, 119 ff.

462 Begriff bei *Weigend* JuS 2000, 105, 110 im Hinblick auf den Abbau von Auslieferungshindernissen.

463 So ist neben Euro-Fälschung auch Geldfälschung allgemein erfasst, neben Betrug zum Nachteil der finanziellen Interessen der EG auch Betrug allgemein.

464 So sind sämtliche Betrugsdelikte erfasst; vgl. zur Kritik daran, dass die Liste zu weit ist auch das Minderheitenvotum der Europaparlamentsabgeordneten Krarup und Frahm, Bricht vom 14.11.2001 A 5- 0397/2001; *Grevi* Il Mulino 1/2002, 119, 121, spricht von „eccesiva ampiezza della lista".

(b) Definition der Straftaten

Für die Katalogstraftaten des Art. 2 Abs. 2 gibt es bislang noch nicht durchgängig auf Unionsebene harmonisierte Definitionen, worauf auch in der Anlage zum Rahmenbeschluss ausdrücklich hingewiesen wird[465]. Den Problemen, die sich durch den Verzicht auf solche harmonisierten Definitionen ergeben, wird dadurch begegnet, dass allein die Begriffsbestimmung nach den Rechtsvorschriften des ausstellenden Staates für maßgeblich erklärt wird. Gemäß Art. 2 Abs. 2 beurteilt sich die Frage, ob eine Katalogtat vorliegt, allein nach dem Recht des Ausstellungsstaates. Nach dem Recht dieses Staates ist die Straftat zu definieren und nach seinem Recht muss das Höchstmass der Strafe mindestens drei Jahre betragen. Auf Definitionen der Straftaten wurde daher verzichtet. Diese Vorgehensweise entspricht Art. 3 EU-AuslÜbk[466]. Im Anhang zum Rahmenbeschluss wird zwar gleichzeitig auf die Definition von Fremdenfeindlichkeit und Rassismus[467] sowie die Definitionen von Sabotage, Erpressung und Schutzgelderpressung hingewiesen. Doch beseitigen diese Definitionen aufgrund der Verwendung extrem unbestimmter Begriffe[468] ihrerseits keineswegs alle Probleme. Weitergehende Ansätze zu einer Harmonisierung sind bisher in erster Linie lediglich im Bereich der Terrorismusbekämpfung zu erkennen[469].

---

[465] Vgl. die Anlage zum Rahmenbeschluss: Entwurf von Erklärungen des Rates, b) zu Art. 2 Abs. 2. Auf die Problematik mangelnder unionsweiter Definitionen - insbesondere für Betrugsdelikte - weist auch *v. Bubnoff* ZEuS 2002, 185,227 hin.

[466] Vgl. dazu *Schomburg/Lagodny* Art. 3 EU-AuslÜbk Rn. 4. Siehe dazu auch den erläuternden Bericht, ABl. C 191/13 vom 23.6.1997, S. 0013-0026.

[467] Vom 15.7.1996 (96/433/JI).

[468] Vgl. die Formulierung „Schaden in großem Ausmaß" im Falle der Sabotagedefinition und mit „jeder anderen Form der Einschüchterung einhergehende Forderung" in der Definition der Erpressung/Schutzgelderpressung.

[469] Vgl. jetzt vor allem den Rahmenbeschluss des Rates vom 13.6.2002 zur Terrorismusbekämpfung (2002/475/JI).

(c) Probleme

Das Konzept des Europäischen Haftbefehls zur beiderseitigen Strafbarkeit wirft eine ganze Reihe von Problemen auf:

Einerseits bleiben durch die grundsätzliche Aufrechterhaltung des Prinzips der beiderseitigen Strafbarkeit in vielen Fällen die hergebrachten Schwierigkeiten bestehen, die durch die Prüfung der Strafbarkeit bei sinngemäßer Umstellung des Sachverhalts aufgeworfen werden[470]. Denn gerade die Erweiterung der Union um Staaten mit anderen Strafrechtssystemen wird in Zukunft eine sorgfältige Prüfung der Strafbarkeit einer Tat im ersuchenden Staat zusätzlich erschweren[471].

Zusätzlich muss jetzt aber in jedem Fall zunächst jeweils die Frage geklärt werden, ob eine Katalogtat im Sinne des Art. 2 Abs. 2 vorliegt. Viele der im Katalog erfassten Straftaten sind weit gefasst und in hohem Masse auslegungsfähig bzw. definitionsbedürftig, da sie unbestimmte Rechtsbegriffe und äußerst weite Formulierungen enthalten[472]. Teilweise handelt es sich nicht einmal um Straftatbestände im eigentlichen Sinne[473]. Eine Beschränkung auf besonders schwere Formen der Kriminalität ist nicht festzustellen, da etwa sämtliche Betrugsdelikte erfasst sind. Die Beschränkung auf Taten, die im Mindesthöchstmass mit drei Jahren Freiheitsstrafe geahndet werden, wird bei den in Rede stehenden Delikten nur in Ausnahmefällen zu einer Einschränkung führen, da diese Hürde nur bei sehr wenigen Straftaten unterschritten werden dürfte.

---

470 Vgl. zu den Problemen, welche die Prüfung der beiderseitigen Strafbarkeit verursachen, *v. Bubnoff* Auslieferung, S. 45 ff mit Beispielen; Schomburg/Lagodny-*Lagodny* § 3 IRG Rn. 3 ff. *Tiedemann* S. 138, weist darauf hin, dass ein angeglichenes Strafrecht die Effektivität bei Fragen der identischen Norm erheblich steigern kann.

471 *Schomburg* DRiZ 1999, 107, 109 weist auf die Verantwortung hin, die der zuständigen Justizbehörde aufgebürdet wird, da die Prüfung der beiderseitigen Strafbarkeit in der Praxis meist „ins Blaue hinein abverlangt" werde.

472 Vgl. insbesondere die Katalogtaten „Betrugsdelikte, Cyberkriminalität, Nachahmung und Produktpiraterie, Kraftfahrzeugkriminalität, Umweltkriminalität, Sabotage". Kritik an der Unbestimmtheit dieser Tatbestände bei *Schünemann* GA 2002, 501, 507 f, demzufolge diese Begriffe „nur in der Vorstellungswelt des Europäischen Rates" hinreichend bestimmt sind.

473 Vgl. den Punkt „Rassismus und Fremdenfeindlichkeit", der sich auf sämtliche Zusammenhangstaten erstrecken soll, vgl. die Anlage zum Rahmenbeschluss, die auf die Definition von Rassismus und Fremdenfeindlichkeit vom 15.7.1996 verweist.

Ob und in welchen Fällen eine Tat ohne das Erfordernis der beiderseitigen Strafbarkeit zur Übergabe führen kann, lässt sich kaum übersehen. Denn einerseits wird dadurch, dass die Liste weit gefasst ist, der Anwendungsbereich des Grundsatzes der beiderseitigen Strafbarkeit so weit zurückgedrängt, dass es mehr als zweifelhaft erscheint, worin der Nutzen des Prinzips noch bestehen soll. Gleichzeitig wird die Zurückdrängung des Erfordernisses der beiderseitigen Strafbarkeit, die ja in erster Linie der Effektivität dienen soll, durch die Handhabung von Art. 2 Abs. 2 mit neuen Problemen belastet.

Unklar ist vor allem, wie zu verfahren ist, wenn der Vollstreckungsstaat an der Subsumtion einer Tat unter die Straftaten der Liste durch den Ausstellungsstaat Zweifel hat. Interessant ist in diesem Zusammenhang, dass die Formulierung des Art. 2 Abs. 2 in der endgültigen Fassung vom 13. Juni 2002 von der derjenigen vom 5./6. Dezember 2001 abweicht. Während zunächst für die Definition der Katalogtaten eindeutig auf das Recht des Ausstellungsstaates abgestellt wurde, bezieht sich die geltende Formulierung nur in Bezug auf die Mindesthöhe der Strafe auf das Recht des Ausstellungsstaates. Zwar ist davon auszugehen, dass im Sinne des Prinzips gegenseitiger Anerkennung eine Überprüfungsmöglichkeit nicht bestehen soll und aus Gründen der Praktikabilität auch nicht bestehen kann. Der Zweck, der hinter dem Erfordernis der beiderseitigen Strafbarkeit stand, eine Überprüfungsmöglichkeit des ersuchten Staates im Hinblick auf problematische Fälle zu erhalten, würde dadurch aber weitgehend ausgehebelt. Denn die Beschränkung auf einen Straftatenkatalog soll gerade die Möglichkeit bieten, in den problematischen, nicht von der Liste erfassten Fällen auf dem Erfordernis der beiderseitigen Strafbarkeit zu beharren. Diese Kontrollmöglichkeit wird jedoch entwertet, wenn es allein dem ausstellenden Staat überlassen bleibt, die fragliche Taten unter die in der Liste erfassten, extrem auslegungsbedürftigen Straftatbestände zu subsumieren. Es besteht daher die Gefahr, dass in vielen Fällen die beteiligten Justizbehörden ohne eine vorherige Prüfung der Rechtslage im Detail einen Europäischen Haftbefehl ausstellen oder vollstrecken werden, und die Klärung von Streitfällen den jeweiligen Obergerichten überlassen wird[474]. Das Ziel, eine problemlose Zusammenarbeit der Justizbehörden zu erreichen, würde dadurch verfehlt.

---

[474] Vgl. insoweit die Einschätzung zur bisherigen Situation von *Schomburg* DRiZ 1999, 107, 111.

Wegen der Unterschiede in den nationalen Strafrechtssystemen und sprachlichen Probleme ist mit einer gleichmäßigen Handhabung innerhalb der Europäischen Union jedenfalls nicht zu rechnen. Ohne eine Harmonisierung oder wenigstens harmonisierte Definitionen stellt eine so weit gefasste Liste von Straftaten einen Fremdkörper im System des Europäischen Haftbefehls dar. Denn die Fälle, für die es beim Prinzip der beiderseitigen Strafbarkeit verbleibt, sind schwer zu bestimmen. Nur ein vollständiger Verzicht auf das Prinzip der beiderseitigen Strafbarkeit hätte zur Vermeidung der Probleme geführt, die durch die Unterschiede der Rechtssysteme bedingt sind. Der Liste kommt daher auch eine Appellfunktion zu, eine weitere Harmonisierung anzustreben. Ob eine solche Harmonisierung aber realistisch und politisch gewünscht ist, soweit es um andere Delikte als Terrorismus und die Finanzinteressen der Union geht, bleibt fraglich[475]. Das Streben nach mehr Effektivität und einer einfacheren Handhabung der Übergabe zwischen den Mitgliedstaaten wird stark beeinträchtigt, wenn für ein sinnvolles Funktionieren dieses Mechanismus erst noch eine Harmonisierung erforderlich ist, die bisher noch nicht absehbar ist[476].

Die Regelung der beiderseitigen Strafbarkeit in Art. 2 lässt die widerstreitenden Konzepte erkennen, die dem Europäischen Haftbefehl zugrunde liegen. Einerseits sollte das Konzept der beiderseitigen Strafbarkeit zugunsten der Steigerung der Effektivität zurückgedrängt werden. Andererseits konnte man sich zur gänzlichen Abschaffung nicht durchringen, da die Mitgliedstaaten aufgrund von Resten nationaler Souveränitätsvorbehalte auf die mit dem Grundsatz der beiderseitigen Strafbarkeit verbundenen Kontrollmöglichkeiten nicht völlig verzichten wollten. Allerdings sieht der Europäische Haftbefehl ohnehin potenzielle Ablehnungsgründe vor, die nationalen Besonderheiten in bestimmten Fällen Rechnung tragen (Art. 4 Abs. 7 lit. a) und b))[477]. Hinter der „Notbremsenfunktion"[478] der Beibehaltung des Prinzips der beiderseitigen Strafbarkeit stehen zwar auch individualschützende Motive; Konflikte sind aber besser durch eindeutig formulierte grund- und menschenrechtliche Vorbehalte zu vermeiden. Die Fälle, die nicht die Schwelle ei-

---

[475] Vgl. zur Entwicklung der Zusammenarbeit in der dritten Säule und Tendenzen zu einem Europäischen Strafrecht oben C II..

[476] Auch *Spinellis*, S. 688 verweist auf das Inkrafttreten des Corpus Juris und auf die „Zukunftsperspektive", die beiderseitige Strafbarkeit ganz abzuschaffen.

[477] Erfasst sind Fälle, in denen die Straftat nach den Rechtsvorschriften des Vollstreckungsstaates ganz oder zum Teil in seinem Hoheitsgebiet begangen wurden, oder außerhalb des Ausstellungsstaates begangen wurden und nach dem Recht des Vollstreckungsstaates nicht verfolgt werden können.[478] *Weigend* JuS 2000, 105, 110.

ner solchen Beeinträchtigung erreichen, sollten dagegen ungeachtet nationaler Unterschiede im Hinblick auf die Strafbarkeit einzelner Delikte nicht zur Verweigerung der Übergabe berechtigen. Im übrigen werden nationale Unterschiede in der Strafzumessung auch im Falle der Katalogtaten zu einer unterschiedlicher Behandlung in den Mitgliedstaaten führen.

Die Regelung der beiderseitigen Strafbarkeit spiegelt die unterschiedlichen Ansätze in der Entwicklung der polizeilichen und justiziellen Zusammenarbeit innerhalb der Europäischen Union wieder. Das Konzept eines Straftatenkatalogs ist einerseits eng mit Harmonisierungsbemühungen verknüpft, ohne die es gar nicht sinnvoll anwendbar ist. Gleichzeitig würde eine konsequente Anwendung des Prinzips gegenseitiger Anerkennung dazu führen, dass ohnehin nur die Definition nach dem Recht des ausstellenden Staates erheblich wäre. Das Ergebnis ist ein Kompromiss, der keinem der Gesichtspunkte gerecht wird. Eine echte Vereinfachung durch Abschaffung des Grundsatzes der beiderseitigen Strafbarkeit als Auslieferungshindernis ist nicht erfolgt. Der potentiell individualschützende Charakter des Prinzips ist so weit ausgehöhlt, dass eine Schutzfunktion nur noch in Einzelbereichen bestehen kann. Dem Prinzip gegenseitiger Anerkennung hätte nur ein völliger Verzicht auf das Erfordernis der beiderseitigen Strafbarkeit entsprochen. Implizit wird durch die Regelung eine Harmonisierung der Straftatbestände der Mitgliedstaaten vorausgesetzt, die nur in Ansätzen besteht.

Insgesamt bleibt der Europäische Haftbefehl daher bei dem Versuch, das Erfordernis der beiderseitigen Strafbarkeit als Auslieferungshindernis abzuschaffen, auf halbem Wege stehen. Die Tatsache, dass an dem ursprünglichen Konzept[479], auf das Erfordernis der beiderseitigen Strafbarkeit zu verzichten, nicht festgehalten wurde, ist für das gesamte System des Europäischen Haftbefehls von erheblicher Bedeutung. Denn zum einen bedingt die Beibehaltung eine Reihe von Folgeproblemen[480]. Zum anderen wurde gerade die Abschaffung des Prinzips der beiderseitigen Strafbarkeit immer als einer der Hauptgesichtspunkte im Bestreben um die Modernisierung des Auslieferungsrechts betrachtet. Durch die jetzige Regelung wurden im Hinblick auf die Steigerung der Effektivität jedoch nur bedingt Fortschritte erzielt. Aufgrund des Fehlens gemeinsamer Definitionen führt das Konzept eines Straftatenkatalogs zu vielen neuen Problemen. Dem Prinzip gegenseitiger Anerkennung und dem

---

479 Allerdings war dort ein Negativkatalog vorgesehen, was im Hinblick auf die Definition zu ähnlichen Problemen geführt hätte, vgl. den Vorschlag der Kommission 4.5 Nr. 6, ABl. C 332 E vom 27.11.2001, S. 0305-0319.

480 Siehe zur Spezialität unten D III. 3..

Ziel einer Effektivierung hätte allein ein vollständiger Verzicht auf das Prinzip der beiderseitigen Strafbarkeit entsprochen. Dass ein solcher Verzicht nicht durchsetzbar war, zeigt in besonderem Maße, dass die Bereitschaft unterschiedliche Vorstellungen anzuerkennen und das Vertrauen in das Ausreichen der grund- und menschenrechtlichen Sicherungen noch nicht genügend vorhanden sind.

(d) Die Sonderrolle Italiens

An der Formulierung des Straftatenkatalogs des Art. 2 Abs. 2 wäre der Europäische Haftbefehl beinahe gescheitert. Vorbehalte formulierte vor allem Italien unter Berufung auf verfassungsrechtliche Bedenken. Die Einigung konnte letztlich nur durch Zugeständnisse erzielt werden, die in der Beziehung zu Italien eine weitgehende Unwirksamkeit des Europäischen Haftbefehls zur Folge haben werden[481]. Italien hat in Bezug auf die Auslieferung eigener Staatsangehöriger zunächst nur bezüglich der ersten sechs Straftaten des Katalogs zugestimmt. Es handelt sich dabei um die Taten, die auch im Vertrag mit Spanien enthalten waren[482]. Im übrigen wurde darauf verwiesen, man müsse erst innerstaatlich die Voraussetzungen schaffen, um den Rahmenbeschluss mit den Verfassungsprinzipien in Einklang zu bringen.

Die Berufung der italienischen Regierung auf verfassungsrechtliche Probleme bei der Umsetzung ist jedoch höchst zweifelhaft. Vielfach wird bestritten, dass sich solche Konflikte ergeben könnten[483]. Insbesondere sieht die italienische Verfassung in Art. 26 bereits die Möglichkeit der Auslieferung eigener Staatsangehöriger vor[484]. Hauptgrund für die ablehnende Haltung Italiens dürften daher wohl nicht unüberwindbare verfassungsrechtliche Probleme bei der Umsetzung sein. Vielmehr wur-

---

481 *v. Bubnoff* NJW 2002, 2672, 2673; ders. ZEuS 2002, 185, 236

482 *Grevi* Il Mulino 1/2002, 119, 122.

483 *Grevi* Il Mulino 1/2002, 119, 125 weist darauf hin, auch der Vertrag mit Spanien habe nicht zu einer Verfassungsdiskussion geführt. *v. Bubnoff* NJW 2002, 2672, 2673 bezeichnet dies als „sachwidrige Verknüpfung mit Verfassungsänderungen und plebiszitären Elementen".

484 Vgl. auch Das Urteil des Corte Costitizionale Nr. 220 vom 12.7.1985 in der Rechtsprechungsübersicht EuGRZ 1986, 253; *Grevi* Il Mulino 1/2002, 119, 126, nach dessen Auffassung die Auslieferung eigener Staatsangehöriger innerhalb der Europäischen Union unproblematisch ist (unter Hinweis auf die insoweit problematischere Rechtslage in Österreich); ähnlich, ebenfalls auf die Rechtslage in Österreich verweisend *Edmondo Bruti Liberati und Ignazio Juan Patrone* auf der Homepage der Universität Turin unter http://www2.unife.it/forumcostituzionale/ contributi/que-giu.htm. Italien ist auch als erster Staat der Verpflichtung nachgekommen, die Auslieferung eigener Staatsangehöriger an das Jugoslowien-Tribunal zu ermöglichen, vgl. dazu *Rinio* ZStW 108 (1996), 354, 390.

den einmal mehr nationale, von Souveränitätsinteressen geprägte, Egoismen deutlich, ausgelöst von der Furcht vor zu weitgehenden Übergabemöglichkeiten[485]. Vor allem der Verzicht auf ein Bewilligungsverfahren mit Entscheidungszuständigkeit der Regierung und die Umwandlung in ein rein justizielles Verfahren dürften eine Rolle gespielt haben. Dies ist vor dem Hintergrund des überaus gespannten Verhältnisses zwischen Justiz und Regierung und laufender Verfahren gegen Mitglieder der Regierung Berlusconi zu sehen[486].

Die Zubilligung einer Sonderrolle Italiens könnte sich mit Blick auf die weitere Entwicklung problematisch erweisen. Denn im Rahmen der Umsetzung und Anwendung ist ein abgestimmtes Vorgehen erforderlich. Es liegt auf der Hand, dass auch andere Mitgliedstaaten geneigt sein könnten, in jeweils problematischen Fällen Sonderrechte zu beanspruchen.

c) Die beidseitige Verfolgbarkeit

Verknüpft mit dem Prinzip der beiderseitigen Strafbarkeit ist die weitere Voraussetzung der beidseitigen Verfolgbarkeit.

(1) Die Verjährung

Unter die Voraussetzung der beidseitige Verfolgbarkeit fallen auch Probleme der Verjährung. Art. 10 EuAlÜbk bestimmt, dass die Verjährung einer Tat sowohl nach den Rechtsvorschriften des ersuchenden wie nach denen des ersuchten Staates die Auslieferung hindert. Art. 8 Abs. 1 EU-AuslÜbk schränkte diesen Grundsatz bereits ein, um die Prüfung der konkrete Auslieferungsfähigkeit zu erleichtern[487]. Die Auslieferung darf danach nicht deshalb verweigert werden, weil der ersuchte Staat kürzere Verjährungsfristen vorsieht. Art. 8 Abs. 2 EU-AuslÜbk bestimmt jedoch, dass dies nicht gilt, wenn es sich um einen Fall konkurrierender Gerichtsbarkeit handelt.

Der Europäische Haftbefehl greift das Prinzip des Art. 8 EU-AuslÜbk in Art. 4 Nr. 4 auf. Die Vollstreckung eines Haftbefehls kann danach verweigert werden, wenn die Strafvollstreckung oder die Strafverfolgung

---

485 Vgl. *Grevi* Il Mulino 1/2002, 119, 127. *v. Bubnoff* NJW 2002, 2672, 2673 bezeichnet den Vorgang als „unwürdiges Pokern der italienischen Regierung".

486 Vgl. *Schlamp* Der Spiegel 9/2002, 154, 155; kritisch *Edmondo Bruti Liberati* und *Ignazio Juan Patrone* auf der Homepage der Universität Turin unter: http://www2.unife.it/forumcostituzionale/ contributi/que-giu.htm, die ebenfalls auf den Konflikt zwischen Justiz und Regierung in Italien hinweisen : "Quello scenario, che avrebbe messo l'Italia in un angolo con una posizione perlomeno imbarazzante, costituiva peraltro il più grande apprezzamento per il sistema giudiziario italiano e per i suoi magistrati".

487 Schomburg/Lagodny-*Schomburg* Art. 8 EU-AuslÜbk Rn. 1.

nach den Rechtsvorschriften des Mitgliedstaats verjährt ist und hinsichtlich der Handlungen nach seinem eigenen Strafrecht Gerichtsbarkeit bestand. Die Vorschrift ist im Hinblick auf die Regelung des EU-AuslÜbk zu interpretieren. Es soll nur in Fällen konkurrierender Gerichtsbarkeit die Berufung auf Verjährungsbestimmungen des vollstreckenden Staates möglich sein, ansonsten ist der Einwand der Verjährung ausgeschlossen.

Der Fall, dass die Tat nach dem Recht des ersuchenden Staates verjährt ist, findet keine ausdrückliche Erwähnung. Im Gegensatz zu Art. 8 EU-AuslÜbk, der lediglich eine Ergänzung des EuAlÜbk darstellt, ist die Verjährungsausnahme des Art. 4 Nr. 4 abschließend. Ob die Tat nach dem Recht des ausstellenden Staates bereits verjährt ist, soll daher wohl nicht mehr geprüft werden. Schon im Rahmen des EuAlÜbk hatte nicht der ersuchte Staat zu entscheiden, ob im Hoheitsgebiet des ersuchenden Staates Verjährung eingetreten war. Eine Entscheidung war vom ersuchenden Staat selbst zu einzuholen[488]. Es erscheint daher konsequent, wenn die Verjährung im ausstellenden Staat im Europäischen Haftbefehl keine Erwähnung mehr findet.

(2) Zuständigkeit/Territorialität

Im Zusammenhang mit dem Prinzip der beiderseitigen Strafbarkeit steht auch das Erfordernis der Zuständigkeit des ersuchenden Staates. Art. 4 Abs. 7 nimmt dieses Kriterium als Grund zur Ablehnung der Vollstreckung auf. Die Vollstreckung kann abgelehnt werden, wenn die Straftat nach den Rechtsvorschriften des Vollstreckungsstaats ganz oder zum Teil in dessen Hoheitsgebiet (Art. 4 Abs. 7 lit. a) oder außerhalb des Hoheitsgebiet des ausstellenden Staates begangen wurde und die Verfolgung nach den Vorschriften des Vollstreckungsstaats ausgeschlossen ist (Art. 4 Abs. 7 lit. b). Die Regelung entspricht Art. 7 EuAlÜbk[489]. Auch aus der Beibehaltung dieser fakultativen Übergabehindernisse wird deutlich, dass der Europäische Haftbefehl das Prinzip der gegenseitigen Anerkennung nicht konsequent durchführt. Art. 4 Abs. 7 lit. a), der für Fälle konkurrierender Strafansprüche die Verweigerung der Vollstreckung ermöglicht, stellt auf die primäre Verfolgungszuständigkeit ab und ist eine Ausprägung des Souveränitätsanspruchs. Art. 4 Abs. 7 lit. b) folgt aus dem Grundsatz der beidseitigen Strafbarkeit[490].

---

488 *Walter* GA 1981, 250, 259.
489 Vgl. zur Zuständigkeitsfrage und Art. 7 EuAlÜbk *Haas* S. 179.
490 Kritisch auch *v. Bubnoff* ZEuS 2002, 185, 230.

Im Sinne einer Vereinfachung hätte es nahe gelegen, auf diese Vorschrift zu verzichten und durch die Anwendung des Grundsatzes ne bis in idem zu lösen, d.h. darauf abzustellen, ob eine Verurteilung wegen der fraglichen Tat bereits erfolgte . Denn der herkömmliche Territorialitätsgrundsatz als Anknüpfungspunkt sollte in einem unionseinheitlichen Rechts- und Sicherheitsraum keine entscheidende Bedeutung mehr spielen[491].

d) Zusammenfassung

Der Europäische Haftbefehl behält das Prinzip der beiderseitigen Strafbarkeit grundsätzlich bei, schränkt seine Anwendbarkeit aber für einen weiten Straftatenkatalog ein. Die Handhabung dieser Ausnahmeregelung wird jedoch aufgrund mangelnder europaweiter Definitionen zu einer Reihe von Problemen führen.

---

491 *v. Bubnoff* ZEuS 2002, 185, 230.

3. Der Grundsatz der Spezialität

a) Definition und Bedeutung

Auch der Grundsatz der Spezialität gehört zu den grundlegenden Prinzipien des traditionellen Auslieferungsrechts. Durch seine Anwendung soll garantiert werden, dass der Auszuliefernde im ersuchenden Staat ausschließlich wegen der Tat, derentwegen die Auslieferung bewilligt wurde, strafrechtlich verfolgt wird[492]. Der Grundsatz der Spezialität wird oft als notwendige Folge anderer Grundsätze des Auslieferungsrechts bezeichnet. Insbesondere wird angeführt, die Grundsätze der Gegenseitigkeit und der beiderseitigen Strafbarkeit seien andernfalls wirkungslos[493]. Wichtig ist die Spezialitätsbindung in erster Linie zur Sicherstellung der Befolgung von Auslieferungsausnahmen, vor allem bei politischen Delikten[494]. Allgemein lässt sich sagen, dass der Grundsatz der Spezialität die Einhaltung von anderen Auslieferungsprinzipien gewährleisten soll[495]. Nach traditionellem Verständnis stellt die Spezialitätszusage eine Beschränkung der Hoheitsrechte des ersuchten Staats dar[496]. Die Zustimmung des Verfolgten ist danach für die Spezialitätswirkung unbeachtlich, da allein staatliche Interessen betroffen sind[497]. Deshalb ist der Grundsatz auch eng mit Souveränitätsinteressen verbunden. Zwingend ist das Prinzip der Spezialität aber nicht, da es nach allgemeiner Meinung nicht zum Völkergewohnheitsrecht gehört[498].

Im Rahmen der jüngeren Entwicklungen des Auslieferungsrechts in Europa wird vermehrt ein Verzicht auf den oftmals hinderlichen Spezialitätsgrundsatz gefordert[499]. Zwar hat der Grundsatz schon einige Durchbrechungen erfahren - insbesondere kann der Betroffene im vereinfachten Verfahren durch Zustimmung auf die Spezialitätsbindung ver-

---

[492] *Schomburg/Lagodny* Einleitung Rn. 74.

[493] Vgl. *Vogler* in Spendel-FS, S. 874 und S. 890, der von „sachlogischem Zusammenhang" der beiden Prinzipien spricht.

[494] *Lagodny* Die Rechtstellung des Auszuliefernden in der BRD, S. 47; kritisch zum Spezialitätsschutz in Asylrechtsfällen, Schomburg/Lagodny-*Schomburg* § 6 IRG Rn. 49 ff.

[495] Schomburg/Lagodny-*Lagodny* § 11 IRG, Rn. 3.

[496] *Vogler* in: Spendel-FS, S. 878 spricht von einer „Beschränkung der allgemeinen Staatshoheit".

[497] *Vogler* in: Spendel-FS, S. 881. Die Regelung des Art. 14 EuAlÜbk sieht dementsprechend eine Möglichkeit der Zustimmung zum Verzicht nur für den ersuchten Staat vor.

[498] Schomburg/Lagodny-*Lagodny* § 11 IRG, Rn. 7.

[499] *Schomburg* StV 1998, 153, 157.

zichten[500] - die gänzliche Abkehr vom Grundsatz der Spezialität ist aber bisher noch nicht erreicht worden.

Insbesondere die Regelungen der Art. 10 und 11 EU-AuslÜbk, die eine Einschränkung der Spezialitätsbindung bewirken sollen, zeigen deutlich, wie gering bisher die Bereitschaft war, mit der Abschaffung der Spezialität auf die Durchsetzung hergebrachter Grundsätze zu verzichten. Diese Regelungen stellen sich als „unüberschaubares Gezerre um Souveränitätsreste"[501] dar und sind von einer effektiven Beseitigung des Spezialitätsgrundsatzes noch weit entfernt.

b) Die Regelung des Europäischen Haftbefehls

(1) Grundsatz

Der Kommissionsentwurf zum Europäischen Haftbefehl sah die völlige Abschaffung des Grundsatzes der Spezialität vor[502]. Im Gegensatz zu diesem ursprünglichen Konzept hält der Rahmenbeschluss am Grundsatz der Spezialität grundsätzlich fest. Letztlich ist dies die Konsequenz aus der Beibehaltung des Prinzips der Gegenseitigkeit bzw. der Beschränkung auf einen Katalog von Straftaten. Denn eine solche Beschränkung lässt sich nach traditionellem Verständnis nur durch Anwendung des Spezialitätsprinzips absichern.

In Art. 27 Abs. 2 findet sich – etwas versteckt - die grundsätzliche Formulierung des Grundsatzes der Spezialität. Danach dürfen Personen, die aufgrund des Europäischen Haftbefehls übergeben wurden, wegen einer anderen Handlung als derjenigen, die der Übergabe zugrunde liegt, weder verfolgt noch abgeurteilt noch einer freiheitsentziehenden Maßnahme unterworfen werden.

(2) Ausnahmen

Der Europäische Haftbefehl sieht allerdings eine Vielzahl von Ausnahmen vom Spezialitätsgrundsatz vor. Diese sind zum großen Teil bereits in bestehenden Abkommen enthaltenen Regelungen nachgebildet, gehen jedoch teilweise auch darüber hinaus.

Die Ausnahme des Art. 27 Abs. 1 entspricht weitgehend Art. 11 EU-AuslÜbk. Danach kann ein Mitgliedstaat dem Generalsekretariat der Europäischen Union mitteilen, dass er im Verhältnis zu anderen Mitglied-

500 *v. Bubnoff* Auslieferung, S. 31.
501 *Lagodny* ZRP 2000,175, 177.
502 Vorschlag der Kommission, ABl. C 332 E vom 27.11.2001, S. 0305-0319, Begründung 4.5 Nr. 6

staaten, welche die gleiche Miteilung gemacht haben, auf die Einhaltung des Spezialitätsgrundsatzes verzichtet. Davon kann die vollstreckende Justizbehörde jedoch wiederum im Einzelfall durch eine anders lautende Erklärung abweichen.

Die Liste möglicher Ausnahmen in Art. 27 Abs. 3 greift die Regelungen des Art. 10 EU-AuslÜbk auf. Der konkludente Verzicht durch Nichtausreise innerhalb von 45 Tagen oder durch Wiedereinreise entspricht der Regelung des Art. 14 Abs. 1 lit. b) EuAlÜbk. Wichtigster Ausnahmetatbestand ist die Art. 10 EU-AuslÜbk und Art. 9 EU-VereinfAuslÜbk entsprechende Möglichkeit der Zustimmung der gesuchten Person. Dieser Verzicht kann auf zwei verschiedene Arten erklärt werden. Nach Art. 27 Abs. 3 lit. e) kann eine generelle Verzichtserklärung im Zusammenhang mit der Zustimmung zur Übergabe erfolgen, die sich nach Art. 13 richtet[503]. Zum anderen kann die gesuchte Person gemäß Art. 27 Abs. 3 lit. f) nach ihrer Übergabe in Bezug auf bestimmte Handlungen auf die Anwendung des Grundsatzes der Spezialität verzichten. Die Bedingungen für diese Verzichtserklärungen entsprechen weitestgehend den Voraussetzungen nach Art. 13 Abs. 2.

Die Möglichkeit der Zustimmung durch die vollstreckende Justizbehörde nach Art. 27 Abs. 3 lit. g ist an Art. 14 Abs. 1 EuAlÜbk angelehnt. Die Zustimmung erfolgt jedoch nicht mehr durch den ersuchten Staat, sondern durch die Vollstreckungsbehörde. Das ist zwingende Folge des Wegfalls des Bewilligungsverfahrens und der Verlagerung auf die direkte Kooperation der Justizbehörden. Auch die Einschränkungen durch die Verweisung auf Art. 27 Abs. 4 entsprechen Art. 14 Abs. 1 EuAlÜbk. Denn gemäß Art. 27 Abs. 4 ist das Ersuchen in der Form des Europäischen Haftbefehls nach Art. 8 zu stellen. Eine Zustimmung kann nur für solche Straftaten erteilt werden, die an sich der Verpflichtung zur Übergabe unterliegen, d. h. für Taten die unter Art. 2 fallen. Zusätzlich gelten die zwingenden und fakultativen Ablehnungsgründe der Art. 3, Art. 4 und Art. 5 sowie eine Frist von 30 Tagen.

[503] Vgl. zur Zustimmung nach Art. 13 auch unten E III. 4..

c) Probleme

Der Grundsatz der Spezialität wird im Europäischen Haftbefehl entgegen anderslautenden Vorüberlegungen grundsätzlich beibehalten. Die Ausnahmen entsprechen den schon bisher aus Art. 14 EuAlÜbk, Art 10 und Art. 11 EU-AuslÜbk und Art. 9 EU-VereinfAuslÜbk bekannten Regelungen. Neu ist lediglich die Möglichkeit der Zustimmung durch die vollstreckende Justizbehörde selbst. Gerade die letztgenannte Regelung zeichnet sich jedoch durch ein Übermaß an Komplexität aus. Dem selbsternannten Ziel, eine Vereinfachung und mehr Übersichtlichkeit durch eine einheitliche Kodifikation zu erreichen, werden die Regelungen zum Grundsatz der Spezialität nicht gerecht.

Das Festhalten an der Möglichkeit, die Zustimmung generell zu erklären, führt dazu, dass zunächst jeweils geprüft werden muss, welcher Staat eine solche Erklärung abgegeben hat. Dies widerspricht dem Anliegen, ein einheitliches, überschaubares Regelungswerk zu schaffen. Zusätzlich werden die vollstreckenden Justizbehörden in jedem Einzelfall mit der Entscheidung konfrontiert, eine generelle Zustimmung im Einzelfall zu widerrufen oder von sich aus zu erteilen. Das Nebeneinander von genereller (staatlicher) und spezieller (behördlicher) sowie durch den Betroffenen im Vorfeld oder nachträglich erteilter Zustimmung führt zusammen mit den übrigen Ausnahmen des Art. 27 Abs. 3 zu einem unübersichtlichen, unhandlichen Regelungsgeflecht. Die Frage nach der Geltung der Spezialitätsbindung im Einzelfall wird dadurch nicht vereinfacht sondern erschwert.

Zwar lässt sich die generelle Beibehaltung des Spezialitätsgrundsatzes bereits aus dem Festhalten am Prinzip der beidseitigen Strafbarkeit erklären, wenn man in der Spezialitätsbindung die Gewährleistung für die Einhaltung dieses Grundsatzes sieht. Dadurch wird deutlich, wie sehr diese Grundsatzentscheidung für eine Beibehaltung der beiderseitigen Strafbarkeit eine grundlegende Veränderung der Auslieferungsvoraussetzungen behindert. Doch zeigt die Möglichkeit, durch Zustimmung auf die Spezialitätsbindung zu verzichten, dass eine strikte Beibehaltung durch das Prinzip der beidseitigen Strafbarkeit nicht zwangsläufig gefordert wird. Dies gilt umso mehr, als die Sicherstellung der Befolgung der Auslieferungsausnahme bei politischen Delikten innerhalb der Europäischen Union keinerlei Bedeutung mehr hat[504]. Der Zweck des Spezialitätsprinzips, die Einhaltung von Auslieferungsausnahmen durchzusetzen, ist dadurch ohnehin stark eingeschränkt. An der Beibehaltung und der Art der Regelung des Spezialitätsgrundsatzes zeigt sich,

---

504 Vgl zum politischen Delikt und zur politischen Verfolgung unten D IV. 2. 3. a).

dass von einer konsequenten Anwendung des Prinzips der gegenseitigen Anerkennung und gegenseitigem Vertrauen keine Rede sein kann. Der bereits zitierte Satz *Lagodnys*, bei den Regelungen der Art. 10 und Art. 11 EU-AuslÜbk handele es sich um ein "unüberschaubares Gezerre um Souveränitätsreste"[505], gilt daher für die Regelung der Spezialität im Europäischen Haftbefehl in erhöhtem Maße. Eine Verbesserung durch Vereinfachung und Effektivierung wurde bei der Regelung der Spezialität nicht erreicht.

---

505 *Lagodny* ZRP 2000,175, 177.

IV. Die Gründe für eine Vollstreckungsverweigerung

1. Die Auslieferung bei drohender Todesstrafe

Die Frage, ob das Drohen der Todesstrafe im ersuchenden Staat aus verfassungsrechtlichen Gründen eine Auslieferung hindert, war schon lange vor Inkrafttreten des Grundgesetzes umstritten[506]. Als allgemeine Regel des Völkerrechts hat sich das Verbot der Todesstrafe noch nicht durchgesetzt[507]. Innerhalb der Europäischen Union spielt das Problem jedoch praktisch keine Rolle mehr, da alle Mitgliedstaaten das 6. Zusatzprotokoll zur EMRK zum Verbot der Todesstrafe ratifiziert haben[508]. Dennoch findet sich ein - insoweit deklaratorischer - Hinweis im Europäischen Haftbefehl[509] darauf, dass niemand an einen Staat überstellt werden darf, in dem die ernsthafte Gefahr besteht, der Todesstrafe, Folter oder unmenschlicher und erniedrigender Behandlung unterworfen zu werden. Die Bestimmung kann allerdings im Hinblick auf die Auslieferung an Drittstaaten relevant werden[510]. Am Beispiel der Auslieferungsausnahme bei drohender Todesstrafe zeigt sich exemplarisch, dass sich innerhalb der Europäischen Union durch gemeinsame Rechtstradition manche Probleme erledigt haben die im Verhältnis zu Drittstaaten noch eine wichtige Rolle spielen. Im Auslieferungsverkehr mit Drittstaaten ist das Problem der Todesstrafe mit Blick auf grund- und menschenrechtliche Fragen von herausragender Bedeutung.[511]

---

[506] Zur Entwicklung *Vogler* Auslieferungsrecht und Grundgesetz, S. 181 ff.

[507] *Gusy* GA 1983, 73, 74. Vgl. aber *Zimmermann* JZ 2001, 233, 238 mit dem Hinweis, dass die Todesstrafe auch in den Statuten der internationalen Strafgerichtshöfe nicht vorgesehen ist und von verfassungs- wegen auch im grenzüberschreitenden Rechtsverkehr Anwendung finde (vom BVerfG noch offengelassen, BVerfGE 60, 348, 354.

[508] *Zimmermann* JZ 2001, 233, 238; vgl. aber *Kühn* ZRP 2001, 542, 543 mit dem Hinweis, aufgrund der Einschränkung in Art. 2 dieses Protokolls für Kriegszeiten könne man noch nicht von einem vollständigen und uneingeschränkten Verbot der Todesstrafe sprechen.

[509] Erwägungsgründe Nr. 12 a.

[510] Siehe dazu unten E II. 3.; vgl. zur Problematik des Schutzes vor Todesstrafe im Ausland auch *Kühn* ZRP 2001, 542 ff.

[511] Vgl. vor allem den Fall Soering, Urteil des EuGHMR vom 7. 7. 1989, NJW 1990, 2183 (vgl. D II. 3.); zum „Dauerthema Todesstrafe" den gleichnamigen Aufsatz von *Vogler* NJW 1994, 1433.

2. Die Auslieferung bei politischer Verfolgung/ Art. 16 a GG

Der Europäische Haftbefehl weist in Nr. 12 der Erwägungsgründe auf die Möglichkeit hin, die Übergabe zu verweigern, wenn objektive Anhaltspunkte dafür vorliegen, dass der Haftbefehl zum Zwecke der Verfolgung oder Bestrafung einer Person aus Gründen ihres Geschlechts, ihrer Rasse, Religion, ethnischen Herkunft, Staatsangehörigkeit, Sprache oder politischen Überzeugung erlassen wurde. Die Regelung entspricht damit Art. 3 Abs. 2 EuAlÜbk und § 6 Abs. 2 IRG[512]. Hier besteht ein offensichtlicher Zusammenhang mit dem Asylrecht des Art. 16 a GG[513]. Der Europäische Haftbefehl trägt damit der historisch gewachsenen, engen Verbindung des Asylrechts mit einem Auslieferungsverbot Rechnung[514]. Das Auslieferungsverbot wegen politischer Verfolgung ist systematisch von besonderem Interesse, weil es allein auf dem Schutz des betroffenen Individuums beruht, nicht auf den Interessen der beteiligten Staaten[515]. Art. 16 a Abs. 1 GG verpflichtet gerade zum Schutz des Verfolgten gegenüber Maßnahmen auswärtiger Staatsgewalt, so dass eine Beschränkung der verfassungsrechtlichen Kontrolldichte in diesen Fällen nicht in Betracht kommt[516]. Im Ergebnis wird so klargestellt, dass unter den Voraussetzungen, die ein Grundrecht auf Asyl gemäß Art. 16 a GG begründen, auch die Ablehnung der Vollstreckung eines Europäischen Haftbefehls verweigert werden kann[517].

---

512 Diese gehen letztlich wiederum auf die Definition des Flüchtlings in Art. 1 A Abs. 2 der Genfer Flüchtlingskonvention vom 28. 7. 1951, BGBl. 1953 II 560, zurück.

513 Zum Merkmal der politischen Verfolgung im Asylrecht *Rothkegel* ZRP 1992, 222, 224.

514 Im erläuternden Bericht zu Art. 5 EU-AuslÜbk wird darauf hingewiesen, es handele sich um einen bloß deklaratorischen Hinweis, um die Einhaltung der Grundrechte innerhalb der Union zu dokumentieren Außerdem wird darauf hingewiesen, dass die mit den neuen Bestimmungen eingeführten wesentlichen Änderungen im Zusammenhang mit der dem Asylrechtsübereinkommen (Abkommen von 1951 über die Rechtsstellung der Flüchtlinge, geändert durch das New York-Protokoll von 1967) beigefügten gemeinsamen Erklärung der Mitgliedstaaten zu sehen sind; in dieser Erklärung wird die Beziehung zwischen diesem Übereinkommen und den asylrechtlichen Bestimmungen in den Verfassungen einiger Mitgliedstaaten und den relevanten internationalen Übereinkünften unterstrichen. Vgl. zum Verhältnis Auslieferungsrecht und Asylrecht *Hofmann* S. 280 ff; *Kimminich* EUGRZ 1986, 317, 321 ff; Schomburg/Lagodny-*Schomburg* Internationale Rechtshilfe, § 6 IRG Rn. 33 ff.

515 *Weigend* JuS 2000, 105, 108.

516 *Graßhof/Backhaus* EuGRZ 1996, 433, 447.

517 Vgl. aber zur Streitfrage, ob die Spezialitätszusage eine Auslieferung im Einzelfall trotz Vorliegens asylbegründender Tatsachen Schomburg/Lagodny-*Schomburg* § 6 IRG Rn. 49 ff, der die Auslieferung unter Hinweis auf den Spezialitätsschutz in

Das genaue Verhältnis des Asylrechts zum Auslieferungsrecht - insbesondere in Bezug auf das Verfahrensrecht - ist im Einzelnen höchst umstritten[518]. Insbesondere ist dieser Bereich durch vielfältige Bestrebungen zu vermehrter Zusammenarbeit im Rahmen der Europäischen Union gekennzeichnet[519]. In erster Linie betrifft dies jedoch das gemeinsame Vorgehen im Verhältnis zu Drittstaaten.

Im Hinblick auf den gegenwärtigen Zustand und die Entwicklung der Europäischen Union ist jedoch davon auszugehen, dass Art. 16 a GG bzw. die entsprechenden Ablehnungsgründe in Nr. 12 der Erwägungsgründe in ihrer Bedeutung stark eingeschränkt sind. Auch hier zeichnet sich ab, dass der Europäische Haftbefehl die dem Asylrecht des Art. 16 a GG zugrundeliegenden Rechtsverletzungen zwar grundsätzlich als Auslieferungshindernisse anerkennt, die Gewährleistung dieser Rechte jedoch innerhalb der Union voraussetzt. Denn das Grundrecht auf Asyl ist nach Art. 16 a Abs. 3 S. 1 GG i.V.m. § 29 AsylG i.V.m. Anlage II innerhalb von Staaten der EU durch die Festlegung einer Liste von sicheren Ländern stark eingeschränkt[520].

Auch als Auslieferungshinderungsgrund kommt es daher faktisch wohl kaum in Betracht, weil die Voraussetzungen insofern die gleichen sind. Zwar schränken die Ausschlussgründe „sicherer Drittstaat" (Art. 16 a Abs. 2 GG und § 26 a AsylVfG) und „sicherer Herkunftsstaat" (Art. 16 a GG und § 27 AsylVfG) das Auslieferungshindernis der politischen Verfolgung nicht unmittelbar ein, da die Prüfung des Vorliegens eines Auslieferungshindernisses von der Prüfung der Voraussetzungen des Asylrechts nach Art. 16 GG losgelöst ist[521]. Als widerlegliche Vermutung gewinnt die Aufnahme eines Staates in die Liste jedoch Bedeutung[522]. Die Regelvermutung des Art. 16 a Abs. 3 GG führt zwar nicht zu einer Beweislast des Betroffenen. Diesen trifft jedoch sehr wohl eine Darlegungslast, er hat die Schutzbehauptungen in schlüssiger, widerspruchsloser und nachprüfbarer Weise darzulegen und glaubhaft zu machen[523].

---

diesen Fällen als verfassungswidrig ablehnt; im Ergebnis ebenso *Kimminich* EUGRZ 1986, 317, 324.

518 Vgl. kritisch Schomburg/Lagodny-*Schomburg* § 6 IRG Rn. 53, der von einer „Bibliotheken füllenden Auseinandersetzung" spricht; vgl. auch *Kimminich* EuGRZ 1986, 317 ff.

519 *Huber* ZRP 1992, 123.

520 Zum neuen Art. 16 a GG BVerfG EuGRZ 1996, 237; *Schomburg/Lagodny* StV 1994, 393 ff.

521 Schomburg/Lagodny-*Schomburg* § 6 Rn. 53; *Kimminich* EuGRZ 1986, 317, 321; Vogler/Wilkitzki-*Vogler* § 6 IRG Rn. 113.

522 Vogler/Wilkitzki-*Vogler* § 6 IRG Rn. 113.

523 Vogler/Wilkitzki-*Vogler* § 6 IRG Rn. 179.

Die allgemeine Behauptung, im ersuchten Staat würden Menschenrechte verletzt, genügt daher nicht, um ein Auslieferungshindernis zu begründen[524].

Das Auslieferungsverbot wegen drohender politischer Verfolgung und das Grundrecht auf Asyl sind zwar nicht identisch, stehen jedoch in engem inneren Zusammenhang[525]. Daher wird die Möglichkeit, in einem Mitgliedstaat der Europäischen Union einer Verfolgung ausgesetzt zu sein, die zur Gewährung von Asyl verpflichten würde, praktisch nicht behauptet werden können[526].

3. Die Auslieferungsausnahmen für Deliktsgruppen

a) Das politische Delikt

Im Gegensatz zu der Ausnahme im Falle politischer Verfolgung, die auf die Behandlung nach der Auslieferung abzielt, bezieht sich beim politischen Delikt die Ausnahmeregelung auf die Art des Delikts[527].

Für politische Delikte enthält das Auslieferungsrecht bisher regelmäßig Ausnahmebestimmungen[528]. Diese werden vor allem mit der „Relativität" dieser Delikte begründet. Ein wesentlicher Beweggrund, der hinter der Auslieferungsausnahme bei politischen Delikten steht, ist dabei die politische Opportunität. Das Gebot der Nichteinmischung in die Angelegenheiten fremder Staaten wird ebenfalls in diesem Zusammenhang bemüht, denn die (summarische) Prüfung im Auslieferungsverfahren würde bei politischen Taten implizit auch ein Urteil über die politischen Verhältnisse beinhalten[529]. Innerhalb der Europäischen Union nimmt die Bedeutung dieser Auslieferungsausnahme stetig ab. Denn wo nicht politische und ideologische Unterschiede, sondern vielmehr die Gleichförmigkeit der Systeme das Verhältnis zwischen den Staaten bestimmt, kommt der Beweggrund politischer Opportunität nicht mehr zur Gel-

---

[524] *Schomburg/Lagodny* StV 1994, 393, 394.
[525] *Weigend* JuS 2000, 105, 108; vgl. zur Ausstrahlung des Grundrechts auf Asyl auf das Auslieferungsverfahren auch *Graßhof/Backhaus* EuGRZ 1996, 433, 447; ausführlich zum Zusammenhang zwischen Asyl und Auslieferung auch *Kimminich* EUGRZ 1986, 317, 321 ff.
[526] Vgl. den Erläuternden Bericht zu Art. 5 EU-AuslÜbk, ABl. C Nr. 191 vom 23. 6. 1997, S. 0013-0026: „Die Möglichkeit, dass diese Umstände zwischen den Mitgliedstaaten der Europäischen Union im Laufe eines Auslieferungsverfahrens zum Tragen kommen, dürfte rein hypothetisch sein".
[527] *Rinio* ZStW 108 (1996), 354.
[528] Vgl. zur Entstehungsgeschichte ausführlich *Stein* S. 49 ff.
[529] *Stein* S. 54 ff.

tung[530]. Die Abschaffung bzw. Einschränkung der Auslieferungsausnahme bei politischen Delikten wurde daher - vor allem im Zusammenhang mit der Bekämpfung des Terrorismus - schon seit längerem gefordert, da die divergierenden nationalen Entscheidungen bei der Definition einer politischen Straftat zu groben Ungerechtigkeiten führen können[531].

Art. 5 Abs. 1 EU-AuslÜbk hat die Möglichkeit, sich auf den Einwand zu berufen, es liege eine politische strafbare Handlung vor, bereits vollständig beseitigt und hat insoweit Vorrang vor Art. 3 Abs. 1 EuAlÜbk. Allenfalls die Einlegung eines Vorbehalts ist danach noch möglich, der sich jedoch nicht auf Handlungen nach dem EuTerrÜbk[532] beziehen darf[533].

Diese Entwicklung führt der Europäische Haftbefehl fort, der eine Ausnahmebestimmung für Delikte mit politischem Bezug, wie sie in Art. 3 Abs. 1 EuAlÜbk besteht, nicht mehr enthält. Auch die Möglichkeit, Vorbehalte geltend zu machen, ist daher entfallen. Dies erscheint schon im Hinblick auf das politische Zusammenwachsen der Mitgliedstaaten der Europäischen Union und die oben genannten Argumente konsequent[534].

b) Fiskalische Delikte

Angesichts der Bedeutung von Abgaben-, Steuer-, Zoll- und Devisenstraftaten innerhalb der Europäischen Union wurde schon seit längerem die Abschaffung dieser Auslieferungsausnahme für fiskalische Delikte gefordert[535], die bereits durch Art. 50, 63 SDÜ und Art 2 des zweiten Zusatzprotokolls zum EuAlÜbk stark eingeschränkt worden war. Durch Art. 6 EU-AuslÜbk wurde sie praktisch abgeschafft, lediglich die eingeschränkte Möglichkeit der Geltendmachung eines Vorbehalts blieb erhalten. Im Europäischen Haftbefehl wurde dieser Entwicklung Rechnung getragen. Eine explizite Auslieferungsausnahme besteht nicht mehr. Zudem wurde bei fiskalischen Straftaten eine zusätzliche Einschränkung des Prinzips der beiderseitigen Strafbarkeit vorgenommen: Gemäß Art. 4 Abs. 1 kann die Vollstreckung eines Europäischen Haftbe-

---

530 *Stein* S. 55; ähnlich Vogler/Wilkitzki-*Vogel* vor § 1 IRG Rn. 84.

531 *Nehm* DRiZ 1996, 41, 43; vgl. auch *Lagodny* ZStW 101 (1989), 987, 990.

532 Europäisches Übereinkommen zur Bekämpfung des Terrorismus, vom 27. 1. 1977, BGBl. 1978 II 321, 907. In Art. 1 dieses Übereinkommens war die Abschaffung des politischen Delikts noch auf eine Liste von Straftaten beschränkt.

533 Vgl. Schomburg/Lagodny-*Schomburg* Art. 5 EU-AuslÜbk Rn. 7.

534 Vgl. zur besonderen verfassungsrechtlichen Problemlage in Griechenland wegen des Verbots der Auslieferung von Freiheitskämpfern *Spinellis*, S. 689 ff.

535 Vogler/Wilkitzki-*Vogel* vor § 1 IRG Rn. 86; *Schomburg* StV 1998, 153, 157; zur Entwicklung und Begründung der Auslieferungsausnahme fiskalischer Delikte und die Position der Schweiz *Popp* Rn. 160 ff.

fehls in Steuer-, Zoll- und Währungsangelegenheiten nicht mit der Begründung verweigert werden, dass das Recht des Vollstreckungsstaates keine gleichartigen Steuern vorschreibe oder keine gleichartigen Steuer-, Zoll- und Währungsbestimmungen enthalte wie das Recht des Ausstellungsstaates.

c) Militärische Delikte

Für militärische Delikte sieht Art. 4 EuAlÜbk noch eine Ausnahmeregelung vor. Für die Europäische Union kann eine solche Ausnahme aufgrund der steigenden Bedeutung einer gemeinsamen Außen- und Sicherheitspolitik allerdings nicht mehr sinnvoll begründet werden[536]. Der Europäische Haftbefehl verzichtet auf diese Auflieferungsausnahme daher zu Recht.

4. Abwesenheitsurteile

a) Problemstellung

Was die Möglichkeit angeht, einen Beschuldigten in Abwesenheit zu verurteilen, ist die Rechtslage in den Mitgliedstaaten uneinheitlich[537]. Der Grundsatz, dass eine Hauptverhandlung gegen einen nicht anwesenden Angeklagten nicht stattfindet (§ 230 Abs. 1 StPO), existiert in vielen ausländischen Rechtsordnungen nicht[538]. Mindestanforderungen an die Ausgestaltung des Verfahrens zur ausreichenden Wahrung der Rechte des Beschuldigten finden sich jedoch in der EMRK[539].

Das EuAlÜbk enthält keine Vorschrift, die die Pflicht zur Auslieferung zur Vollstreckung aus einem Abwesenheitsurteil regelt. Grundsätzlich haben deutsche Gerichte die Rechtmäßigkeit des Zustandekommens ausländischer Strafurteile im Auslieferungsverfahren nicht nachzuprüfen[540]. Für die Frage nach dem Vorliegen eines vollstreckbaren Strafurteils ist das Recht des ersuchenden Staates ohne Rücksicht darauf maßgeblich, ob das deutsche Strafprozessrecht ein vergleichbares Abwesenheitsverfahren kennt[541]. Eine immanente Schranke stellt jedoch Art. 6

---

536 Dafür, im Falle dauernder Militärbündnisse auf die Auslieferungsausnahme der militärischen Tat zu verzichten Vogler/Wilkitzki-*Vogler* § 7 IRG Rn. 14.

537 *Denz* S. 278; *v. Bubnoff* ZEuS 1999, 393, 401.

538 *Denz* S. 101 zur Tradition des italienischen Strafverfahrens, dem Angeklagten die Teilnahme grundsätzlich freizustellen; zur Problematik mit der italienischen Praxis auch *v. Bubnoff* ZEuS 1999, 393, 400; *Vogel* JZ 2002, 464, 466.

539 Zu den Anforderungen von Art. 6 EMRK und der Rspr. des EuGHMR in Bezug auf Abwesenheitsurteile BGH, Beschl. v. 16.10.2001, JZ 2002, 464 mit Anmerkung *Vogel*.

540 BGH, Beschluss v. 16. 10. 2001 JZ 2002, 464.

541 *Seetzen* in Faller-FS, S. 386 ff.

Abs. 3 lit. c) EMRK dar[542]. Die Rechtsprechung löst die Problematik bisher über die Schranke des völkerrechtlichen Mindeststandards[543]. Danach besteht in den Fällen, in denen ein ausländisches Urteil in Abwesenheit des Verfolgten ergangen ist, Anlass zur Prüfung, ob eine Auslieferung mit dem über Art. 25 GG zu beachtenden Mindeststandard elementarer Verfahrensgerechtigkeit zu vereinbaren ist. Denn aufgrund der Eingriffsintensität des Strafverfahrens gehört das Gebot rechtlichen Gehörs in seinem wesentlichen Kern nicht nur zum völkerrechtlichen Mindeststandard, sondern auch von Verfassungs wegen zum unverzichtbaren Bestand der deutschen öffentlichen Ordnung. Zu diesem Mindeststandard verfassungsrechtlicher Garantien gehört, dass dem Verfolgten im Rahmen des Abwesenheitsverfahrens tatsächlich die Möglichkeit eingeräumt wird, sich rechtliches Gehör zu verschaffen und sich zu verteidigen[544]. Ansatzpunkt für die Überprüfung könnte jetzt auch Art. 16 Abs. 2 S. 2 GG sein, der die Auslieferung an die Wahrung rechtsstaatlicher Grundsätze knüpft[545].

Zur Frage, wann ein Abwesenheitsurteil dem Mindeststandard nicht gerecht wird, gibt es zahlreiche Entscheidungen deutscher Gerichte[546] sowie des EuGHMR[547] und inzwischen auch des EuGH[548]. Dabei wurden etwa die französische Praxis, die Teilnahme des Angeklagten an der Verhandlung mit der Drohung der Versagung rechtlichen Gehörs zu erzwingen, sowie die Ladungs- und Benachrichtigungsvorschriften im italienischen Recht[549] als unvereinbar mit Art. 6 EMRK angesehen.

b) Die Regelung des Europäischen Haftbefehls

Gemäß Art. 5 Abs. 1 gilt das Verfahren nach dem Europäischen Haftbefehl grundsätzlich auch für Abwesenheitsurteile. Allerdings kann die Vollstreckung eines Europäischen Haftbefehls, der aufgrund eines Abwesenheitsurteils erlassen wurde, in bestimmten Fällen an die Bedingung geknüpft werden, dass der ersuchende Staat eine Zusicherung zum Fortgang des Verfahrens erteilt.

---

542 Vgl. hierzu und zur Bedeutung des 2. Zusatzprotokolls zum EuAlÜbk Schomburg/Lagodny-*Schomburg* Art. 1 EuAlÜbk, Rn. 6.

543 Vgl. die Standardformel der Rspr, zuletzt BGH, Beschluss v. 16. 10. 2001 JZ 2002, 464.

544 So die Formel der Rspr., vgl. BGH Beschluss v. 16. 10. 2001 JZ 2002, 464, mit weiteren Nachweisen.

545 *Gundel* NJW 2001, 2381, 2383.

546 BGH Beschluss v. 16. 10. 2001, JZ 2002, 464, mit weiteren Nachweisen.

547 EuGHMR NJW 2001, 2387 im Fall Krombach; in Bezug auf Italien der Fall Colozza, EuGRZ 1985, 631.

548 EuGH NJW 2000, 1853 auf Vorlage des BGH im Fall Krombach.

549 Zuletzt BGH Beschl. v. 16. 10. 2001, StV 2002, 85.

Die Möglichkeit, eine solche Zusicherung zu fordern, besteht in den Fällen, in denen die betroffene Person nicht persönlich vorgeladen oder nicht auf andere Weise vom Termin und vom Ort der Verhandlung unterrichtet wurde. Die Zusicherung muss als ausreichend erachtet werden und soll dem Betroffenen die Möglichkeit garantieren, im Ausstellungsstaat Rechtsmittel oder Berufung einzulegen und bei der Urteilverkündung anwesend zu sein.

Die Regelung ist angelehnt an die Formulierung von Art. 3 des 2. Zusatzprotokolls zum EuAlÜbk. Diese Bestimmung wurde geschaffen, um die dem EuAlÜbk immanente Schranke des Art. 6 Abs. 3 lit. c EMRK zurückzudrängen. Die Auslieferung sollte auch für Fälle der Verurteilung in Abwesenheit ermöglicht werden[550]. Art. 3 des 2. Zusatzprotokolls zum EuAlÜbk statuiert für den Fall der Missachtung grundlegender Rechte ein fakultatives Ablehnungsrecht, das für den Fall, dass eine Zusicherung gegeben wird, wieder entfällt.

Dagegen sieht der Europäische Haftbefehl die Möglichkeit der Ablehnung nicht vor. Entspricht ein Abwesenheitsurteil den Anforderungen Art. 5 Abs. 1 nicht, kann die Übergabe an eine Zusicherung geknüpft werden. Ein Abwesenheitsurteil genügt den Anforderungen des Europäischen Haftbefehls dann nicht, wenn die betroffene Person nicht persönlich vorgeladen oder nicht auf andere Weise unterrichtet wurde. Gerade die Frage, wie eine Benachrichtigung zu erfolgen hat, bleibt allerdings ebenso unklar wie deren notwendiger Inhalt[551]. Die Formulierung lässt jedoch darauf schließen, dass es auf die tatsächliche Kenntnisnahme ankommt[552]. Auf die Vorwerfbarkeit der Unkenntnis wird nicht abgestellt. Ausreichend soll eine Zusicherung sein, die es dem Betroffenen vorbehält, Rechtsmittel oder Berufung einzulegen und bei der Verkündung des Urteils anwesend zu sein[553]. Mit dieser Formulierung unter-

---

[550] Schomburg/Lagodny-*Schomburg* Art. 1 EuAlÜbk, Rn. 6.

[551] Vgl. *Vogel* JZ 2002, 464, 468, mit Nachweisen der Rspr. zu der Frage, ob es ausreichend ist, wenn der Verfolgte weiß, dass überhaupt ein Verfahren anhängig ist, oder ob ihm zur Ermöglichung einer wirksamen Verteidigung auch Ort und Zeit der Hauptverhandlung mitgeteilt werden müssen.

[552] Zur italienischen Praxis öffentlicher Zustellung bzw. der Zustellung an einen Pflichtverteidiger vgl. *Seetzen* in: Faller-FS, S. 395; *v. Bubnoff* ZEuS 1999, 393, 400; *Denz* S. 96.

[553] So auch *Lagodny* Die Rechtstellung des Auszuliefernden in der BRD, S. 246. Auf die Problematik der Zusicherung weist auch *Vogel* JZ 2002, 464, 468, hin, da die Unabhängigkeit der Gerichte und Richter eine wirksame Zusicherung im Vorfeld schlechterdings unmöglich mache. Nötig ist nach *Vogel* daher eine rechtskräftige Entscheidung über die Wiederaufnahme durch das Gericht des Zielstaates; zweifeln zur Zusicherung auch *Popp* Rn. 372 in Fn. 118.

scheidet sich Art. 5 von Art. 3 des 2. Zusatzprotokolls zum EuAlÜbk, der darauf abstellt, dass im neuem Verfahren die Rechte der Verteidigung gewahrt bleiben. Da es darauf ankommt, dass dem Verfolgten die Möglichkeit eröffnet wird, sich in einem kontradiktorischen Verfahren Gehör zu verschaffen und sich wirksam zu verteidigen, bleibt unklar und zweifelhaft, was mit „Anwesenheit bei der Urteilsverkündung" gemeint ist.

Weil Art. 5 als Fakultativvorschrift ausgestaltet ist, bleibt es überdies problematisch zu beurteilen, ob die Rechte des Verfolgten in einem Maße unzureichend beachtet wurden, dass eine Zusicherung gefordert werden muss[554]. Ob und gegebenenfalls von wem die erforderlichen Nachweise für solche Abwesenheitsurteile überprüft werden, die nicht unter die Definition im Rahmen des Europäischen Haftbefehls fallen, bleibt unklar. Sinnvoll wäre es gewesen, in die Liste der inhaltlichen Voraussetzungen nach Art. 8 Abs. 1 die zusätzliche Voraussetzung aufzunehmen, im Falle von Abwesenheitsurteilen den Nachweis einer ausreichenden Ladung beizufügen[555]. Angesichts der neueren Rechtsprechung des EuGH[556] und EuGHMR[557] ist die Beschränkung der Regelung des Art. 5 Abs. 1 auf das Problem der Kenntnis des Verfolgten problematisch. Denn auch wenn der Angeklagte unentschuldigt fehlt, darf nach Ansicht des EuGHMR die Rechtstellung des Angeklagten nur in gewissem Umfang beschränkt werden[558]. Allerdings deutet sich für diese Problemfälle ein verstärkter Einfluss des EuGHMR auf die Rechtsprechung der nationalen Strafgerichte an. Es erscheint daher in diesem Punkt möglich, den Verfolgten auf den nationalen Rechtsschutz im Zielstaat und die Möglichkeit der Inanspruchnahme von Rechtsschutz durch den EuGHMR zu verweisen[559].

---

[554] BGH, Beschl. v. 16. 10. 2001, StV 2002, 85, 86, wonach die Möglichkeit der Wiedereinsetzung nach Art. 175 Abs. 2 des Italienischen Codice Penale keine hinreichende Gewährung nachträglichen rechtlichen Gehörs bietet.

[555] In diesem Sinne auch *Vogel* JZ 2002, 464, 468, nach dessen Auffassung vieles dafür spricht, den Strafverfolgungsbehörden die Beweislast für die Kenntnis des Betroffenen aufzuerlegen.

[556] Fall Krombach, JZ 2000, 723.

[557] Fall Krombach, NJW 2001, 2387.

[558] Jedenfalls müssen menschenrechtliche Mindestanforderungen erfüllt sein, vgl. *Vogel* JZ 2002, 464, 468 m.w.N. der Rspr. des EuGHMR.

[559] Vgl. den Einfluss der auf Art. 6 EMRK beruhenden Krombach-Entscheidung des EuGHMR auf die französische Rechtsprechung zu Abwesenheitsurteilen *Gundel* NJW 2001, 2380 Fn. 18.

Auch an diesem Punkt zeigt sich eine Durchbrechung des Prinzips der gegenseitigen Anerkennung. Denn die Möglichkeit, eine Zusicherung zu verlangen, impliziert die Notwendigkeit, das (Abwesenheits-) Urteil des ausstellenden Staates jedenfalls im Hinblick auf die in Art. 5 aufgezählten Mindestanforderungen hin zu überprüfen. Gleichzeitig könnte die Regelung auch dazu führen, Mindestanforderungen im Abwesenheitsverfahren in Übereinstimmung mit der Rechtsprechung des EuGHMR allgemein in den Strafverfahren der Mitgliedstaaten zu etablieren[560], d. h. in diesem Punkt zu einer Harmonisierung zu gelangen, die dann eine „echte" gegenseitige Anerkennung möglich machen würde.

[560]Vgl. Fn. 556 (vorherige). *Vogel* JZ 2002, 464, 467, weist auf den rechtspolitischen Beitrag zur europäischen Integration durch die Orientierung an der EMRK hin.

5. Mangelnder Tatverdacht

a) Problemstellung

In Kontinentaleuropa gilt im Auslieferungsverfahren traditionell das formelle Prüfungsprinzip, wonach grundsätzlich nicht zu prüfen ist, ob ein vom ersuchenden Staat belegter hinreichender Tatverdacht besteht[561]. Die Verantwortung für den hinreichenden Tatverdacht und die Beachtung der Unschuldsvermutung obliegt im Interesse einer effektiven Strafrechtspflege dem ersuchenden Staat[562]. Eine Verletzung der materiellen Entscheidungsregel in dubio pro reo kann im Auslieferungsverfahren daher nicht geltend gemacht werden; es erfolgt lediglich eine Überprüfung auf Schlüssigkeit und offensichtlichen Missbrauch[563]. Das Prinzip, den gegen den Verfolgten bestehenden Tatverdacht nicht nachzuprüfen, ist im Bereich des EuAlÜbk, das eine Tatverdachtsprüfung generell nicht vorsieht, strikt durchgeführt[564]. Der Verzicht auf die Verdachtsprüfung bewirkt eine erhebliche Vereinfachung des Auslieferungsverkehrs und entspricht dem Interesse an einer effektiven Strafrechtspflege[565]. Die Beschränkung auf ein formelles Prüfungsprinzip bei der Tatverdachtsprüfung erkennen selbst die Befürworter einer umfassenden Anwendung deutscher Grundrechte im Auslieferungsverfahren an[566].

Allerdings hat das formelle Prüfungsprinzip durch § 10 Abs. 2 IRG eine Durchbrechung erfahren, der beim Vorliegen besonderer Umstände, die zu Zweifeln Anlass geben, eine Schuldverdachtsprüfung ermöglicht[567].

---

561 Vgl. BGHSt 32, 314, 322; *Vogler* Auslieferungsrecht und Grundgesetz, S. 252 ff; *Schünemann* in: 140 Jahre GA, S. 216 f.

562 *Schomburg/Lagodny* § 10 IRG Rn. 1.

563 *v. Bubnoff* Auslieferung, S. 51 ff.

564 Vgl. *Graßhof/Backhaus* EuGRZ 1996, 445, 446; nach Art. 12 EuAlÜbk sind allerdings Vorbehalte möglich und auch von mehreren Staaten erklärt worden.

565 *Graßhof/Backhaus* EuGRZ 1996, 445, 446. Vgl. zu den Schwierigkeiten, die das materiellrechtliche prima-facie-Prinzip der angloamerikanischen Rechtssysteme im Auslieferungsverfahren verursacht *Lagodny* in: The Individual as Subject, S. 746; Beispiele für die Erschwerung durch erhöhten Anforderungen auch bei *Nehm* DRiZ 1996, 41, 43 ff.

566 *Schomburg/Lagodny* § 10 IRG Rn. 4 bezeichnen das als „verfassungsrechtlich unbedenklich". Kritisch *Schünemann,* in: 140 Jahre GA, S. 216 f, nach dessen Auffassung dies inkonsequent ist.

567 Sehr kritisch zu § 10 Abs. 2 IRG, Vogler/Wilkitzki-*Vogler* § 10 IRG Rn.16 ff, der die Vorschrift als systemwidrig und zu weitgehend ablehnt; auch *Schomburg* StV 1998, 153, 157, hält die Schuldverdachtsprüfung nach § 10 II IRG innerhalb des Schengen-Raums für obsolet.

b) Regelung im Europäischen Haftbefehl

Auch der Europäische Haftbefehl geht - wie selbstverständlich - vom formellen Prüfungsprinzip aus, was das Fehlen jeglicher Regelung zur Tatverdachtsprüfung belegt. Der vollstreckenden Behörde ist daher wie im Rahmen des EuAlÜbk die Prüfung von Schuld- und Tatfrage verwehrt[568]. Art. 8 stellt formelle Anforderungen an den Europäischen Haftbefehl auf, die im wesentlichen Art. 12 Abs. 2 EuAlÜbk entsprechen.

Fraglich ist lediglich, ob über die Prüfung der Vollständigkeit der Angaben hinaus die Möglichkeit besteht, in Fällen offensichtlichen Missbrauchs die Vollstreckung abzulehnen, wie es etwa § 10 Abs. 2 IRG erlaubt.

Gegen die Möglichkeit, in solchen Fällen die Vollstreckung zu verweigern, spricht eine konsequente Umsetzung der Prinzipien der gegenseitigen Anerkennung und des gesteigerten Vertrauens zwischen den Mitgliedstaaten. Allerdings ist der Verzicht auf eine Tatverdachtsprüfung schon bisher Ausdruck des gegenseitigen Vertrauens darauf, dass dem Ersuchen eines anderen Staates ein ausreichender Verdacht zugrunde liegt, den zuständigen Behörden überlegene Aufklärungsmöglichkeiten zur Verfügung stehen und der Betroffene freigelassen wird, wenn sich der Verdacht nicht bestätigt[569].

Dafür, eine Prüfungsmöglichkeit beizubehalten, spricht allerdings, dass gemäß Art. 8 lit. e) Angaben auch über die Umstände der Tat einschließlich Tatzeit, Tatort und Art der Täterschaft der gesuchten Person im Europäischen Haftbefehl enthalten sein müssen. Die Aufnahme dieser Informationen würde zur überflüssigen Förmelei, wenn nicht in Fällen offensichtlicher Widersprüche bei der Begründung des Tatverdachts auch ein Ablehnungsgrund bestünde. Insoweit gehen formelle und materielle Prüfung in einem begrenzten Bereich ineinander über[570]. Regelmäßig werden Fälle dieser Art ohnehin im Wege der direkten Kooperation zwischen den Behörden im Wege der Nachfrage und des Ausräumens von Widersprüchen zu lösen sein.

---

568 Vgl. zum EuAlÜbk Vogler/Wilkitzki-*Vogler* § 10 IRG Rn. 24.

569 *Graßhof/Backhaus* EuGRZ 1996, 445, 446; *Lagodny* in: The Individual as Subject, S. 748.

570 Anders dagegen *Schomburg/Lagodny* § 10 IRG Rn. 6, die in Bezug auf § 10 IRG von einer strikten Trennung von formellen Anforderungen und materiellen Zulässigkeitsvoraussetzungen ausgehen; dagegen ist eine solche eindeutige Trennung in BGHSt 32, 314 nicht erkennbar, da die Anwendung von § 10 Abs. 2 IRG einerseits abgelehnt wird, eine Prüfung in Ausnahmefällen dennoch für möglich erklärt wird.

Allerdings muss ein Ablehnungsgrund in diesen Fällen auf evidente Fehler beschränkt sein, die eine Täterschaft von vornherein als ausgeschlossen erscheinen lassen. Denn es besteht kein Grund, die Vollstreckung eines Haftbefehls zu betreiben, wenn es offensichtlich an jedmöglichem Tatverdacht mangelt. Darüber, dass in solchen extrem gelagerten Fällen Ausnahmen vom formellen Prüfungsprinzip möglich und nötig sind, bestand auch bisher schon weitgehend Einigkeit[571]. Ausnahmsweise in diesen Fällen den Tatverdacht nachzuprüfen, kann auch über Art. 5 Abs. 1 lit. c) EMRK begründet werden[572], ohne dass ein Rückgriff auf nationale Grundrechte erforderlich ist[573]. So bleibt gewährleistet, dass das Verfahren rechtsstaatlichen Erfordernissen entspricht, ohne dass eine doppelte Nachprüfung eine Verzögerung verursacht. Auch die Anwendung des Prinzips der gegenseitigen Anerkennung führt in diesen Fällen nicht zu einem gegenteiligen Ergebnis. Die Tatverdachtsprüfung fällt zwar in den Aufgabenbereich des Ausstellungsstaates, so dass eine weitere Prüfung durch den Vollstreckungsstaat grundsätzlich nicht erforderlich ist[574]. Eine doppelte Prüfung ist im Rahmen eines Verfahrens, das man als arbeitsteilig und einheitlich begreift, überflüssig. Gleichzeitig genügt ein solches Verfahren aber nur dann den Mindestansprüchen an ein justizielles Verfahren, wenn die vollstreckende Behörde in Fällen offensichtlicher Widersprüche einen Spielraum zur Entscheidung behält. Das Prinzip gegenseitiger Anerkennung kann nicht dazu führen, evidente Ungereimtheiten zu akzeptieren.

Sollten sich hinter der Tatverdachtsprüfung allerdings Zweifel an der Rechtmäßigkeit der Strafverfolgung des Ausstellungsstaates verbergen, gelten die Ausführungen zur Bedeutung von Grund- und Menschenrechten entsprechend[575]. Werden der ausstellenden Behörde bewusster Missbrauch oder Manipulation bei der Begründung des Tatverdachts

---

[571] *Schomburg/Lagodny* § 10 IRG Rn. 29 sprechen in Bezug auf § 10 Abs. 2 IRG von einer „Notbremsenfunktion"; Vogler/Wilkitzki-*Vogler* § 10 IRG Rn. 21, übt zwar scharfe Kritik an § 10 Abs. 2 IRG, der eine Durchbrechung des formellen Prüfungsprinzips darstelle, weist aber gleichzeitig zustimmend auf die Rspr. hin, wonach Ausnahmen vom formellen Prüfungsprinzip dann möglich sind, „wenn aufgrund ganz besonderer Umstände eine Täterschaft des Verfolgten unmöglich oder in höchstem Maße zweifelhaft erscheint".

[572] *Schomburg/Lagodny* § 10 IRG Rn. 31. Vgl. zu Art. 5 Abs. 1 lit. c EMRK *Frowein/Peukert* Rn. 71 ff zu Art. 5.

[573] Vgl. aber *Schomburg/Lagodny* § 10 IRG Rn. 2, die auf Art. 2 Abs. 1 GG verweisen, der bei unverhältnismäßigen Eingriffe durch die Auslieferung greife.

[574] *Lagodny* in: The Individual as Subject, S. 747, der in Bezug auf das prima-facie-Erfordernis davon spricht, ein solches „mini-trial" mache keinen Sinn und führe zur „overprotection" im Auslieferungsverfahren.

[575] Vgl. oben D II..

unterstellt, verbirgt sich letztlich hinter der Prüfung des Tatverdachts die Frage nach der grundsätzlichen Wahrung rechtstaatlicher Grundsätze im Zielstaat[576]. Diese beiden Fragenkomplexe sollten jedoch im Sinne einer klaren und effektiven Handhabung nicht miteinander vermengt werden[577].

Im Rahmen des Europäischen Haftbefehls gilt daher das formelle Prüfungsprinzip, das sich nur dann in eng begrenzten Fällen zu einem materiellen Prüfungsrecht erweitern kann, wenn die von Art. 8 geforderten Angaben einen Tatverdacht von vornherein in evidenter Weise ausschließen.

---

576 Vgl. BGHSt 32, 314, 325.: „In aller Regel wird die Beurteilung derartiger Fragen allerdings unabhängig von der Prüfung des Tatverdachts möglich sein". Das Gericht geht dann im Folgenden auch auf die Frage nach der Einhaltung eines völkerrechtlichen Mindeststandards im ersuchenden Staat ein; auch der Streit zwischen *Schomburg/Lagodny* § 10 IRG Rn. 30, und Vogler/Wilkitzki-*Vogler* § 10 IRG Rn. 21, Fn. 12 a, dreht sich in erster Linie wieder um die Grundsatzproblematik der Reichweite des Grundrechtsschutzes.

577 Vgl. auch *Lagodny* in: The Individual as Subject, S. 748, der darauf hinweist, das prima-facie-Erfordernis stelle aus europäischer Perspektive kein menschenrechtliches Problem dar.

6. Das Verbot der Doppelbestrafung

a) Problemstellung

Nach traditioneller Auffassung spielt der Grundsatz ne bis in idem[578] bei der Auslieferung keine Rolle. Das Verbot doppelter Strafverfolgung nach Art. 103 Abs. 3 GG gilt nach ganz h. M. grundsätzlich nur für die Konkurrenz der Urteile innerhalb eines Staates[579]. Auch wenn das Ergebnis „verblüffend[580]" sein mag, so besteht doch eine allgemeine Regel des Völkerrechts, die das Verbot der Doppelbestrafung - und daraus resultierend ein Auslieferungshindernis - im Verhältnis zwischen verschiedenen Staaten zum Inhalt hat, nach h.M. nicht[581].

Ist eine Strafe bereits vollstreckt, existiert zum einen den Grundsatz der Anrechnung nach § 51 Abs. 3 StGB. Denn soweit der Grundsatz ne bis in idem nicht gilt, fordert die aus dem Rechtstaatprinzip abzuleitende Idee der Gerechtigkeit und Verhältnismäßigkeit jedenfalls eine Prüfung der Frage, ob und in welchem Umfang das Unrecht einer Tat bereits abgegolten ist[582]. Allerdings stellt § 51 Abs. 3 StGB kein Verfahrenshindernis dar, sondern beruht auf allgemeinen Billigkeitserwägungen[583]. Daneben besteht gegebenenfalls die Möglichkeit der Einstellung nach § 153 c StPO zur Vermeidung willkürlicher Ergebnisse[584]. Diese Instrumente stellen aber keine abgeschwächte Form des Grundsatzes ne bis in idem dar, weil sie dem Verfolgten keine gesicherte Rechtsposition verschaffen, auf die er einen Anspruch hat[585]. Die bestehenden Regelungen sind also bloße Hilfsmittel und letztlich gerade Ausdruck fehlender Anerkennung ausländischer Strafentscheidungen[586].

---

578 Auf europäischer Ebene wird vielfach der Terminus non bis in idem verwendet, der grammatikalisch allerdings wohl weniger korrekt ist, vgl. *Satzger* Die Europäisierung, S. 685.

579 BVerfGE 12, 62; BVerfGE 75, 1 ff; *Thomas* S. 38.

580 *Sommer* StraFo 1999, 37, 38.

581 BVerfGE 75, 1, 18, siehe auch *Landau* in: Söllner-FS, S. 633. Gegen die Begründung des BVerfG und für eine erweiterte Auslegung von Art. 103 Abs. 3 GG und Art. 54 SDÜ *Endriß/Kinzig* StV 1997, 665, 666.

582 BayObLG, Beschl. v. 24. 7.1996 NJW 1997, 335, 336; BGHSt 24, 54, 60.

583 *Meyer* S. 63; *Schonburg* NJW 2000, 1833, nennt die Anrechnungslösung „minimalistisch".

584 Ausführlich *Thomas* Das Recht auf Einmaligkeit der Strafverfolgung, S. 41 ff.

585 *Schomburg* NJW 2000, 1833.

586 *Landau* in: Söllner-FS, S. 637.

Zwar hat der Grundsatz ne bis in idem auch im Gemeinschaftsrecht als allgemeiner Rechtsgrundsatz Anerkennung gefunden. Jedoch ist nur die wiederholte Verhängung einer Gemeinschaftssanktion wegen derselben Tat verboten. Das Verhältnis der Strafrechtssysteme der nationalen Rechtsordnungen bleibt davon grundsätzlich unberührt[587]. Die so verstandene Autonomie der verschiedenen Strafrechtsordnungen ist zum einen Ausdruck des Souveränitätsanspruchs der Staaten[588] und spiegelt zum anderen das Misstrauen wieder, das der ausländischen Strafrechtspflege grundsätzlich entgegengebracht wird[589]. Aus einem rein innerstaatlichen Verständnis des Grundsatzes ne bis in idem resultiert jedoch zwangsläufig die Gefahr einer doppelten Bestrafung.

Innerhalb der Europäischen Union stellt sich dieses Problem immer drastischer. Der Wegfall der Grenzen in Verbindung mit einem erhöhten Mobilitätsgrad führt zu immer mehr Fallkonstellationen, die mehr als einen nationalen Strafanspruch auslösen[590]. Auch sind die Mitgliedstaaten zunehmend gehalten, ihr Strafanwendungsrecht so auszugestalten, dass eine Sanktionierung von Verstößen gegen Gemeinschaftsrecht gewährleistet ist. Im Ergebnis ist - jedenfalls in diesem Bereich - mehr und mehr von einem europäischen Territorialitätsprinzip unter Abstandnahme vom nationalen Verständnis des Territoriums auszugehen[591]. Da ein Prinzip vollständiger gegenseitiger Anerkennung von Endentscheidungen in Strafsachen und die Etablierung eines Systems einer internationalen Zuständigkeit innerhalb der Europäischen Union (noch) nicht besteht[592] und die Errichtung eines supranationalen europäischen Strafgerichts selbst im Entwurf eines Corpus Juris nicht geplant ist[593], wird die Etablierung des Grundsatzes ne bis in idem vermehrt an Be-

---

[587] *Satzger* Die Europäisierung, S. 686; *Böse* Strafen und Sanktionen im Gemeinschaftsrecht, S. 171 ff.

[588] *Lagodny* ZRP 2000, 175, 176.

[589] *Landau* in: Söllner-FS, S. 630.

[590] *Hecker* StV 2001, 306.

[591] *Satzger* Die Europäisierung, S. 688. Im Entwurf eines Corpus Juris wurde aus diesem Grund ein europäisierter Grundsatz des ne bis in idem verankert, Art. 23 Abs. 1 lit. b Corpus Juris, vgl. Delmas-Marty, Corpus Juris; dazu auch *Satzger* Die Europäisierung S. 695 f.

[592] Allerdings existieren bereits Überlegungen und Konzepte zur Etablierung eines strikten Tatortprinzips innerhalb der EU, um die Möglichkeit einer doppelten Bestrafung so von vornherein auszuschließen; für ein interlokales Strafrecht mit dem Tatortprinzip als maßgeblichem Anknüpfungspunkt auch *Rüter* ZStW 105(1993), 30, 46.

[593] Vgl. zum Konzept eines solchen Gerichts *Sieber* ZRP 2000, 186, 191.

deutung gewinnen.[594]. Da der Europäische Haftbefehl zu einer vereinfachten und im Ergebnis wohl auch deutlich häufigeren Übergabe von Tätern führen soll und wird, werden auch aus diesem Grund die Fälle vermehrt auftreten, in denen Probleme wegen einer drohenden Doppelbestrafung auftreten. In der Charta Grundrechte der Europäischen Union wurde dem bereits Rechnung getragen und in Art. 50 der Grundsatz ne bis in idem festgeschrieben.

Vielfach wird daher gefordert, das Verbot der Doppelbestrafung international - jedenfalls aber innerhalb der Europäischen Union - stärker zur Anwendung zu bringen[595]. Dabei reichen die Forderungen soweit, den Grundsatz ne bis in idem zumindest in seinem Kernbereich als Menschenrecht zu verankern, da insoweit einfachrechtliche Abkommen nicht mehr angemessen und ausreichend seien[596]. Tatsächlich müssen die Bemühungen, dem Grundsatz ne bis in idem im Rahmen der Europäischen Union möglichst umfassende Anwendung zu verschaffen, als notwendige Reaktion auf die Ausweitung der Strafverfolgungsmöglichkeiten verstanden werden. Dadurch wird auch gewährleistet, dass kein Mitgliedstaat die ausländischen Informationen und Unterstützungshandlungen benutzt, um im Ausland abgewickelte Strafverfahren aufzurollen und so seine Wertvorstellungen gegenüber den Wertvorstellungen des ausländischen Staates durchzusetzen[597]. Insoweit kann man davon sprechen, dass die Ausweitung des Grundsatzes ne bis in idem im Rahmen der strafrechtlichen Entwicklung innerhalb der EU und im Hinblick auf das Recht auf Freizügigkeit[598] „systemimmanent“[599] ist. Der Möglichkeit der europaweiten Ahndung von Straftaten muss der Schutz des Täters vor einer mehrfachen Bestrafung korrespondieren. Neben der individualrechtlichen Komponente bergen die Fälle konkurrierender Strafansprüche aber auch zwischenstaatliches Konfliktpotential[600]. Für natio-

---

594 Im Entwurf eines Corpus Juris wurde aus diesem Grund ein europäisierter Grundsatz des ne bis in idem verankert, Art. 23 Abs. 1 lit. b Corpus Juris 2000, vgl. *Satzger* Die Europäisierung S. 695, 696.

595 *Thomas* Das recht auf Einmaligkeit der Strafverfolgung, S. 174 f.

596 *Schomburg* StV 1999, 246, 248; ähnlich *Landau* in: Söllner-FS; Eine Ausdehnung des ne bis in idem Grundsatzes forderte auch schon das Europäische Parlament in seiner Entschließung v. 16.3.1984, EuGRZ 1984, 355.

597 *v. Bubnoff* ZEuS 1999, 393, 403.

598 Vgl. das Urteil des EuGH vom 11.2.2003, JZ 2003, 303 unter Nr. 38. Der EuGH weist auf die Funktion von Art. 54 SDÜ hin, das Recht auf Freizügigkeit innerhalb der Union abzusichern.

599 *Landau* in: Söllner-FS, S. 628.

600 *Hecker* StV 2001, 306, der auf das Beispiel eines holländischen Drogenhändlers verweist, der zunächst in Holland zu 20 Wochen und danach in Deutschland zu 10 Jahren Freiheitsstraffe verurteilt wurde.

nale Ansprüche im Sinne eines „besser wissen", was als Reaktion auf eine Straftat angezeigt ist[601], bleibt in einem System, das gegenseitige Anerkennung und größtmögliches Vertrauen propagiert, daher kein Raum[602]. Die Behandlung des Problems der Doppelbestrafung kann daher durchaus auch als Gradmesser und Katalysator der strafrechtlichen Integration Europas betrachtet werden[603].

b) Die bisherige Entwicklung

Regelungen zum Grundsatz ne bis in idem finden sich in Art. 8 und Art. 9 EuAlÜbk. Danach besteht ein fakultativer Ablehnungsgrund der Auslieferung bei anhängigen Verfahren im ersuchten Staat wegen derselben Handlung und eine zwingendes Hindernis bei „rechtskräftiger Aburteilung". Für den Fall konkurrierender deutscher Strafgewalt ist ein Auslieferungshindernis auch in § 9 IRG normiert. Bereits wesentlich weiter geht die Regelung in Art. 54-58 SDÜ. Diese Vorschriften sind inhaltlich identisch mit den Art. 1-5 des Übereinkommens vom 25. Mai 1987 zwischen den Mitgliedstaaten der EG über das Verbot der doppelten Strafverfolgung, das für Deutschland seit März 1999 anwendbar ist[604]. Art. 54 SDÜ gewährleistet ein Verfahrenshindernis im Falle der rechtskräftigen Aburteilung innerhalb der Vertragsparteien. Zusätzlich zu der Voraussetzung einer rechtskräftigen Entscheidung setzt Art. 54 SDÜ jedoch voraus, dass die Sanktion im Falle einer Verurteilung „bereits vollstreckt worden ist, gerade vollstreckt wird, oder nach dem Recht des Urteilsstaats nicht mehr vollstreckt werden kann". Ein so begründetes Verfahrenshindernis im ersuchten Staat wirkt sich im ersuchenden Staat auch als Auslieferungshindernis aus. Im Hinblick auf Verurteilungen durch Drittstaaten enthält das SDÜ jedoch keinerlei Regelung[605]. Zusätzlich existiert das Übereinkommen zwischen den Mitgliedstaaten der Europäischen Gemeinschaften über das Verbot der doppelten Strafverfolgung[606].

---

601 *Landau* in: Söllner-FS, S. 628.

602 Der Generalanwalt *Dámaso Ruíz-Jarabo*, EuGRZ 2002, 556, 557 bezeichnet in seinem Schlussantrag Art. 54 SDÜ als Rechtsnorm, die „den dynamischen Prozess der europäischen Integration durch Schaffung eines gemeinsamen Raums der Freiheit und der Gerechtigkeit fördern soll".

603 Vgl. *Hecker* StV 2002, 71, 72, in Bezug auf Art. 54 SDÜ; *Lagodny* ZRP 2000, 175, 176 f, spricht von einem „verfahrensrechtlichen Motor" für die europäische Strafrechtsintegration.

604 *Schomburg* StV 1999, 246, 247.

605 Schomburg/Lagodny-*Schomburg* Art. 54 SDÜ Rn. 1 ff.

606 EG-ne bis in idem-Übk, vom 25. 5. 1987, von der BRD unterzeichnet am 4. 8. 1992.

Alle bisherigen Regelungen und Abkommen zum Verbot der Doppelbestrafung sind vor allem im Hinblick auf zwei Aspekte problematisch. Zum einen resultiert aus der internationalen Anwendung des Prinzips eine Fülle von Auslegungsschwierigkeiten im Einzelfall[607]. Zum anderen führt das Bestehen verschiedener Abkommen und deren unterschiedliche zeitliche und räumliche Anwendbarkeit zu ungereimten Ergebnissen. Dabei ist unter anderem zu beachten, dass Art. 55 SDÜ die Möglichkeit zulässt, Ausnahmen vom Grundsatz der Achtung eines ausländischen Strafurteils zuzulassen, wovon Deutschland reichlich Gebrauch gemacht hat, indem zahlreiche Delikte von der Anwendung ausgenommen wurden[608]. Von einer vollständigen Anerkennung sind daher die Regelungen des Grundsatzes ne bis in idem im SDÜ noch weit entfernt[609]. Aufgrund der unterschiedlichen Geltungsbereiche der bestehenden Abkommen sind derzeit noch eigenartige, dem Betroffenen kaum mehr zu vermittelnde Ergebnisse an der Tagesordnung, abhängig davon, welches Abkommen in welchem Umfang zwischen zwei EU – Mitgliedstaaten Geltung hat[610]. Angesichts des fortschreitenden Abbaus der Bedeutung von Staatsgrenzen innerhalb der EU erscheint es daher vielfach geradezu willkürlich, die Einordnung der doppelten Strafverfolgung als staatliches Unrecht davon abhängig zu machen, auf welcher Seite der (abgebauten) Staatsgrenze der Täter festgenommen wurde[611].

c) Die Regelung des Europäischen Haftbefehls

Entgegen der Praxis des Europäischen Auslieferungsübereinkommens ist der Grundsatz ne bis in idem im Europäischen Haftbefehl nicht als eigenständiger Artikel geregelt. Seine Ausprägungen finden sich vielmehr als in Art. 3 Abs. 2 und Art. 4 Abs. 3 und Abs. 5 als zwingende bzw. fakultative Gründe für die Ablehnung der Vollstreckung.

Im Unterschied zu Art. 9 S. 1 EuAlÜbk liegt eine Erweiterung des Verbots der Doppelbestrafung darin begründet, dass nicht auf die Verurteilung durch den *ersuchten* Staat, sondern umfassend auf die Verurteilung eines *Mitgliedstaates* abgestellt wird, was Art. 1 EG-ne bis in idem-Übk entspricht. Art. 3 Abs. 2 entspricht weitgehend Art. 54 SDÜ 1. HS. Neu ist lediglich die Formulierung, wonach sich die Verurteilung aus

---

607 *Hecker* StV 2001, 306, 307 ff.

608 Schomburg/Lagodny-*Schomburg* Art. 55 SDÜ Rn.1.

609 *Sommer* StraFO 1999, 37, 39.

610 Anschaulich *Satzger* Die Europäisierung, S. 694 f; *Thomas* Das Recht auf Einmaligkeit der Strafverfolgung, S. 96, spricht von einem „europäischen ne bis in idem Puzzle".

611 Schomburg/Lagodny-*Schomburg* Art. 54 SDÜ Rn. 31; *Satzger* Die Europäisierung, S. 688 f.

den der vollstreckenden Justizbehörde vorliegenden Informationen ergeben muss. Das zusätzliche Erfordernis der bereits erfolgten, gerade erfolgenden oder nicht mehr möglichen Strafvollstreckung ist wortgleich mit der Formulierung in Art. 54 SDÜ.

Der fakultative Ablehnungsgrund des Art. 4 Abs. 3 ist in seinem ersten Teil an Art. 9 S. 2 EuAlÜbk angelehnt, der bereits die Möglichkeit vorsah, die Auslieferung abzulehnen, wenn der ersuchte Staat entschieden hatte, wegen derselben Handlung kein Strafverfahren einzuleiten oder ein Verfahren einzustellen. Art. 4 Abs. 2 bietet dem Vollstreckungsstaat zusätzlich die Möglichkeit, die Vollstreckung zu verweigern, wenn eine andere rechtskräftige Entscheidung ergangen ist, die einer weiteren Strafvollstreckung entgegensteht[612].

Neu ist der fakultative Verweigerungsgrund in Art. 4 Abs. 5. Darin wird der Grundsatz ne bis in idem im Falle rechtskräftiger Verurteilungen über die *Mitglied*staaten hinaus auf das Verhältnis zu *Dritt*staaten ausgedehnt, wobei die Formulierung im übrigen Art. 3 Abs. 2 und damit Art. 54 SDÜ entspricht. Ermöglicht wird damit jedenfalls ansatzweise der Einstieg in ein umfassendes internationales Prinzip des ne bis in idem. Dadurch, dass für den Fall der Verurteilung durch einen Drittstaat lediglich eine fakultative Vollstreckungsverweigerung eröffnet wird, werden nationale Souveränitätsrechte nicht nachhaltig berührt. Nach wie vor kann eben auch trotz einer vorherigen Verurteilung und Strafvollstreckung durch einen Drittstaat wegen derselben Handlung ein Europäischer Haftbefehl vollstreckt werden. Rechtschutzmöglichkeiten und die Möglichkeit, das ausgeübte Ermessen überprüfen zu lassen, bestehen für „Drittstaatler" nur beschränkt. Denn auf einen völkerrechtlichen Grundsatz des Verbots der Doppelbestrafung können sie sich nicht berufen, da ein solcher nicht existiert[613]. Denjenigen, die den Grundsatz ne bis in idem als Menschenrecht verankert sehen wollen, genügt Art. 4 Abs. 5 daher sicherlich nicht. Dennoch ist es grundsätzlich zu begrüßen, dass die Möglichkeit der Vollstreckungsverweigerung ausdrücklich für den Fall der Vorverurteilung durch Drittstaaten aufgenommen wurde.

---

612 Vgl. auch *Van den Wyngaert* NStZ 1998, 153, mit dem Hinweis, die Kombination aus zwingendem Auslieferungshindernis bei gerichtlichem Urteil und fakultativem Hindernis bei anderen Entscheidungen entspreche sowohl Art. 9 EuAlÜbk wie auch Art. 3 d und 4 b der Musterkonvention der Vereinten Nationen zur Auslieferung.
613 Vgl. oben D IV. 6. a).

d) Probleme

Trotz allem bleiben vielfältige Auslegungsprobleme bestehen. Bereits Im Ausgangspunkt herrscht Unklarheit darüber, ob sich der Verbrauch der Strafklage nach dem Recht des erstverurteilenden Staates, nach dem Recht des die Sache erneut aufgreifenden Staates oder nach einem gemeinsamen Standard aufgrund einer vom nationalen Recht losgelösten Interpretation bestimmt[614]. Im Rahmen des Art. 54 SDÜ kam es zu einer Fülle von Einzelproblemen[615]. So hatte der BGH zu entscheiden, ob eine belgische transactie[616] oder das französische Rechtsinstitut der ordonnance de non-lieu[617] als rechtskräftige Verurteilung anzusehen ist. Beides wurde verneint[618]. Für ausländische Rechtsordnungen stellt sich dagegen beispielsweise die Frage, ob ein deutscher Strafbefehl als Urteil anzusehen ist und wie eine Einstellung nach den §§ 153 ff StPO zu qualifizieren ist[619].

Strittig - und häufig schwierig zu bewerten - ist auch, wann eine Strafe bereits vollstreckt ist, gerade noch vollstreckt wird oder nicht mehr vollstreckt werden kann. Die Strafaussetzung zur Bewährung wird wie ein Fall einer gerade erfolgenden Vollstreckung behandelt. Das gnadenweise Absehen von Strafvollstreckung verbunden mit einer Ausweisung soll ein Fall sein, in dem die Strafe nicht mehr vollstreckt werden kann[620]. Gerade in der letztgenannten Entscheidung folgt das OLG München dabei den Stimmen in der Literatur, die eine weitestgehende Toleranz und Akzeptanz anderer Rechtsordnungen propagieren und eine möglichst großzügige Handhabung des Grundsatzes ne bis in idem in problematischen Fällen durch die Gerichte fordern[621].

---

614 *Schomburg* StV 1999, 246.

615 Ausführlich zur Reichweite des ne bis in idem Prinzips gemäß Art. 54 SDÜ Generalanwalt *Dámaso Ruíz-Jarabo*, EuGRZ 2002, 556 passim in seinem Schlussantrag vom 19, September in der Rs. C-187/01.

616 BGH StV 1999, 244 ff, wo auf das Prinzip der Gegenseitigkeit abgestellt wird, da belgische Gerichte einer ausländischen transactie keine strafklageverbrauchende Wirkung beimäßen. Kritisch zu dieser Argumentation *Satzger* Die Europäisierung, S. 693; zur Wirkung der belgischen transactie und einem österreichischen Strafanerkenntnis auch *Hecker* StV 2001, 306.

617 BGH NJW 1999, 3134; kritisch dazu *Satzger* Die Europäisierung, S. 692; *Kühne* JZ 1998, 876 ff.

618 Zur Rspr. des BGH in diesem Bereich auch *Dannecker* in: 50 Jahre BGH, 339, 377.

619 Schomburg/Lagodny-*Schomburg* EuAlÜbk Art. 9 Rn. 3 ff zur Unterscheidung von Einstellungen nach §§ 170 Abs. 2 und §§ 153, 153 a StPO. Vgl. zur gesamten Problematik jetzt auch EuGH, Urt. v. 11.2.2003 mit Anmerkung *Kühne*, JZ 2003, 303.

620 OLG München Beschluss v. 24.4.2001, StV 2001, 495, mit zustimmender Besprechung *Hecker* StV 2002, 71.

621 *Hecker* StV 2002, 71, 72; *Satzger* Die Europäisierung, S. 691.

Für die genaue Handhabung des Grundsatzes ne bis in idem bringt der Europäische Haftbefehl im Vergleich zu Art. 54 SDÜ eine Unterscheidung durch die Formulierung des Art. 4 Abs. 3, wonach ein zusätzliches fakultatives Vollstreckungshindernis für den Fall besteht, dass „gegen die gesuchte Person in einem Mitgliedstaat aufgrund derselben Handlung eine andere rechtskräftige Entscheidung ergangen ist, die einer weiteren Strafverfolgung entgegensteht". Diese Formulierung ist weiter als Art. 9 S. 2 EuAlÜbk, der nur von den Fällen spricht, in denen entschieden wurde, kein Strafverfahren einzuleiten oder ein bereits eingeleitetes Verfahren einzustellen.

Die Vorschrift lässt zwei Deutungen zu. Denkbar wäre, dass der Anwendungsbereich des Grundsatzes ne bis in idem erweitert werden soll. Der Zusatz wäre insoweit als bloße Klarstellung zu verstehen, dass neben gerichtlichen Urteilen und Verfahrenseinstellungen auch andere, außergerichtliche Entscheidungen denkbar sind, die einen internationalen Strafklageverbrauch rechtfertigen. Ein solcher Hinweis wäre jedoch überflüssig, da diese Interpretation bereits im Rahmen der Anwendung des Art. 54 SDÜ vorherrscht.

Der Zusatz in Art. 4 Abs.3 kann daher nur so verstanden werden, dass unter Art. 3 Abs.2 in Zukunft nur gerichtliche Entscheidungen im engeren Sinne fallen sollen. „Eine andere rechtskräftige Entscheidung" definiert sich allein durch ihren Unterschied zum Urteil. Die bisher häufig auftauchende Frage, welche Entscheidungen aufgrund ihrer verfahrensbeendenden Wirkung einem rechtskräftigen Urteil ähnlich sind und daher unter Art. 54 SDÜ zu subsumieren sind, stellt sich dann nicht mehr[622]. Bisher wurde vertreten, die Formulierung „rechtskräftig verurteilt" könne bei vergleichender Auslegung des Wortlauts des Vertragstextes des SDÜ nicht nur Entscheidungen in Urteilsform betreffen. Auch Beschlüsse und sogar die Nichteinleitung eines Verfahrens wegen eines nicht behebbaren Verfahrenshindernisses seien umfasst[623]. Begründet

---

622 Vgl. auch aktuell das Urteil des EuGH vom11.2.2003, JZ 2003, 305, in dem ausdrücklich klargestellt wird, dass das Verbot der Doppelbestrafung nach Art. 54 SDÜ auch für Verfahren gilt, in denen die Staatsanwaltschaft ohne Mitwirkung des Gerichts ein Verfahren einstellt.

623 Vgl. dazu BGH NSTZ 1998, 149 mit Anmerkungen von *Van den Wyngaert* und *Lagodny; Hecker* StV 2001, 306. Aktuell die Entscheidung des EuGH vom 12.2.2003: Der Gerichtshof hatte zu prüfen, ob das in Artikel 54 des Schengener Übereinkommens aufgestellte Verbot der Doppelbestrafung auch für ein zum Strafklageverbrauch führendes Verfahren gilt, in dem die Staatsanwaltschaft beschließt, die Strafverfolgung gegen einen Beschuldigten zu beenden, nachdem dieser bestimmte Auflagen erfüllt hat, die die Staatsanwaltschaft ohne Mitwirkung eines Gerichts festgelegt hat. Der Gerichtshof stellt fest, dass im Rahmen eines solchen Verfahrens die

wurde dies neben den erwähnten sprachlichen Unterschieden vor allem teleologisch dahingehend, dem Prinzip ne bis in idem durch Toleranz und Akzeptanz weitestmögliche Geltung zu verschaffen[624].

Viel spricht dafür, dass eine solche erweiternde Auslegung nicht mehr möglich ist. Denn alle Entscheidungen, die keine Urteilsqualität haben, fallen jetzt eindeutig unter Art. 4 Abs. 3. Zwar bleibt noch abzuwarten, wie die unterschiedlichen Sprachfassungen lauten werden. An der grundsätzlichen Unterscheidung zwischen Urteilen und anderen rechtskräftigen Entscheidungen dürfte sich dadurch jedoch nichts ändern[625]. Vorteil dieser gegenüber Art. 54 SDÜ eingefügten Unterscheidung ist ein Gewinn an terminologischer Genauigkeit[626]. Denn jedenfalls für die Frage nach der Auslegung des Urteilsbegriffs besteht durch diese Regelung mehr Klarheit. Die bestehenden Probleme sind damit jedoch nicht gelöst. Zum einen bleibt es auslegungsbedürftig und schwierig zu beantworten, wann eine „andere" Entscheidung einer weiteren Strafverfolgung entgegensteht. Die Neuregelung stellt ja lediglich fest, dass es solche Entscheidungen neben dem Urteil gibt bzw. geben kann. Zum anderen geht die Regelung des Europäischen Haftbefehls sogar hinter den Standard des Verbots der Doppelbestrafung in seiner bisherigen Fassung im SDÜ zurück. Denn jede Entscheidung, die nicht unter den engen Urteilsbegriff fällt, begründet nun lediglich ein fakultatives Vollstreckungshindernis. Die rein formale Anknüpfung an den Urteilsbegriff verhindert es, das Vorliegen eins Vollstreckungshindernisses im Hinblick auf den Zweck, das Verbot einer doppelten Bestrafung, zu bestimmen. So wird es nur schwer möglich sein, eine Einstellung nach § 153 Abs. 1 StPO als unbedingtes Vollstreckungshindernis zu qualifizieren[627].

Strafverfolgung durch eine Entscheidung einer Behörde beendet wird, die zur Mitwirkung bei der Strafrechtspflege in der betreffenden nationalen Rechtsordnung berufen ist.

624 *Endriß/Kinzig* StV 1997, 665, 668.

625 So im Ergebnis auch schon *Van den Wyngaert* NStZ 1998, 153 f, in Bezug auf Art. 54 SDÜ, mit dem Hinweis, nur die deutsche Sprachfassung des Art. 54 SDÜ habe zu Zweifeln bezüglich der Reichweite geführt, während nach anderen internationalen Abkommen eine klare Trennung zwischen Urteilen und anderen Verfahrenserledigungen bestehe; zu den Unterscheidungen aufgrund unterschiedlicher Sprachfassungen des Art. 54 SDÜ auch *Hecker* StV 2001, 306, 309, der als Lösung vorschlägt, die „Definitionsmacht" über die Wirkung des nationalen Rechtsaktes ausschließlich dem erstverfolgenden Staat zuzuerkennen.

626 Vgl. zur Kritik an „mehr und mehr zu beklagender Terminologielosigkeit" im Rahmen des SDÜ *Schomburg* StV 1997, 383, 384.

627 Das Gericht Erster Instanz Eupen hat mit Urteil vom 27.1.1999 aufgrund der richterlichen Zustimmung eine Einstellung nach § 153 StPO als Urteil gemäss Art. 54 SDÜ gewertet, vgl. *Schomburg* NJW 2000, 1833, 1838.

Die Regelung, die im Falle solcher Entscheidungen ein Ermessen der Justizbehörden eröffnet, macht die Anwendung doppelt problematisch. Nachdem festgestellt ist, dass eine Entscheidung weiterer Strafverfolgung entgegensteht, muss zusätzlich entschieden werden, ob deswegen die Vollstreckung verweigert wird oder nicht. Im Hinblick auf eine konsequente Etablierung des Verbots der Doppelbestrafung stellt die Regelung daher keinen Fortschritt dar. Die Neuformulierung in Art. 4 Abs. 3 ist im Gegenteil sogar in sich widersprüchlich. Denn wenn „eine andere rechtskräftige Entscheidung ergangen ist, die einer weiteren Strafverfolgung entgegensteht", liegt definitionsgemäß ein Verfolgungshindernis vor und die Vollstreckung müsste konsequenterweise abgelehnt werden. Ein Ermessen ist in diesen Fällen gerade nicht gerechtfertigt[628].

Andererseits ermöglicht die Regelung des Verbots der Doppelbestrafung im Europäischen Haftbefehl ein gewisses Maß an Flexibilität, weil durch die Beschränkung der obligatorischen Vollstreckungshindernisse auf rechtskräftige Urteile der Kernbereich der Regelung schärfere Konturen erhält. Der ausdrückliche Hinweis, dass auch andere Entscheidungen einer weiteren Strafverfolgung entgegenstehen können, kann auch dazu führen, dass diese Möglichkeiten großzügiger angenommen werden, da sie eben gerade nicht einem Urteil gleichgestellt werden müssen[629]. Im Rahmen der Entscheidung, ob in diesen Fällen eine Vollstreckung verweigert wird, bleibt es den Justizbehörden überlassen, eine möglichst großzügige Handhabung in kritischen Fällen zu beweisen und so die vielfach eingeforderte und angestrebte Toleranz und Anerkennung gegenüber ausländischen Strafrechtsordnungen zu verwirklichen.

[628] Generalanwalt *Dámaso Ruíz-Jarabo*, EuGRZ 2002, 556, 565 bezeichnet es als „Sarkasmus" zu behaupten, Art. 54 SDÜ betreffe ausschließlich gerichtliche Entscheidungen. Denn das ne bis in idem Prinzip sei keine bloße Verfahrensregel, sondern ein Grundrecht der Bürger der EU. Vor allem im Hinblick auf das Urteil des EuGH v. 11.2.2003 sind in Zukunft auch Verfahrenseinstellungen ohne Mitwirkung eines Gerichts als vom Verbot der Doppelbestrafung erfasst anzusehen.

[629] Vgl. dazu die aktuelle Entscheidung des EuGH vom 12.2.2003, Fn. 621.

e) Zusammenfassung

(1) Der Europäische Haftbefehl greift die Regelung des Art. 54 SDÜ auf und enthält gegenüber dieser Regelung zwei Veränderungen.

(2) Es wird ein erster Anstoß zu einer Internationalisierung über die Grenzen der EU hinaus gewagt. Der Einfluss dieser Ermessensregelung bleibt jedoch abzuwarten.

(3) Durch die Unterscheidung zwischen Urteilen und anderen rechtskräftigen Entscheidungen wird eine terminologische Präzisierung vorgenommen, die einige bisherige Auslegungsstreitigkeiten beseitigen dürfte. Durch die Regelung wird jedoch gleichzeitig ein Bereich in das Ermessen der ersuchten Strafverfolgungsbehörden gestellt, der definitionsgemäß zu einem unbedingten Verfahrens- und damit Überstellungshindernis führen müsste.

(4) Ob der Grundsatz ne bis in idem seiner gesteigerten Bedeutung gemäß Anerkennung finden wird, ist weiterhin von der Praxis der beteiligten Strafverfolgungsbehörden und der Rechtsprechung des EuGH in diesem Bereich abhängig.

7. Die übrigen Ablehnungsgründe

Neben den bereits dargestellten Regelungen enthält der Rahmenbeschluss weitere Ablehnungsgründe, die meist weitgehend den Regelungen bzw. der gängigen Praxis des geltenden Auslieferungsrechts entsprechen[630].

Obligatorische Ablehnungsgründe neben dem Verbot der Doppelbestrafung enthält Art. 3 für folgenden Fallgruppen:

- Die Straftat fällt im Vollstreckungsstaat unter eine Amnestie und dieser Staat war für die Verfolgung der Straftat zuständig (Art.3 Nr.1)[631].
- Die Person kann nach dem Recht des Vollstreckungsstaats für die fragliche Tat wegen ihres Alters nicht zur Verantwortung gezogen werden (Art. 3 Nr. 3)[632].

Einen weiteren fakultativen Ablehnungsgrund, bei dessen Vorliegen die zuständige Justizbehörde die Vollstreckung eines Europäischen Haftbefehls verweigern kann, enthält Art. 4 Nr. 5:

- Es handelt sich um einen Haftbefehl zur Vollstreckung einer Freiheitsstrafe oder einer freiheitsentziehenden Maßregel der Sicherung, die gesuchte Person hält sich im Vollstreckungsstaat auf, ist dessen Staatsangehöriger oder hat dort ihren Wohnsitz und der Vollstreckungsstaat verpflichtet sich, die Strafe oder Maßregel der Sicherung nach seinem innerstaatlichen Recht selbst zu vollstrecken[633].

---

630 Dies wird - vor allem hinsichtlich der Beibehaltung der Prinzipien der Spezialität und gegen-seitigen Strafbarkeit - auf Kritik stoßen. Eine Auflistung „überflüssiger Rechtshilfevoraussetzungen und Hindernisse" gibt *Schomburg* StV 1998, 153, 157.

631 Die Regelung entspricht Art. 4 des 2. Zusatzprotokolls zum EuAlÜbk.

632 Dass strafunmündige Kinder nicht ausgeliefert werden können, entsprach auch bisher schon der h. M., wobei entweder auf die ordre-public-Klausel oder auf einen Verstoß gegen den Grundsatz der Gegenseitigkeit und das Erfordernis der beiderseitigen Strafbarkeit verwiesen wird, vgl. Schomburg/Lagodny-*Lagodny* § 3 IRG Rn. 15 und Vogler/Wilkitzki-*Vogler* § 3 IRG Rn. 9 mit Fn. 7.

633 Zur Strafvollstreckung unten E I..

Schließlich sieht Art. 5 neben den Abwesenheitsurteilen Fälle vor, in denen die Vollstreckung davon abhängig gemacht werden kann, dass der Ausstellungsstaat bestimmte Garantien abgibt:

- Droht dem Betroffenen eine lebenslange Freiheitsstrafe, kann die Vollstreckung des Europäischen Haftbefehls an die Bedingung geknüpft werden, dass die Rechtsordnung des Ausstellungsmitgliedstaats eine Überprüfung der verhängten Strafe - auf Antrag oder spätestens nach 20 Jahren - oder Gnadenakte zulässt, die zur Aussetzung der Vollstreckung der Strafe oder der Maßregel führen können und auf die die betroffene Person nach dem innerstaatlichen Recht oder der Rechtspraxis des Ausstellungsmitgliedstaats Anspruch hat (Art. 5 Nr. 2)[634].
- Bei eigenen Staatsangehörigen des Vollstreckungsstaats kann die Übergabe davon abhängig gemacht werden, dass der Betroffene rücküberstellt wird (Art. 5 Nr. 3)[635].

V. Zusammenfassung

Der Europäische Haftbefehl übernimmt viele der traditionellen Auslieferungsvoraussetzungen und Grundsätze. Insbesondere werden die Grundsätze der beiderseitigen Strafbarkeit und der Spezialität entgegen anderslautenden Vorüberlegungen grundsätzlich beibehalten. Die Versuche, diese Auslieferungshindernisse durch Ausnahmeregelungen zurückzudrängen, führen zu einer Reihe neuer Probleme. Von einem Prinzip der gegenseitigen Anerkennung im Sinne eines Automatismus in der Vollstreckung eines Europäischen Haftbefehls kann daher keine Rede sein.

---

634 Die Regelung geht zurück auf einen Vorbehalt Portugals zum EU-AuslÜbk von 1996, vgl. auch die Begründung zu Art. 37 Kommissionsentwurfs, ABl. C 332 E vom 27. 11. 2001, S. 0305-0319. Auch diese Regelung stellt eine Durchbrechung des Grundsatzes der Anerkennung insoweit dar, als dem Ausstellungsstaat Grundsätze des Vollstreckungsstaats auferlegt werden.

635 Für das Erfordernis, die Rücküberstellung eigener Staatsangehöriger in jedem Fall einzufordern, werden neben Erfordernissen des Resozialisierungsvollzugs auch verfassungsrechtliche Argumente mit Blick auf den Gesetzesvorbehalt des geänderten Art. 16 II GG vorgebracht; hierzu *Uhle* NJW 2001, 1889, 1892; *Lagodny* ZRP 2000, 175, 176; ausführlich unten E I. 4..

E Weitere Probleme

I. Haft und Strafvollstreckung

Vor dem Hintergrund der einschneidenden Bedeutung der Haft für den Betroffenen erscheinen die Regelungen zu den damit verbundenen Fragen im Europäischen Haftbefehl fragmentarisch[636]. Art. 12 sieht lediglich vor, dass die Entscheidung darüber, ob eine Person im Falle der Festnahme aufgrund eines Europäischen Haftbefehls in Haft bleibt, bei der vollstreckenden Justizbehörde liegt. Eine vorläufige Haftentlassung ist nach den innerstaatlichen Rechtsvorschriften möglich, wenn die Behörde die ihres Erachtens erforderlichen Maßnahmen zur Verhinderung einer Flucht der gesuchten Person trifft. Die Behörden des Vollstreckungsstaates bleiben für die Entscheidung zuständig, ob Gründe vorliegen, welche die Freiheitsentziehung rechtfertigen. Eine Perpetuierung ausländischer richterlicher Entscheidungen im Sinne eines Automatismus wurde nicht etabliert[637]. Das hat seinen Grund darin, dass die Übergabe auf Grundlage des Europäischen Haftbefehls zum Regelfall und eine längere Untersuchungshaft vermieden werden soll[638].

1. Die Geltung von Grundrechten/ Art. 104 GG

Im Rahmen der Anordnung der Haft ist im Auslieferungsrecht die Geltung von Grundrechten, insbesondere des Art. 104 GG, umstritten. Die Diskussion entzündet sich exemplarisch an § 22 Abs. 3 IRG, der den Prüfungsumfang des zuständigen Amtsrichters im Verfahren nach vorläufiger Festnahme stark einschränkt. Begründet wurde die Verfassungsmäßigkeit dieser Norm - und die Nichtanwendbarkeit von Art. 104 GG - mit dem Hinweis darauf, das deutsche Auslieferungsverfahren sei ein Verfahren eigner Art und kein Strafverfahren im eigentlichen Sinne[639]. Außerdem wurde befürchtet, der Auslieferungsverkehr werde durch die Anwendung von Art. 104 GG lahm gelegt[640]. Diese Rechtsprechung

---

[636] In Art 14 des Kommissionsentwurfes waren die Voraussetzungen, unter denen eine Freilassung erfolgen durfte, noch einzeln aufgeführt, in der Begründung zu Art. 14 war zudem von einer gemeinsamen Entscheidung von ausstellendem und vollstreckendem Staat die Rede, vgl. den Vorschlag der Kommission, ABl. C 332 E vom 27. 11. 2001, S. 0305-0319.

[637] Vgl. zu dieser Möglichkeit auch *Schomburg/Lagodny* vor §§ 21, 22 IRG Rn. 11.

[638] Vgl. Punkt 4.4. Nr. 2 der Begründung zum Vorschlag der Kommission, ABl. C 332 E vom 27. 11. 2001, S. 0305-0319.

[639] So noch BGHSt 2,44, 48.

[640] BGHSt 2, 44, 49. Kritisch zu den Argumenten der Praktikabilität in den Haftvorschriften des IRG Vogler/Wilkitzki-*Wilkitzki* § 22 IRG Rn. 21.

wurde verschiedentlich kritisiert, wobei § 21 IRG verfassungskonform ausgelegt[641] oder sogar für verfassungswidrig gehalten wird[642].

Das Verfahren des Europäischen Haftbefehls lässt im Hinblick auf die Garantien im Rahmen der Haft eine solche Beurteilung nicht mehr zu. Da es sich nunmehr um ein einheitliches, justizielles Verfahren handelt, greifen die Argumente nicht mehr, die einen grundlegenden Unterschied zwischen der Haft im Auslieferungsverfahren einerseits und dem regulären Strafverfahren andererseits begründen sollen[643]. Die Festnahme im Vollstreckungsstaat aufgrund eines Europäischen Haftbefehls stellt eine Festnahme wegen des Verdachts einer strafbaren Handlung dar. Haft im Rahmen des Europäischen Haftbefehls ist daher nichts anderes als Untersuchungshaft jenseits einer Grenze im Rahmen eines international-arbeitsteiligen Strafverfahrens[644]. Für die Haft im Verfahren des Europäischen Haftbefehls gelten daher die Rechtsgarantien der Art. 104 Abs. 3 und Abs. 4 GG unmittelbar. Sämtliche Voraussetzungen für die Übergabe aufgrund eines Europäischen Haftbefehls sind daher zusätzlich zu den Haftgründen zu prüfen. Gleichzeitig verbleibt es beim formellen Prüfungsprinzip in Bezug auf den Tatverdacht[645]. Der arbeitsteilige Charakter des Verfahrens des Europäischen Haftbefehls bedingt naturgemäß Unterschiede zum nationalen Strafverfahren. Die Prüfung hinreichenden Tatverdachts durch den Ausstellungsstaat ist daher ebenso anzuerkennen wie das rechtmäßige Zustandekommen eines vollstreckbaren Urteils[646]. Insoweit ist bereits eine gerichtliche Entscheidung in einem Mitgliedstaat ergangen. Für die Rechtstellung des Beschuldigten im übrigen bringt die Anerkennung dieser ausländischen Entscheidung jedoch keinerlei Einschränkungen. Insbesondere gelten daher auch die Rechte aus

---

641 Nach Vogler/Wilkitzki-*Wilkitzki* § 22 IRG Rn. 26 muss der Richter beim Amtsgericht, wenn „durchgreifende Bedenken bestehen", „in erweiternder, verfassungskonformer Auslegung des § 22 Abs. 3 IRG eine Freilassungsanordnung erlassen".

642 *Schomburg/Lagodny* vor §§ 21, 22 IRG Rn. 5 ff.

643 In BGHSt 2, 44, 48 wird unter anderem darauf verwiesen, dass für die Entscheidung über das Auslieferungsersuchen die Regierung zuständig ist, um den Charakter eines Strafverfahrens für die Auslieferung zu verneinen.

644 So für das Auslieferungsverfahren schon bisher Schomburg/Lagodny-*Schomburg* vor § 15 IRG Rn. 8a.

645 *Schomburg/Lagodny* vor §§ 21, 22 IRG Rn. 30 mit dem klarstellenden Hinweis, bei der Frage nach den verfassungsrechtlichen Garantien des Inhaftierten gehe es gerade nicht um die Nichtnachprüfung des Tat/Schuldverdachts.

646 Dagegen wendet *Vogler* Auslieferungsrecht und Grundgesetz, S. 257 ff ein, eine Beschränkung auf das formelle Prüfungsprinzip lasse sich nur rechtfertigen, wenn man die Auslieferung nicht als strafverfahrensrechtliche Maßnahme deute.

Art. 5 und Art. 6 EMRK für die innerstaatlichen Rechtsvorschriften, auf die Art. 12 verweist[647].

2. Die Haftgründe

Die Regel des Art. 9 Abs. 3 S. 2 IPBPR, wonach die Vollstreckung von Freiheitsentzug vor rechtskräftiger Verurteilung nicht die Regel sein darf, gilt auch im Rahmen der Auslieferung, insbesondere wenn man diese als Teil einer internationalen arbeitsteiligen Strafverfolgung begreift[648]. Im vorbereitenden Vorschlag der Kommission wurde daher auch darauf hingewiesen, der Europäische Haftbefehl solle längere Haft vermeiden, „die ausschließlich auf die geographische Distanz der Person zurückzuführen ist"[649]. Schon bisher war allerdings anerkannt, dass eine längere Fortdauer der Auslieferungshaft oder ihre weitere Vollstreckung mit dem Grundsatz der Verhältnismäßigkeit unvereinbar sein konnte, wenn keine besonderen, das Auslieferungsverfahren selbst betreffenden Gründe vorlagen[650].

Probleme bei der Bejahung eines Haftgrundes stellen sich im Auslieferungsverfahren nicht nur bei der Vollstreckung, sondern beim Erlass des Haftbefehls. Schon bisher war der Erlass eines Haftbefehls Voraussetzung für ein Auslieferungsersuchen. Augenblicklich gehört die Tatsache, dass ein Beschuldigter Ausländer ist, zu den Stereotypen, mit denen in der Praxis Fluchtgefahr begründet wird[651]. Zwar wird dagegen eingewendet, ein Haftbefehl wegen Fluchtgefahr könne nur dann erlassen werden, wenn tatsächliche Hinweise dafür vorliegen, dass der Beschuldigte auch im Ausland untertauchen will[652]. Wenn dieser lediglich erklärt, er werde sich einem Verfahren nicht stellen, reiche dies allein zur Begründung eines Haftgrundes nicht aus[653]. In der Praxis blieben jedoch - entgegen allen dogmatischen Einwänden - jedenfalls bei schwereren Straftaten Einwände gegen Haftbefehle in diesen Fällen erfolglos[654]. Da-

---

647 Vgl. zur Anwendbarkeit der EMRK oben D II. 3. ; *Schomburg/Lagodny* vor §§ 21, 22 Rn. 33. Instruktiv zu den Gewährleistungen der EMRK im Rahmen der Untersuchungshaft auch *Wankel* Zuständigkeitsfragen im Haftrecht, S. 48 ff; zur Rspr. des EuGHMR zur Untersuchungshaft *Kühne/Esser* StV 2002, 383 ff.

648 *Schomburg* StV 1998, 153, 155.

649 Vgl. Punkt 4.4 Nr. 1 der Begründung zum Kommissionsentwurf, ABl. C 332 E vom 27/11/2001, S. 0305-0319.

650 BVerfGE 61, 28, 34.

651 Kritisch dazu *Schlothauer/Weider* Untersuchungshaft, Rn. 530; *Bleckmann* StV 1995, 552 ff.

652 *Böhm* NStZ 2001, 633, 637.

653 *Lagodny* StV 1999, 35; *Böhm* NStZ 2001, 633, 636.

654 *Schlothauer/Weider* Untersuchungshaft, Rn. 494.

her wurde im Rahmen des bestehenden Auslieferungsrechts auch die Einführung eines zusätzlichen Haftgrundes der „Auslieferungsermöglichung" gefordert, für den in Anbetracht der zunehmenden Internationalisierung des Verbrechens auch ein unabweisbares Bedürfnis bestehe[655]. Ob der Europäische Haftbefehl zur Reduzierung von Haft- und Haftdauer beitragen kann, lässt sich daher noch nicht einschätzen.

Einerseits kann Fluchtgefahr für die Fälle von Ausländern, die Bürger von Vertragsstaaten sind, wohl nur noch eingeschränkt als Haftgrund dienen. Durch die Rückkehr in den Heimatstaat verschlechtert sich die Aussicht, einen Prozess führen zu können, jetzt in geringerem Maße. Durch den Europäischen Haftbefehl verbessern sich die Garantien für die Übergabe und das Erscheinen des Angeklagten vor Gericht für die ausstellende Justizbehörde[656]. Insbesondere die uneingeschränkte Verpflichtung zur Auslieferung auch eigener Staatsangehöriger lässt innerhalb der Europäischen Union den Auslandsbezug als Grund für die Bejahung der Fluchtgefahr daher weitgehend entfallen[657].

Andererseits könnte der Europäische Haftbefehl auch ein Argument für die Bejahung von Fluchtgefahr bieten. Gerade wegen der Erleichterungen im Auslieferungsverkehr liege es nahe, dass ein Beschuldigter veranlasst sein könnte, an seinem Wohnort unterzutauchen oder in ein nicht EU-Land auszureisen, aus dem seine Auslieferung weniger leicht bewilligt würde[658]. Außerdem ist bei einem im Ausland wohnenden Tatverdächtigen der Nachweis von konkret fluchtbegründenden Umständen noch weitaus schwieriger zu führen als im Inland[659].

Fraglich ist zudem, ob der vollstreckenden Behörde ausreichende Informationen vorliegen zu den Umständen, die eine Festnahme erforderlich machen. Ein solcher Mangel an Informationen kann sich bei einer zu pauschalen Bejahung von Fluchtgefahr negativ für den Verfolgten darstellen, aber auch zu einer vorschnellen Entlassung führen, wenn etwa Anzeichen für eine Flucht- oder Verdunklungsgefahr übersehen werden.

---

655 *Böhm* NStZ 2001, 633, 637; *Lagodny* StV 1999, 35, 36 hält die Einführung eines solchen Haftgrundes für legitimierbar, aber nicht erforderlich.

656 Vgl. den Vorschlag der Kommission, ABl. C 332 E v.27. 11. 2001. S. 0305-0319, Begründung Punkt. 4.4 Nr. 4.

657 *Bleckmann* StV 1995, 552, 554, lehnt die Annahme von Fluchtgefahr im Hinblick auf den Gleichheitssatz bereits mit dem Argument ab, bei der Garantie der Durchführung eines Strafverfahrens in einem anderen EU-Staat liege schon keine Flucht im Sinne des § 112 StPO vor.

658 *Böhm* NStZ 2001, 633, 637.

659 *Böhm* NStZ 2001, 633, 637.

Diese Problematik stellt sich deshalb verschärft, weil eine Übersendung der Akten zusammen mit dem Europäischen Haftbefehl nicht vorgesehen ist. Der Inhalt des Haftbefehls nach Art. 8 gibt im Hinblick auf eine mögliche Haftverschonung aber nur wenig Anhaltspunkte. Eine generelle Pflicht zur Übersendung der gesamten Akten würde auch dem Effektivitätsbestreben widersprechen und erscheint im Hinblick auf die begrenzte Möglichkeit der Nachprüfung des Schuldverdachts überzogen. Dem Betroffenen muss aber die Möglichkeit offen stehen, die Voraussetzungen für eine Haftverschonung vorzubringen, und diese Angaben müssen von der zuständigen Justizbehörde geprüft werden. Insoweit gilt Art. 9 Abs. 5, wonach Schwierigkeiten direkt zwischen den betreffenden Justizbehörden oder gegebenenfalls unter Einschaltung der Zentralbehörden behoben werden sollen.

Die Regelung des Art. 12, wonach im Falle einer Festnahme aufgrund eines Europäischen Haftbefehls die vollstreckende Justizbehörde entscheidet, ob die gesuchte Person nach Maßgabe des Rechts des Vollstreckungsstaats in Haft bleibt, birgt im Verhältnis der Mitgliedstaaten zueinander Probleme. Zwar ist die Klarstellung zu begrüßen, dass eine vorläufige Entlassung in Einklang mit den innerstaatlichen Rechtsvorschriften jederzeit möglich ist, sofern die zuständige Behörde des Vollstreckungsstaats die ihres Erachtens erforderlichen Maßnahmen zur Verhinderung einer Flucht der gesuchten Person trifft[660]. Doch ist davon auszugehen, dass Verfolgte nach einer Freilassung in Kenntnis eines Auslieferungsverfahrens häufig untertauchen werden. Vor allem bestehen aber Zweifel, ob alle Mitgliedstaaten zur Verhinderung drohender Flucht tatsächlich geeignete Maßnahmen ergreifen.

In besonderem Maße gilt dies für die Auslieferung eigener Staatsangehöriger. Denn es erscheint sehr zweifelhaft, ob die zuständigen Behörden bei eigenen Staatsangehörigen an der Realisierung der Übergabe genauso viel Interesse zeigen wie an der Auslieferung eines Ausländers. Die Bemühungen um mehr Effektivität im Auslieferungsverkehr können daher durch eine unzureichende Praxis der jeweiligen Behörden in Bezug auf die Verhinderung der Flucht unterlaufen werden.

Grundsätzlich ist es jedoch zu begrüßen, dass ein flexibleres System zur Vermeidung unnötiger Haft etabliert werden soll[661].

---

660 *Burhoff* Rn 845 folgert daraus, dass auch eine Außervollzugsetzung des Haftbefehls in Betracht komme.

661 Vgl. zustimmend zu diesem Prinzip *Eduardo Bruti Liberati* und *Ignazio Juan Patrone* auf der Homepage der Universität von Turin unter: http://www2.unife.it/forumcostituzionale/contributi/que-giu.htm: „Rispetto al sistema attuale, che offre

3. Zuständigkeit

Zuständig für den Erlass eines Auslieferungshaftbefehls gemäß § 15 IRG ist bisher das OLG, § 14 Abs. 1 IRG. Der zuständige Richter des nächsten Amtsgerichts, dem der Betroffene gemäß §§ 21, 22 IRG vorzuführen ist, besitzt nur einen stark eingeschränkten Prüfungsspielraum. Diese Zuständigkeitsspaltung zwischen Amtgericht und Oberlandesgericht wird überwiegend kritisiert[662]. Denn das Problem der beschränkten Kompetenz des Richters, wie es auch von den §§ 115, 115a StPO bekannt ist[663], stellt sich hier verschärft, da eine richterliche Entscheidung im Sinne des Art. 104 GG im IRG nicht vorgesehen ist[664].

Es spricht viel dafür, im Rahmen des Europäischen Haftbefehls eine einheitliche, vollständige Prüfungskompetenz beim Amtsgericht zu etablieren[665]. Der arbeitsteilige Charakter, der das Verfahren nach dem Europäischen Haftbefehl auszeichnet, verlangt nach einer schnellen Prüfung durch einen zur vollen Entscheidung berufenen Richter, wie sie für Haftsachen auch sonst obligatorisch ist. Dem Betroffenen muss im Übergabestaat ein Verfahren garantiert werden, das dem Charakter eines einheitlichen, justiziellen Verfahrens gerecht wird[666]. Gerade, wenn das Übergabeverfahren nach dem Europäischen Haftbefehl zum Regelfall innerhalb der Europäischen Union werden soll, ist die Zuständigkeitsspaltung und spezielle Prüfungskompetenz des Oberlandesgerichts nicht mehr zu rechtfertigen[667]. Die nach Art. 12 vorgesehene Entschei-

---

solo la drastica alternativa tra concessione o rifiuto dell'estradizione, viene introdotto un sistema molto più flessibile che consente, tra l'altro, di rimettere in libertà l'imputato che offra adeguate garanzie di presentarsi al processo".

662 *Schomburg* StV 1998, 153, 156, beklagt, der Betroffene sei einem undurchschaubaren Verfahren „ausgeliefert" und die Regelung widerspreche Art. 9 Abs. 4 IPBPR.

663 Vgl zur Problematik des eingeschränkten Prüfungsumfangs bei § 115 a StPO *Wankel* Zuständigkeitsfragen im Haftrecht, S. 35 ff, der die Norm für verfassungswidrig hält.

664 *Schomburg/Lagodny* vor §§ 21, 22 Rn. 9; vgl. zur Diskussion um die Verfassungsmäßigkeit des § 115 a, der den Fällen des § 21 IRG entspricht *Wankel* Zuständigkeitsfragen im Haftrecht, S. 35 ff.

665 Vgl. zur bisherigen, eingeschränkten Prüfungskompetenz des Amtsrichters *Schomburg* StV 1998, 153, 156, der von einem „amputierten Richter" spricht.

666 *Schomburg/Lagodny* vor §§ 21, 22 IRG Rn. 34.

667 Vgl. zu den Gründen für die Zuständigkeit des OLG BGHSt 2, 44 ff, wonach im Hinblick auf die außenpolitische Bedeutung argumentiert wird, die Natur der Sache" verlange, „die Entscheidung in die Hände einiger, weniger Gerichte zu legen". Der Ausnahmecharakter des Auslieferungsverfahren soll durch den Europäischen Haftbefehl jedoch gerade entfallen, vgl. auch Art. 17 Abs. 1, wonach der Europäische Haftbefehl als Eilsache zu erledigen und vollstrecken ist.

dungskompetenz der Justizbehörden des Vollstreckungsstaates hinsichtlich der Haftgründe und der Verhältnismäßigkeit der Anordnung von Haft verlangt nach einer zügigen, einfachen Zuständigkeitsregelung. Die angestrebte direkte Kooperation der Justizbehörden und die Absicht, unnötige Haft zu vermeiden, lassen sich nur durch eine Zuständigkeitskonzentration beim zuständigen Amtsgericht erreichen.

4. Die Rücküberstellung zur Strafverbüßung im Heimatstaat

Vor allem im Hinblick auf Resozialisierungsbemühungen geht die Tendenz innerhalb der Europäischen Union schon seit längerem dahin, die Strafverbüßung im jeweiligen Heimatstaat des Delinquenten stattfinden zu lassen[668]. Vor dem Hintergrund der Verpflichtung, auch eigene Staatsangehörige auszuliefern, kommt dieser Problematik erhöhte Bedeutung zu. In anderen europäischen Ländern war schon bisher die Auslieferung eigener Staatsangehöriger an eine Rücküberstellung geknüpft[669].

Der Europäische Haftbefehl lässt dem Vollstreckungsstaat die Möglichkeit, die Übergabe zur Strafverfolgung von der Garantie der Rücküberstellung abhängig zu machen, wenn der Verfolgte Staatsangehöriger des Vollstreckungsstaates oder in diesem wohnhaft ist (Art. 5 Nr. 3). Außerdem kann die Übergabe zur Vollstreckung abgelehnt werden, wenn diese selbst vollzogen wird (Art. 4 Abs. 6). Eine Zustimmung des Betroffenen ist dabei nicht erforderlich, lediglich eine vorherige Anhörung ist vorgesehen[670].

---

[668] Vgl. dazu *Baier* GA 2001, 427, 431; sowie das Abkommen über die Überstellung verurteilter Personen, BGBl. 1991 II, S. 1006, 1992, S. 98 und das Übereinkommen zwischen den Mitgliedstaaten der Europäischen Gemeinschaften über die Vollstreckung ausländischer strafrechtlicher Verurteilungen, BGBl. 1997 II, S. 1351.
[669] *Baier* GA 2001, 427, 444, mit Verweis auf die Praxis der Niederlande, Finnlands, Portugals und Spaniens; *Lagodny* ZRP 2001, 175, 176, mit dem Hinweis, dass eine solche „Kombinationslösung" aus Auslieferung und Rücküberstellung in den Niederlanden für die Auslieferung eigener Staatsangehöriger bereits seit 1986 existiert und auf dieser Grundlage praktisch befriedigende Ergebnisse erzielt werden.
[670] Vgl. auch Schomburg/Lagodny-*Schomburg* Kurzübersicht zum ÜberstÜbk Rn. 7, der von einer Tendenz spricht, auf das Zustimmungserfordernis bei der Überstellung in Abkehr vom primären Resozialisierungsziel zu verzichten.

Vor allem im Hinblick auf humanitäre Aspekte und die Erfordernisse des Resozialisierungsvollzugs ist die Überstellung in den Heimatstaat sinnvoll[671]. Dies muss allerdings umgekehrt aber auch dann gelten, wenn der Lebensmittelpunkt in ein anderes Mitgliedsland verlegt wurde[672]. Daneben wird auch mit verfassungsrechtlichen Argumenten für die Auslieferung Deutscher auf Grundlage des Art. 16 Abs. 2 GG eine Garantie der Rücküberstellung gefordert[673]. Denn der Gesetzesvorbehalt des Art. 16 Abs. 2 GG bedingt, dass Gesetze, welche die Auslieferung ermöglichen, verfassungsgemäß sind, wozu auch Verhältnismäßigkeit und Erforderlichkeit gehören[674]. Ein Verzicht auf die Rücküberstellung wäre unter Erforderlichkeitsaspekten jedoch nur schwer legitimierbar[675]. Gleiches gilt für die Überstellung zur Strafvollstreckung, für die jedoch regelmäßig kein Bedürfnis bestehen dürfte[676]. Von der Möglichkeit, die Übergabe eigener Staatsangehöriger zur Strafverfolgung an die Rücküberstellung zu knüpfen und eine Übergabe zur Vollstreckung abzulehnen, sollte daher im Regelfall Gebrauch gemacht werden. Nur so kann den praktischen wie den verfassungsrechtlichen Anforderungen Genüge getan werden.

Ob in Fällen der Überstellung eine Anpassung oder Umwandlung der Sanktion durch den Vollstreckungsstaat möglich ist, regelt der Europäische Haftbefehl nicht[677]. Für den Fall der Durchführung der Strafvollstreckung durch den Staat, der den Europäischen Haftbefehl vollstreckt (Art.

---

[671] Vgl. zur Repatriierung auch *Bartsch* NJW 1984, 513, 515 mit dem Hinweis, das Resozialisierungsargument könne nur für Strafen mit einer gewissen Dauer Geltung beanspruchen.

[672] *Baier* GA 2001, 427, 444; vgl. auch *Haas* S. 190, der im Hinblick auf die „zunehmende Globalisierung", jedenfalls innerhalb Europas, zwar an der Resozialisierungserschwerungstheorie zweifelt, im übrigen aber ebenfalls auf die Möglichkeit der Rücküberstellung verweist.

[673] Die Regierungsbegründung zu Art. 16 Abs. 2 n. F. sieht in der Rücküberstellung nur eine bloße Möglichkeit, vgl. hierzu *Uhle* NJW 2001, 1889, 1992; kritisch *Lagodny* ZRP 2000, 175, 176, der keinen Spielraum für verschiedene Möglichkeiten sieht.

[674] *Uhle* NJW 2001, 1889, 1992.

[675] So *Lagodny* ZRP 2000, 175, 176, der im übrigen auf die „notorische Obstruktion" Deutschlands gegen das Institut der Überstellung zur Strafvollstreckung hinweist.

[676] Vgl. dazu *Uhle* NJW 2001, 1889, 1892. mit dem Hinweis, der verfassungsändernde Gesetzgeber sei davon ausgegangen, die Vollstreckung ausländischer Verurteilungen Deutscher im Inland sei möglich, so dass eine Auslieferung zur Strafvollstreckung nicht erforderlich sei.

[677] Vgl. zur Fortsetzungsvollstreckung und zum Exequaturverfahren nach den Art. 10 und 11 des Übereinkommens über die Überstellung verurteilter Personen *Bartsch* NJW 1984, 513, 516.

4 Abs. 6), hat der Kommissionsentwurf eine solche Umwandlung noch ausdrücklich ausgeschlossen[678].

Um zu verhindern, dass eigenen Staatsangehörigen vermehrt Strafmaßreduzierungen zukommen, die vom verurteilenden Staat als ungerechtfertigt empfunden werden, ist eine solche Regelung auch zu begrüßen. Denn eine Anpassung oder Umwandlung des Urteils entspricht nicht dem Prinzip der gegenseitigen Anerkennung von Entscheidungen und dem Konzept eines arbeitsteiligen Strafverfahrens. Ausreichend ist die Anwendung des Vollzugssystems des Vollstreckungsstaats.

5. Die Anrechnung der Haftdauer im Ausland

Zwar ist das bisherige Anrechnungsverfahren problematisch, da es im Rahmen der Entwicklung hin zu gegenseitiger Anerkennung einerseits und Harmonisierung andererseits nicht mehr zeitgemäß erscheint und schwer zu handhaben ist. Innerhalb der Europäischen Union ist ein Anrechnungsmaßstab hinsichtlich unterschiedlicher Vollzugsstandards gerade im Hinblick auf die Osterweiterung weiterhin sinnvoll[679]. Bisher legalisiert § 51 StGB grenzüberschreitend den „Grundsatz der Verfahrenseinheit“[680] und kompensiert ein fehlendes internationales Verbot der Doppelbestrafung. Selbst wenn es ein solches Doppelbestrafungsverbot auf internationaler Ebene gibt, werden § 51 Abs. 3 und 4 StGB jedoch nicht überflüssig[681].

Jedenfalls für die Anrechnung der im Rahmen der Vollstreckung im Übergabeverfahren erlittenen Haft im Sinne des § 51 Abs. 3 S. 2 StGB ist ein Anrechnungsmaßstab nach § 51 Abs. 4 StGB zu bestimmen. Der Europäische Haftbefehl greift diesen Gedanken in Art. 26 Abs. 1 auf, wonach die Dauer der Haft aus der Vollstreckung eines Europäischen Haftbefehls auf die Gesamtdauer der Freiheitsstrafe anzurechnen ist.

Aus der vermehrten Rücküberstellung eigener Staatsangehöriger, die der Europäische Haftbefehl vorsieht, ergeben sich daneben noch weitere Probleme. Deutsche Gerichte werden vermehrt Urteile über Straftäter zu fällen haben, die nur unter der Bedingung der Rücküberstellung zur

---

678 Vgl die Begründung zu Art. 33 des Kommissionsentwurfs, ABl. C 332 E vom 27. 11. 2001, S. 0305-0319 mit dem Hinweis, Art. 10 Abs. 2 des Übereinkommens über die Überstellung verurteilter Personen widerspreche dem Grundsatz der gegenseitigen Anerkennung.

679 *Baier* GA 2001, 427, 444.

680 *Lackner/Kühl* § 51 Rn. 3, 12.

681 So aber *Lagodny* Anmerkung zu BVerfG, Beschluss v. 18.6.1997, JZ 1998, 568, 569.

Strafvollstreckung überstellt wurden. In den Fällen, in denen ein Angeklagter seine Strafe nach der Erwartung des Tatrichters im Heimatland verbüßen wird, wären besondere Härten schon zu diesem Zeitpunkt zu berücksichtigen. Für das Urteilsverfahren kann dies jedoch zu erheblichen Problemen führen. Das Gericht hätte in diesen Fällen nämlich Strafvollzug und Haftbedingungen im Heimatland aufzuklären, um diese Faktoren strafmildernd berücksichtigen zu können[682]. Um dies zu vermeiden, müsste auf eine Harmonisierung auch im Bereich des Strafvollzugs hingewirkt werden, wovon momentan aber noch keine Rede sein kann. Das Prinzip gegenseitiger Anerkennung auf dem Gebiet der faktischen Ausgestaltung der Vollzugsbedingungen kann nicht in gleicher Weise zur Anwendung gelangen wie in anderen Bereichen.

II. Die Rangfolge bei verschiedenen Ersuchen

1. Ersuchen mehrerer EU-Staaten

„Haben zwei oder mehr Mitgliedstaaten einen Europäischen Haftbefehl gegen dieselbe Person erlassen, so entscheidet die vollstreckende Justizbehörde unter gebührender Berücksichtigung aller Umstände, welcher dieser Europäischen Haftbefehle vollstreckt wird" (Art. 16 Abs. 1)[683]. Neben Schwere und Ort der Straftat und dem Zeitpunkt des Erlasses des Haftbefehls soll dabei Beachtung finden, ob es sich um einen Haftbefehl zur Strafverfolgung oder zur Strafvollstreckung oder einer die Freiheit beschränkenden Maßnahme handelt. Das Rangverhältnis ist nicht geklärt. In Zweifelsfragen kann Eurojust durch die vollstreckende Justizbehörde um eine Stellungnahme ersucht werden kann (Art. 16 Abs. 2).

2. Die weitere Übergabe

Für die Übergabe an einen anderen Mitgliedstaat als den Ausstellungsstaat sieht Art. 28 eine dem Regel-Ausnahmeprinzip des Art. 27 zur Spezialität entsprechende Regelung vor. Danach kann einer solchen weiteren Übergabe durch generelle Erklärung des Mitgliedstaates zugestimmt werden, die dann durch die Justizbehörde im Einzelfall widerrufen werden kann, Art. 28 Abs. 1. Daneben gelten die Ausnahmen des Art. 28 Abs. 2, insbesondere kann der Betroffene der Übergabe ausdrücklich zu-

---

682 *Weider* StV 1998, 67, 70, nach dessen Auffassung „die Ausuferung der Beweisaufnahme auf Probleme der Strafvollstreckung" bevorsteht. Anders als in dem von *Weider* besprochenen Fall der Rücküberstellung bisher, wäre die Bedingung der Rücküberstellung jedoch von Anfang an bekannt, so dass sie als Strafzumessungstatsache zur Überzeugung feststünde.

683 Die Regelung entspricht Art. 17 EuAlÜbk.

stimmen oder auf den Schutz vor Weiterlieferung verzichten, indem er den Ausstellungsstaat nicht innerhalb von 45 Tagen nach Freilassung verlässt.

Wie die Regelung des Art. 27 zur Spezialität ist auch Art. 28 übermäßig kompliziert und damit missglückt. Dem Prinzip des Europäischen Haftbefehls hätte es entsprochen, eine weitere Übergabe umfassend zuzulassen. Die Einschränkung dieser Möglichkeit impliziert ein Misstrauen gegenüber der korrekten Handhabung des Haftbefehls durch andere Mitgliedstaaten. Die Verweisung auf eine Stellungnahme von Eurojust bedeutet letztlich das Eingeständnis, keine brauchbaren Kriterien für die Behandlung von Mehrfachersuchen gefunden zu haben. Überzeugender wäre es gewesen, nach dem Zeitpunkt des Erlasses zu qualifizieren und die weitere Auslieferung in größerem Umfang zu ermöglichen.

3. Die Auslieferung an Drittstaaten

a) Gleichzeitiges Ersuchen

Im Falle eines Konflikts zwischen einem Europäischen Haftbefehl und einem gleichzeitigen Auslieferungsersuchen eines Drittstaats verweist Art. 16 Abs. 3 für die maßgeblichen Gründe der Behörde auf Art. 16 Abs. 1. Der Fall, dass mehrerer Ersuchen gleichzeitig eingehen wird also gleich behandelt unabhängig davon, ob es sich um mehrere Mitgliedstaaten oder Drittstaaten handelt[684].

b) Die weitere Auslieferung

Für die Auslieferung von Personen an einen Drittstaat, die nach Maßgabe eines Europäischen Haftbefehls übergeben wurden, schreibt Art. 28 Abs. 4 in jedem Fall die Zustimmung der zuständigen Behörde vor.

c) Kritik

Angesichts der Tatsache, dass die rechtsstaatlichen Ausrichtung der Rechtspflege in einigen Teilen der Welt zu Zweifeln Anlass gibt, wäre es wünschenswert gewesen, eine gemeinsame, restriktive Linie gegenüber Ländern, die nicht der Gemeinschaft angehören, anzustreben[685]. Besonders deutlich wird dies, wenn man an die Probleme denkt, die im Verhältnis zu den Staaten entstehen, in denen die Vollstreckung der Todes-

---

684 In der Fassung des Vorschlags der Kommission wurde dagegen noch differenziert, ob der Drittstaat Mitglied des EuAlÜbk war oder nicht. In letzterem Fall war ein eindeutiger Vorrang von Ersuchen von Mitgliedstaaten normiert, vgl. Vorschlag der Kommission. Art. 40 Abs. 3, ABl. C 332 E vom 27/11/2001, S. 0305-0319.

685 *Baier* GA 2001, 427, 445.

strafe droht[686]. Zwar wird durch Nr. 12 a der Erwägungsgründe, wonach es verboten ist, an einen Staat auszuliefern, in dem die ernsthafte Gefahr besteht, dass der Betroffene der Todesstrafe, Folter oder anderer unmenschlicher Behandlung unterworfen wird, diesen Fällen Rechnung getragen. In der Konsequenz wäre es jedoch sinnvoll gewesen, eine Vereinbarung der EU-Staaten untereinander zu finden, ihre Bürger jedenfalls im Falle von Mehrfachersuchen generell nicht an Drittstaaten auszuliefern[687]. Es liegt nämlich nahe, es als eine Konsequenz der Freizügigkeit innerhalb des Hoheitsgebiets der Mitgliedstaaten zu begreifen, den innerstaatlich gewährten Schutz auf das Gebiet der Union auszudehnen[688]. Denn der in Art. 20 EGV normierte diplomatische Schutz zeigt, dass sich die Union als ein Verband begreift, dem der Schutz aller Unionsbürger obliegt[689].

Auf eine solche gemeinsame Position konnten die Mitgliedstaaten sich leider nicht einigen, wobei wohl die Sorge, bestehende Abkommen und Beziehungen mit Drittländern nicht zu beeinträchtigen, im Vordergrund stand. Dass die Einräumung eines Vorrangs für Ersuchen der Mitgliedstaaten möglich gewesen wäre, zeigen die ursprünglichen Pläne des Kommissionsentwurfes[690]. Den Verpflichtungen aus Abkommen mit anderen Staaten hätte für einen Übergangszeitraum mit einer Vorbehaltsklausel Rechnung getragen werden können. Ein solches Vorgehen hätte es erlaubt, vertragliche Beziehungen mit Drittstaaten in der Zukunft entsprechend anzupassen. Im Hinblick auf die Unionsbürgerschaft ist der Verzicht auf einen generellen Vorrang des Europäischen Haftbefehls vor Ersuchen von Drittländern daher zu bedauern. Allerdings bleibt zu hoffen, dass die zuständigen Justizbehörden im Rahmen des ihnen zustehenden Ermessens dem Europäischen Haftbefehl letztlich doch den Vorrang vor anderen Auslieferungsersuchen einräumen werden.

---

686 Vgl. vor allem den Fall Soering, Urteil des EuGHMR vom 7. 7. 1989, NJW 1990, 2183 (vgl. D II. 3.).

687 Vgl. *Baier* GA 2001, 427, 446, der sich darüber hinaus dafür ausspricht, eine Auslieferung von Unionsbürgern an Drittländer generell - nicht nur im Fall von Mehrfachersuchen - zu unterlassen.

688 *Baier* GA 2001, 427, 445.

689 *Tomuschat* S. 85.

690 Vgl. oben B II. 2. a).

III. Das Recht auf Verteidigung und Dolmetscher

Die Entwicklungen auf dem Gebiet der justiziellen Zusammenarbeit sind zwar durch ein Bedürfnis nach effektiver Bekämpfung der Kriminalität gekennzeichnet. Gleichzeitig erzeugen die Bemühungen auch neue Ängste. Deutlich wird dies vor allem an den Befürchtungen, die von Seiten der Strafverteidiger geäußert werden.

Vielfach wird beklagt, in einem primär an der Effektivität der Kriminalitätsbekämpfung orientierten Konzept hätten die Rechte der Beschuldigten und ihrer Verteidigung keinen Platz[691]. Die Wahrung der Rechte der Beschuldigten im strafrechtlichen Ermittlungs- und Hauptverfahren seien im Rahmen der Europäisierung der polizeilichen und justiziellen Zusammenarbeit lediglich eine quantité négligeable[692]. In der Tat sind Begriffe wie Beschuldigter und Verteidigung europäischen Konventionen weitgehend unbekannt[693]. Doch können sich auf europäischer Ebene - etwa durch den Einfluss der EMRK - auch neue Chancen für die Verteidigung ergeben[694]. Der internationalisierte Strafprozess stellt im Hinblick auf die Entwicklung der Europäischen Union in jedem Fall aber eine der bedeutendsten Herausforderungen der Strafverteidigung in der Zukunft dar[695]. Denn die Bündelung der Kräfte nationaler Strafgewalten im Interesse effektiver Kriminalitätsbekämpfung birgt die Gefahr der Aushöhlung elementarer Beschuldigtenrechte[696].

Tatsächlich benötigt gerade ein im Ausland inhaftierter Verdächtiger in besonderem Maße Schutz, was Belehrung, Sprache und Beistand angeht[697], damit er nicht zum im Ungewissen gelassenen Objekt staatlichen Handelns wird[698].

---

691 *Bendler* justament 2/2002, 14.
692 *Bendler* justament 2/2002, 14, 15.
693 *Bendler* justament 2/2002, 14, 15; in Bezug auf das Corpus Juris *Dieckmann* NStZ 2001, 617, 622.
694 *Weigend* StV 2000, 384, 386, mit dem Hinweis, das europäische Recht stelle eine wahre Fundgrube für kreative Verteidiger dar, um verkrustete, nicht gerade beschuldigtenfreundliche Strukturen des deutschen Rechts aufzubrechen; vgl. auch *Böse* ZRP 2001, 402, 404; kritisch dagegen *Schlothauer* StV 2001, 127, der den „Dialog" des BGH mit der EMRK zwar grundsätzlich begrüßt, gleichzeitig jedoch auf die Gefahr des Ausblendens nationaler verfahrensrechtlicher Implikationen hinweist.
695 *Sommer* StraFo 1999, 37.
696 *Hecker* StV 2001, 306, 309.
697 *Gillmeister* NJW 1991, 2245, 2252.
698 *Schomburg* StV 1998, 153, 156.

1. Die Bestellung eines Verteidigers

Für den Verfolgten wirft das formalisierte Auslieferungsverfahren in aller Regel schon deshalb Probleme auf, weil es sich nach einer für ihn fremden Rechtsordnung richtet[699]. Die gesteigerte Bedeutung eines (Pflicht)-Beistandes im Auslieferungsverfahren wurde bisher vor allem mit zwei Argumenten begründet: Mit der besonderen Schwierigkeit des Auslieferungsverfahrens insbesondere im Hinblick auf die Komplexität der verschiedenen, überlappenden Regelungswerke[700] sowie mit der großen Bedeutung der Entscheidung im Auslieferungsverfahren (wie die Zuständigkeit der Oberlandesgerichte verdeutlicht[701]).

Diese Argumentation ist im ersten Punkt entkräftet, da der Europäische Haftbefehl - jedenfalls durch die Ersetzung einer Vielzahl von Regelungswerken - in dieser Hinsicht mehr Transparenz und Vereinfachung bringt. Auch kann man daran zweifeln, ob der Übergabe aufgrund eines Europäischen Haftbefehls noch regelmäßig eine außergewöhnliche Bedeutung zukommt, da das Verfahren ja gerade der Regelfall sein soll. Der Europäische Haftbefehl wird überdies eine Harmonisierung der Auslieferungsverfahren bewirken, so dass sich die nationalen Unterschiede wesentlich geringer auswirken. Sollte sich der Europäische Haftbefehl in der Weise durchsetzen, dass die direkte Kooperation der Behörden zum Regelfall wird und sich die arbeitsteilige Strafverfolgung innerhalb der Europäischen Union verstärkt, entfiele der Spezial- und Ausnahmecharakter des Verfahrens im Hinblick auf das diplomatische, schwer durchschaubare Bewilligungsverfahren.

Die spezifisch durch die internationale Zusammenarbeit bedingten Probleme und die durch die Haft im Ausland verursachten Schwierigkeiten - insbesondere durch mangelnde Sprachkenntnisse[702] - bleiben je-

---

699 *Gillmeister* NJW 1991, 2245, 2246.

700 Dazu bereits oben B I.. Vgl. die Befürchtungen von *Sommer* StraFo 1999, 37, nach dessen Auffassung „manchen die Vorstellung eines europäischen Szenarios der Strafverfolgung, das kaum durchschaubar und daher für die Verteidigung wenig beherrschbar ist" plagt; *Schomburg* StV 1998, 153, 156 spricht von der Notwendigkeit, einen „wirklichen Experten" mit „Spezialausbildung" zu bestellen; ders. in *Schomburg/Lagodny* § 40 IRG Rn. 3 f.

701 Vgl. *Schomburg/Lagodny* § 40 IRG Rn. 14 mit Hinweis auf die Begründung zum IRG, wonach „ die Auslieferungsangelegenheiten wegen ihrer spezifischen Schwierigkeiten und der meist weittragenden Bedeutung der zu treffenden Entscheidungen hochgestellten Gerichten und den ihnen zugeordneten Staatsanwaltschaften anvertraut" werden.

702 Vgl. jedoch OLG Karlsruhe GA 1987, 514, wonach mangelnde Sprachkenntnisse allein die Beiordnung eines Rechtsbeistandes nicht begründen können.

doch bestehen. Auch zeigt die Nähe des Europäischen Haftbefehls zum bisherigen Auslieferungsrecht und die Komplexität einzelner Bestimmungen - etwa zur Spezialität - dass die herkömmlichen Argumente ihre Berechtigung nicht grundsätzlich verloren haben[703].

Bisher sah kein Europäisches Übereinkommen eine Pflichtbeistandschaft im Rechtshilfe- insbesondere nicht im Auslieferungsverkehr vor, wie sie § 40 IRG für das nationale Recht vorsieht[704]. Erstmalig wurde in einem Auslieferungsabkommen mit deutscher Beteiligung in Art. 10 Abs. 2 und 3 EU-AuslÜbk das Recht auf einen Beistand im Hinblick auf die Zustimmung zum Verzicht auf den Grundsatz der Spezialität verankert[705]. Im Europäischen Haftbefehl wurde diese Regelung an zwei Stellen übernommen. Bei der Zustimmungserklärung zum Verzicht auf die Spezialität (Art. 27 Abs. 2) wie auch zur Übergabe (Art. 13 Abs. 1) ist das Recht, einen Rechtsbeistand beizuziehen, verankert worden. Zur Vermeidung einer Zwei-Klassen-Justiz muss dieser Beistand aber gegebenenfalls auch ein Pflichtverteidiger sein[706]. Für den Verzicht auf den Grundsatz der Spezialität folgt dies schon Art. 6 Abs. 3 lit. c) EMKR, der in diesen Fällen anwendbar ist, da es um Auswirkungen im Ausstellungsstaat geht[707]. Dies muss aber allgemein gelten, unabhängig von der Frage, ob Art. 6 EMRK vollumfänglich anwendbar ist[708]. Denn auch hier zeigt sich die Auswirkung des Verständnisses des Verfahrens nach dem Europäischen Haftbefehl als Teil eines rein justiziellen, arbeitsteiligen Strafverfahrens. Das Recht, sich in einem Strafverfahren zu jedem Zeitpunkt eines Verteidigers bedienen zu können, sollte im Rahmen des Verfahrens des Europäischen Haftbefehls zur „rechtsstaatlichen Selbstverständlichkeit"[709] werden, wie sie im Rahmen des IRG als Ausprägung des Rechtsstaats- und fair-trial-Prinzips anerkannt ist[710].

---

703 Vgl. Schomburg/Lagodny-*Schomburg* § 22 IRG Rn. 12, der auf die Notwendigkeit der Bestellung eines Pflichtverteidigers gerade im Zusammenhang mit dem Spezialitätsprinzip hinweist. Gerade die Regelung zur Spezialität hat sich durch den Europäischen Haftbefehl aber überhaupt nicht vereinfacht, vgl. oben D III. 3..

704 *Schomburg* StV 1998, 153, 156.

705 Schomburg/Lagodny-*Schomburg* Art. 10 EU-AuslÜbk Rn. 5.

706 Vgl. zur Pflichtbeistand nach § 40 IRG Schomburg/Lagodny-*Schomburg* § 40 IRG Rn. 10 ff.

707 Schomburg/Lagodny-*Schomburg* Art. 10 EU-AuslÜbk Rn. 5.

708 Zur Anwendbarkeit der EMRK vgl. oben D II. 3., sowie Schomburg/Lagodny-*Lagodny* § 73 IRG Rn. 50; *Haas* S. 358 ff.

709 *Schomburg/Lagodny* § 40 IRG Rn. 1.

710 *Schomburg/Lagodny* § 40 IRG Rn. 5 ff.

2. Die „doppelte Verteidigung"

Dem Verteidiger, der im Vollstreckungsstaat herangezogen wird, werden die prozessualen und materiellen strafrechtlichen Fragen des Ausstellungsstaates regelmäßig unbekannt sein. Für eine effiziente Verteidigung wäre es in vielen Fällen daher nötig und sinnvoll, in beiden Staaten einen Verteidiger zu haben. Denn die Interessen des Verfolgten z.B. bei der Frage, ob Argumente für eine Haftverschonung vorliegen, oder ob eine Zustimmung zur Übergabe und ein Verzicht auf die Anwendung des Spezialitätsgrundsatzes sinnvoll ist, können nur durch eine „doppelte Verteidigung" in vollem Umfang gewahrt werden[711]. Aufgrund des finanziellen Aufwands lohnt ein solches Vorgehen regelmäßig nur im Hinblick auf gewichtige Tatbestände[712].

Vor allem bei den Katalogtaten des Art. 2 Abs. 2 erschiene eine doppelte Verteidigung daher zwar denkbar und im Hinblick auf die kurzen Fristen sowie die bestehenden Unterschiede in den Mitgliedstaaten auch sinnvoll. Die Ausdehnung des Katalogs auf eine große Anzahl von Delikten und die niedrige Schwelle des Mindesthöchstmaßes für die fraglichen Taten sprechen jedoch gegen eine doppelte Verteidigung. Denn eine doppelte Pflichtverteidigerstellung wird sich für eine solche Vielzahl von Fällen schon aus finanziellen Gründen kaum durchsetzen lassen.

Letztlich zeigt sich am Beispiel der Forderung nach einer doppelten Pflichtverteidigung ein strukturelles Problem angesichts der zu erwartende Zunahme von Strafverfahren mit internationalen Bezügen. Während die Strafverfolgungsbehörden die Möglichkeiten der Koordination und Kooperation ausbauen und stetig verbessern[713], stehen den Strafverteidigern gleichwertige Möglichkeiten (noch) nicht zur Verfügung. Soll auch in Zukunft „Waffengleichheit" im Verfahren garantiert sein, wird sich die Frage, wie die Verfahrensbeteiligten rasch und zuverlässig Informationen über den Rechtszustand in anderen Mitgliedstaaten erlangen können, immer drängender stellen.

---

711 Vgl. *Gillmeister* NJW 1991, 2245, 2247, nach dessen Auffassung eine „seriöse Beratung nur nach Einholung einer gutachterlichen Stellungnahme oder mit Unterstützung durch einen Verteidiger aus dem ersuchenden Staat möglich" ist.

712 Vgl. jedoch auch Schomburg/Lagodny-*Schomburg* § 40 IRG Rn. 10, mit Hinweis auf die Regierungsbegründung, nach deren Auffassung die Schwere der Tat nur in sehr viel geringerem Maße als im normalen Strafverfahren als Anhaltspunkt für die Unterstützungsbedürftigkeit des Verfolgten dienen kann.

713 Vgl. etwa beispielhaft die Einrichtung von Eurojust.

Sollte die Anzahl der Übergabeverfahren durch den Europäischen Haftbefehl jedoch tatsächlich stark ansteigen, steht zu erwarten, dass die Strafverteidiger den Handlungsbedarf erkennen und es zu einer Kooperation auf europäischer Ebene kommt.

Hierbei wäre es ein interessanter Ansatz, das Konzept von Eurojust als europäischer Clearing-Stelle auch für die Verteidigung fruchtbar zu machen und eine solche Institution für Anfragen von Verteidigern einzurichten[714]. In Fällen der Pflichtverteidigung würde eine solche Institution dem Konzept eines arbeitsteiligen, internationalen Strafverfahrens entsprechen, zumal der Strafverteidiger nach deutschem Verständnis auch Organ der Rechtspflege ist[715]. Die Entwicklung der Unionseinrichtungen konzentriert sich momentan allerdings in so exklusiver Weise auf die Strafverfolgung[716], dass solche Konzepte derzeit (noch) wenig Gehör finden.

3. Die Beiziehung eines Dolmetschers

Es liegt auf der Hand, dass derjenige, der aufgrund eines Europäischen Haftbefehls festgenommen wird, vielfach auf die Hilfe eines Dolmetschers angewiesen ist. Der Europäische Haftbefehl begnügt sich mit dem Hinweis, dass die Beiziehung eines Dolmetschers sich nach Maßgabe des innerstaatlichen Rechts des Vollstreckungsstaates bestimmt (Art. 11 Abs. 2).

Der Kommissionsentwurf ging in diesem Punkt von einem unabdingbaren Recht des Festgenommenen aus, einen Dolmetscher hinzuzuziehen[717]. Der bloße Hinweis auf das jeweilige innerstaatliche Recht bleibt dahinter deutlich zurück. Schon um der besonderen Eingriffsintensität durch die Festnahme und Übergabe aufgrund eines Europäischen Haftbefehls Rechnung zu tragen, wäre es besser gewesen, die Mitgliedstaaten

714 Vgl zu diesem Vorschlag *Lagodny* NStZ 1998, 154.

715 Für den Zugang der Strafverteidiger zu Eurojust aus diesem Grund auch *Satzger* Die Europäisierung, S. 697.

716 So wird Eurojust nur noch als Vorläufer einer Europäischen Staatsanwaltschaft abgesehen, vgl. *Dieckmann* NStZ 2001, 617, 620.

717 Vgl. Begründung zu Art. 11, KOM(2001) 522 endgültig ABl. C 332 E vom 27/12/2001, S. 0305-0319: „Dabei handelt es sich um eine gewichtige Garantie zum Schutz der Rechte des Einzelnen. Diese wird dadurch gerechtfertigt, dass die Person, die in einem ihr unbekannten rechtlichen und zuweilen auch sprachlichen Umfeld festgenommen wird. Es handelt sich dabei um eine Garantie, die eine Besonderheit des Europäischen Haftbefehls darstellt und von dem in dem Mitgliedstaat anwendbaren Verfahren bei einer Festnahme aufgrund eines nationalen Haftbefehls unabhängig ist."

zu verpflichten, im Zuge der Umsetzung des Rahmenbeschlusses eine eindeutige Regelung zur Frage der Hinzuziehung eines Dolmetschers zu treffen. Zwar bleibt zu hoffen, dass über die Bindung an die EMRK ein gemeinsamer Standard erreicht werden wird, die in Art. 6 Abs. 3 lit. e) EMRK das Recht zur unentgeltlichen Beiziehung eines Dolmetschers enthält[718]. Hinsichtlich der Befürchtungen, die fremden Rechtsordnungen entgegengebracht werden[719], wäre - unabhängig von der Frage nach der Geltung von Art. 6 EMRK[720] - eine eindeutige Regelung schon wegen der Signalwirkung und zur Klarstellung ratsam gewesen.

4. Die Zustimmung und der Verzicht auf den Schutz der Spezialität

Von besonderer Bedeutung ist die Rolle des Verteidigers bei der Möglichkeit einer Zustimmung zur Übergabe und zum Verzicht auf den Schutz durch den Grundsatz der Spezialität. Diese Erklärung erfolgt gemäß Art. 13 Abs. 1 grundsätzlich nach dem innerstaatlichen Recht der vollstreckenden Justizbehörde und wird auch nach dessen Recht protokolliert, Art. 13 Abs. 3. Mindestanforderungen sind jedoch in Art. 13 Abs. 2 normiert. Danach hat jeder Mitgliedstaat die erforderlichen Maßnahmen zu treffen, damit die Zustimmung unter Bedingungen entgegengenommen wird, die erkennen lässt, dass die Person sie freiwillig und in vollem Bewusstsein der Folgen bekundet hat. Zu diesem Zweck besteht auch das Recht, einen Rechtsbeistand beizuziehen[721]. Art. 13 ist mit Art. 7 EU-VereinfAuslÜbk[722] identisch. Da die Zustimmung unwiderruflich ist, sollte vor der Zustimmung zur vereinfachten Auslieferung auch deshalb ein Verteidiger eingeschaltet werden, weil der Betroffene aus dem Wunsch heraus, in sein Heimatstaat überstellt zu werden, auf mögliche Einwände oft leichtfertig verzichten wird[723].

---

[718] Vgl. zu Art. 6 Abs. 3 lit. a EMRK auch *Weigend* StV 20000, 384, 385, der darauf hinweist, dass die dortigen Rechte über diejenigen des deutschen Strafverfahrens hinausgehen.

[719] Vgl. *Schomburg/Lagodny* Einleitung Rn. 77 zur „Sorge, im fremden Land etwas falsch zu machen".

[720] Vgl. dazu ausführlich oben D II. 3..

[721] In Art. 22 Abs. 3 lit. f findet sich die identische Regelung für die Erklärung des Verzichts auf die Spezialitätsgarantie.

[722] Übereinkommen über das vereinfachte Auslieferungsverfahren zwischen den Mitgliedstaaten der Europäischen Union vom 10. März 1995, ABl. C 78/2 vom 30/3/1995.

[723] *Gillmeister* NJW 1991, 2245, 2246.

Um ein „volles Bewusstsein der Folgen" zu gewährleisten, ist an die Belehrungs- und Hinweispflichten ein strenger Maßstab anzulegen[724]. Sachkundige Beratung kann dann im Ergebnis auch zu einem vermehrten Zustimmung zur Übergabe führen und so zur Beschleunigung des Verfahrens beitragen[725].

[724] Vgl. zu den Aufgaben des Verteidigers hierbei *Gillmeister* NJW 1991, 2245, 2248; Schomburg/Lagodny-*Lagodny* § 41 IRG Rn. 19 ff, der fordert, im Hinblick auf die „häufig nicht überschaubaren Folgewirkungen einer Einverständniserklärung" in Zweifelsfällen auf die Bestellung eines Beistandes hinzuwirken.
[725] *Schomburg/Lagodny* Einleitung Rn. 77 a. E.

IV. Der Rechtschutz des Betroffenen

Für den Rechtschutz gegen Maßnahmen im Zusammenhang mit dem Europäischen Haftbefehl zeichnen sich zwei Entwicklungen ab:

Zum einen entfallen durch den Wegfall des Bewilligungsverfahrens die Probleme im Hinblick auf eine mögliche Zweispurigkeit der Rechtschutzmöglichkeiten[726].

Zum anderen kommt es - vor allem im Rahmen grundrechtlicher Fragen - zu einem Nebeneinander von EuGH, EuGHMR und Bundesverfassungsgericht. Als Folge der Stärkung des Europäischen Gerichtshofs durch die Etablierung des Vorabentscheidungsverfahrens im Bereich der dritten Säule ist es zu einer stärkeren Verrechtlichung dieses Bereichs der Europäischen Union gekommen[727]. Das internationale Umfeld der deutschen Strafrechtsanwendung gestaltet sich zunehmend komplexer[728]. Das daraus resultierende Kooperationsverhältnis ist allerdings bisher nur unzureichend geklärt[729]. Da das Bundesverfassungsgericht dazu übergegangen ist, für die Interpretation des GG Anregungen aus der EMRK zu beziehen, kann allerdings auf diese Weise Divergenzen vorgebeugt werden[730]. Auch werden Konflikte zwischen Bundesverfassungsgericht und EuGH durch die Formulierung des BVerfG in der Solange II-Entscheidung[731] weitgehend vermieden. Absehbar ist auch eine wachsende inhaltliche „Vorstrukturierung von Entscheidungsleitlinien" durch die Rechtsprechung des EuGHMR und des EUGH[732].

---

726 Denn bisher besteht aufgrund der Zweispurigkeit des Auslieferungsverfahrens eine Vielzahl von Rechtsinstanzen, was zu einigen Unklarheiten führt und viel Zeit, Geld und Geduld in Anspruch nimmt, dazu *Nehm* DRIZ 1996, 41, 43.
727 *Harings* in: Konsolidierung und Kohärenz, S. 94.
728 *Sommer* StraFO 2002, 309, 310.
729 *Tettinger* NJW 2001, 1010, 1012 und *Limbach* EuGRZ 2000, 417, sprechen von einem „Bermudadreieck" zwischen Luxemburg, Straßburg und Karlsruhe, vgl. zum Verhältnis der EMRK und der Europäischen Gemeinschaften auch *Frowein/Peukert* Einführung Rn. 13; zur Frage „neuartiger Rechtsschutzkonstellationen" in Bezug auf grenzüberschreitende Zusammenarbeit auch *Harings* in: Konsolidierung und Kohärenz, S. 95 ff.
730 *Kühne* StV 2001, 73, 75.
731 BVerfGE 73, 339, vgl. dazu auch Fn. 394.
732 *Nickel* JZ 2001, 625, 631.

Der Rahmenbeschluss zum Europäischen Haftbefehl enthält keinerlei Bestimmungen zu den Rechtschutzmöglichkeiten im Vollstreckungsverfahren. Ob - und gegebenenfalls wie - diese sich im Vergleich zum bisherigen Auslieferungsverfahren verändern werden, hängt daher vor allem von der nationalen Umsetzung ab. Denn in diesem Bereich lässt der Rahmenbeschluss den Mitgliedstaaten die größten Freiräume. Insbesondere bleibt abzuwarten, ob weiterhin an einer Zuständigkeit der Oberlandesgerichte festgehalten werden wird. Die Zuweisung belegt die Tragweite, die der Gesetzgeber der Auslieferung beimisst[733]. Maßgeblich für die Konzentration bei den Oberlandesgerichten waren sowohl die spezifische Schwierigkeit als auch die außenpolitische Bedeutung des Auslieferungsverfahrens[734]. Jedenfalls die außenpolitische Komponente ist durch den Wegfall des Bewilligungsverfahrens entfallen. Spezifische Schwierigkeiten mögen nach wie vor bestehen, aber doch nicht mehr im früheren Umfang, wenn der Europäische Haftbefehl nach seinem Selbstverständnis ein vereinfachtes, rein justizielles Verfahren darstellt.

Ob dem Betroffenen gegen die Bewilligungsentscheidung der Verwaltungsrechtsweg offen steht, ist umstritten[735]. Im Rahmen des Europäischen Haftbefehls hat sich dieser Streit aufgrund des völligen Wegfalls des Bewilligungsverfahrens als zweiter Verfahrensstufe erledigt.

Gegen die Zulässigkeitsentscheidung der Oberlandesgerichte im Auslieferungsverfahren ist kein ordentliches Rechtsmittel gegeben, die Entscheidung ist gemäß § 13 Abs. 1 S. 2 IRG unanfechtbar. Lediglich eine erneute Entscheidung ist nach § 33 IRG in bestimmten Fällen möglich. Ein eigenes Recht des Verfolgten auf Anrufung des Bundesgerichtshofs besteht nicht; dieser entscheidet zu Fragen der Auslieferung nur auf Vorlage. Dem Verfolgten bleibt lediglich die Möglichkeit der Verfassungsbeschwerde. Das BVerfG überprüft die Entscheidung des OLG jedoch nicht hinsichtlich der Vereinbarkeit mit einfachem Recht, sondern nur eingeschränkt auf die Verletzung spezifischen Verfassungsrechts hin[736]. Der Prüfungsumfang könnte jedoch insbesondere im Hinblick auf Art. 16 Abs. 2 S. 2 GG neue Bedeutung erlangen[737]. Denn zur Justiziabili-

---

[733] *Graßhof/Backhaus* EuGRZ 1996, 445, 446.
[734] Schomburg/Lagodny-*Lagodny* § 13 IRG, Rn. 4
[735] Vgl. zum Streitstand: bejahend Schomburg/Lagodny-*Lagodny* § 12 IRG Rn. 22 ff; OVG Berlin, Beschl. v. 26. 3. 2001 StV 2002, 87; verneinend Vogler/Wilkitzki-*Vogler* § 12 IRG Rn. 24, die Frage nach der Zulässigkeit einer Verfassungsbeschwerde offenlassend BVerfG EUGRZ 1983, 262, 263.
[736] *Graßhof/Backhaus* EuGRZ 1996, 445, 447;Schomburg/Lagodny-*Lagodny* § 13 IRG, Rn. 11.
[737] *Uhle* NJW 2001, 1889, 1894.

tät der Anforderungen des Art. 16 Abs. 2 S. 2 GG besteht die Möglichkeit eines Normenkontrollverfahrens im Hinblick auf das Gesetz, das eine Auslieferung Deutscher zulässt[738]. Auch ist davon auszugehen, dass in Zukunft das „Paradigma der Letztentscheidung" des BVerfG mehr und mehr von einem „Paradigma der Kooperation" im Rahmen der Europäischen Union abgelöst werden wird[739].

Es gibt auch Forderungen, das unterschiedliche Rechtsmittelsystem gegen Entscheidungen im Bereich der Amts- und Rechtshilfe müsse auf einen gemeinsamen europäischen Nenner gebracht werden, der sowohl rechtsstaatlichen Standards genügt als auch ein effektives Verfahren zulässt[740]. Dass der Europäische Haftbefehl hierzu keinerlei Regelungen vorsieht, ist insoweit konsequent, als durch seine Einführung nicht die Vereinheitlichung nationaler Strafrechtssysteme angestrebt wird. Nur die Möglichkeit der einfachen Überstellung soll gewährleistet sein. Die Berufung auf die Akzeptanz und Anerkennung fremder Rechtsordnungen bezieht sich dann auch auf den Rechtschutz innerhalb des Verfahrens nach dem Europäischen Haftbefehl. Durch die Normierung der Bedingungen, unter denen eine Festnahme und Übergabe europaweit möglich und zulässig ist, erledigt sich nicht die Frage nach den nationalen Rechtschutzmöglichkeiten.

Im Rahmen der nationalen Umsetzung sind allerdings die Vorgaben des Rahmenbeschlusses zu beachten. Zur Steigerung der Effektivität sind in vielen Mitgliedstaaten Veränderungen geboten[741]. Eine Möglichkeit besteht im Streichen der (zweiten) Bewilligungsstufe[742].

---

738 *Uhle* NJW 2001, 1889, 1893.

739 *Nickel* JZ 2001, 625, 632.

740 *Sieber* ZRP 2000, 186, 189.

741 Laut *Sieber* ZRP 2000, 186, 189, sind die Rechtschutzmöglichkeiten in Deutschland im Auslieferungsverfahren im Vergleich zu anderen EU-Staaten „nicht exzessiv ausgebaut".

742 Die Möglichkeit, den Rechtsweg gegen die Bewilligungsentscheidung zu beschreiten, besteht z. B. in Frankreich (zum Conseil d'Etat), vgl. *Haas*, S. 147.

2. Die Zuständigkeit des EuGH

Deutsche Gerichte können Auslegungsfragen des Rahmenbeschlusses dem EuGH vorlegen[743]. Die Gültigkeit und Auslegung des Rahmenbeschlusses über den Europäischen Haftbefehl und der Durchführungsmaßnahmen kann daher Gegenstand der Entscheidung durch den EuGH werden[744]. Das Vorlageverfahren schafft zwar die Möglichkeit einer einheitlichen Auslegung innerhalb der Europäischen Union[745]. Es bleibt aber abzuwarten, in welchem Umfang von dieser Möglichkeit Gebrauch gemacht werden wird. Das gilt sowohl auf staatlicher Ebene für die Frage, welche Mitgliedstaaten von der Möglichkeit des „opting-in" des Art. 35 Abs. 2 EU Gebrauch machen, wie für die Vorlagebereitschaft der nationalen Gerichte[746]. Insgesamt ist die Jurisdiktion des EuGH in diesem Bereich zur Zeit wohl noch stark eingeschränkt[747]. Auch ist das Verhältnis des EuGH zum EuGHMR im Bereich der dritten Säule noch weitgehend ungeklärt[748].

Problematisch ist das Institut des Vorlageverfahrens auch wegen der Eilbedürftigkeit, gerade wenn man vom Beschleunigungsgebot bei der Entscheidungen über prozessuale Eingriffsmaßnahmen ausgeht[749]. Um dem durch den Vertrag von Amsterdam eröffneten neuen Aufgabenbereich

---

[743] Vgl. dazu bereits ausführlich oben C I. 3. c).

[744] *Harings* in: Konsolidierung und Kohärenz, S. 92.

[745] Vgl. zum Vorabentscheidungsverfahren im Strafverfahren *Jokisch* S. 171 ff; zur Rolle des EUGH bei der einheitlichen Auslegung des ne bis in idem- Prinzips nach Art. 54 SDÜ *Hecker* StV 2001, 306, 307.

[746] Vgl. dazu im Hinblick auf die Auslegung von Art. 54 SDÜ *Hecker* StV 2002, 71, 72; zum Problem der mangelnden Kohärenz in diesem Bereich durch das flexible „opting-in"-Modell auch *Harings* in: Konsolidierung und Kohärenz, S. 95.

[747] Vgl. die Skepsis zur Jurisdiktion des EuGH im Bereich der dritten Säule im Hinblick auf die gerichtliche Kontrolle von Europol *Gleß* NStZ 2001, 623, 625.

[748] Vgl im Hinblick auf das geplante Corpus Juris *Kühne* in: Europäischer Grundrechtsschutz, S. 69, der verschiedene Modelle diskutiert, um Divergenzen zu vermeiden bzw. zu lösen, informativ auch *Nickel* JZ 2001, 625; *Limbach* NJW 2001, 2913, 2915, führt aus, das Zusammenspiel der beiden Gerichte sei „weder frei von Frustrationen noch sonderlich durchschaubar". *Schütz/Sauerbier* JuS 2002, 658, 664, fordern für die Zukunft eine umfassende Rechtsschutzzuständigkeit des EuGH, um einen einheitlichen Schutzstandard in den Mitgliedstaaten zu gewährleisten

[749] Vgl. hierzu *Hecker* StV 2002, 71, 73, mit dem Hinweis, der Konflikt zwischen der Eilbedürftigkeit der zu treffenden Entscheidung und dem Interesse an der verbindlichen Klärung supranationaler Rechtsfragen, Art. 35 EUVV, dürfe nicht dazu führen, eine Vorlagebefugnis generell abzulehnen. Denn eine Aussonderung ganzer Rechtsgebiete würde dem von der verfolgten Ziel der EU, der Herstellung eines Raums der Sicherheit, der Freiheit und des Rechts zuwiderlaufen; ähnlich *Jokisch* S. 187; vgl. auch *Schomburg* NJW 2000, 1833, 1839.

gerecht zu werden, ist daher nachdrücklich eine organisatorische Neuorganisation des EuGH zu fordern. Dazu zählt neben der Beschleunigung der oft überlangen Verfahren auch die Einrichtung eines Spezialspruchkörpers für Strafsachen[750].

3. Die Zuständigkeit des EuGHMR

Bei Menschenrechtsverletzungen steht dem Betroffenen grundsätzlich auch die Beschwerdemöglichkeit zum EuGHMR offen. Bei der Interpretation des Übergabeverfahrens als arbeitsteiligem, internationalen Strafverfahren kommt dem EuGHMR als transnationaler Instanz daher gesteigerte Bedeutung zu[751]. Was die kooperative Annäherung der unterschiedlichen strafprozessualen Systeme angeht, hat die Rechtsprechung des EuGHMR inzwischen die Bemühungen der Regierungen teilweise überholt[752]. Auch ist der durch die Rechtsprechung des EuGHMR geleistete Beitrag zur europäischen Vereinheitlichung strafprozessualer Standards bereits beachtlich[753] und geht bei der Formulierung von klaren, eindeutigen Maßstäben für ein faires, rechtsstaatliches Verfahren teilweise weiter als die nationalen Gerichte[754].

Zu einem Zuständigkeitskonflikt zwischen EuGHMR und BVerfG kann es dabei nicht kommen, da die Beschwerde zum EuGHMR erst nach Erschöpfung des innerstaatlichen Rechtswegs zulässig ist, wozu auch die Verfassungsbeschwerde zählt[755].

---

750 Vgl. zu dieser Forderung *Schomburg* NJW 2000, 1833, 1839; zustimmend *Hecker* StV 2001, 306, 307; vgl. auch *Satzger* Die Europäisierung, S. 669, der zudem auf weitere diskutierte Möglichkeiten, wie ein Beschlussverfahren und die Schaffung von Gerichtsinstanzen in jedem Mitgliedstaat eingeht.

751 Allgemein zur wachsenden Bedeutung des EuGHMR *Nickel* JZ 2001, 625, 626.

752 *Kühne* in: Europäischer Grundrechtsschutz, S. 64.

753 *Kühne* in: Europäischer Grundrechtsschutz, S. 64.

754 *Weigend* StV 2001, 63; *Nickel* JZ 2001, 625, 626; *Sommer*, StraFO 2002, 309, 310.

755 Ausführlich zum Verhältnis von BVerfG und EuGHMR *Limbach* NJW 2001, 2913, 2914 f.

V. Die Ersetzung bisheriger Abkommen

Die Bestimmungen des Rahmenbeschlusses über den Europäischen Haftbefehl sollen sämtliche Abkommen auf dem Gebiet des Auslieferungsrechts ersetzen. Gemäß Art. 31 Abs. 1 gilt das für das EuAlÜbk und dessen Zusatzprotokolle, das EuTerrÜbk, das EU-VereinfAuslÜbk, das EU-AuslÜbk, sowie Titel III Kapitel 4 des SDÜ.

Allerdings ist auch weiterhin von einem Nebeneinander verschiedener Abkommen auszugehen. Den Mitgliedstaaten steht es frei, weiterhin die zum Zeitpunkt der Annahme des Rahmenbeschlusses geltenden Abkommen anzuwenden, „sofern diese die Möglichkeit bieten, über die Ziele des Rahmenbeschlusses hinausgehen, und zu einer weiteren Vereinfachung oder Erleichterung der Verfahren zur Übergabe von Personen beitragen, gegen die ein Europäischer Haftbefehl vorliegt" (Art. 31 Abs. 2)[756]. Solche Zusatzabkommen können darüber hinaus auch in der Zukunft abgeschlossen werden. Insbesondere wird auf die Möglichkeit verwiesen, durch solche Abkommen kürzere Fristen als nach Art. 17 einzuführen, die Liste der Straftaten des Art. 2 Abs. 2 auszuweiten, die Ablehnungsgründe nach Art. 3 und 4 zusätzlich einzuschränken oder den Stellenwert nach Art. 2 Abs. 1 oder Abs. 2 zu senken.

Der Zweck des Rahmenbeschlusses, zu einer einheitlichen Kodifikation zu gelangen und das „Vorschriftenchaos" im Bereich der Auslieferung innerhalb der Europäischen Union zu beseitigen, wird dadurch wieder relativiert. Implizit stellt der Verweis auf die Möglichkeit weitergehender Regelungen auch das Eingeständnis dar, noch nicht wirklich ein System voller gegenseitiger Anerkennung geschaffen zu haben. Angesichts der strukturellen Defizite des Europäischen Haftbefehls erscheint die Möglichkeit, partiell weiterreichende Abkommen abzuschließen durchaus sinnvoll. Eine weitergehende, auf einzelne Mitgliedstaaten beschränkte Vereinfachung der Übergabe gefährdet jedoch eines der Hauptziele des Europäischen Haftbefehls. Es käme wiederum zu einem Nebeneinander verschiedener Abkommen, deren Anwendbarkeit und Reichweite zu Schwierigkeiten bei der Rechtsanwendung führt.

---

[756] Diese Regelung ist vor allem im Hinblick auf die enge Zusammenarbeit der nordischen Staaten und der Benelux-Staaten zu sehen, vgl. die Begründung des Kommissionsentwurf zu Art. 43, ABl. C 332 E vom 27.11.2001, S. 0305-0319.

VI. Die Innerstaatliche Umsetzung

Der Europäische Haftbefehl soll am 1. Januar 2004 in Kraft treten. Um den Rahmenbeschluss bis zum 31. Dezember 2003 umzusetzen, haben die Mitgliedstaaten die erforderlichen Maßnahmen zu treffen (Art. 34 Abs. 1). Die Umsetzung wird in der zweiten Hälfte des Jahres 2003 durch den Rat überprüft (Art. 32 Abs. 4). Ob die erhoffte Steigerung der Transparenz und Effektivität erreicht wird, hängt zu einem großen Teil davon ab, ob der Zusammenfassung verschiedener Abkommen durch den Rahmenbeschluss zum Europäischen Haftbefehl durch die innerstaatliche Umsetzung in den Mitgliedstaaten Rechnung getragen wird.

1. Die Situation in Deutschland

Deutschland und eine Reihe weiterer Mitgliedstaaten haben angekündigt, die Umsetzung sogar zu beschleunigen und den Europäischen Haftbefehl im Laufe des Jahres 2003 zur Anwendung zu bringen[757]. Nach der Mitteilung an Rat und Kommission ist nämlich auch eine frühere Anwendung im Verhältnis zu einzelnen Mitgliedstaaten möglich (Art. 34 Abs. 2). Die Umsetzung wird in erster Linie Änderungen des IRG erfordern. Erste Einschätzungen lassen allerdings die Tendenz erkennen, im Rahmen des Spielraums, den der Rahmenbeschluss belässt, möglichst wenig tiefgreifende Veränderungen vorzunehmen. So ist etwa vorgesehen, es bei der grundsätzlichen Zuständigkeit der Oberlandesgerichte zu belassen. Daher bleibt es abzuwarten, ob die angestrebten Veränderungen durch den Europäischen Haftbefehl nicht teilweise durch eine zögerliche Haltung bei der Umsetzung und durch die Beibehaltung auslieferungsrechtlicher Routine verwässert werden.

[757] Ankündigung der Bundesjustizministerin auf dem Treffen der EU-Justizminister am 15.2.2002, vgl. Mitteilung unter http://text.bundesregierung.de/nurtext/dokumente/Artikel/ix_65823.htm, dabei soll es sich um Großbritannien, Frankreich, Spanien, Portugal, Belgien und Luxemburg handeln; nicht ganz nachzuvollziehen daher die Einschätzung von *Schomburg* NJW 2002, 1629, 1630, nach dessen Auffassung der Europäische Haftbefehl in absehbarer Zeit nicht von praktischer Bedeutung ist.

2. Die Situation in anderen Mitgliedstaaten der Europäischen Union

Für einige Mitgliedstaaten sind im Rahmen der Umsetzung Sonderregelungen vorgesehen. So darf Österreich bis zur Änderung seines Auslieferungs- und Rechtshilfegesetzes bis spätestens zum 31. Dezember 2008 den vollstreckenden Justizbehörden gestatten, die Vollstreckung zu verweigern, wenn es sich um einen österreichischen Staatsbürger handelt und die fragliche Tat nach österreichischem Recht nicht strafbar ist (Art. 33 Abs. 1). In manchen Mitgliedstaaten ist zweifelhaft, ob zur Ermöglichung der Umsetzung zunächst Verfassungsänderungen nötig sind, insbesondere um die Auslieferung eigener Staatsangehöriger zu ermöglichen[758].

Der Europäische Haftbefehl gilt nach seinem Inkrafttreten auch für Delikte, die vor dem 1. Januar 2004 begangen wurden (Art. 32 Abs. 1). Jedoch können die Mitgliedstaaten durch Erklärung erreichen, dass Handlungen, die vor einem festgelegten Zeitpunkt begangen wurden, nach dem vor dem 1. April 2004 geltenden Auslieferungsrecht behandelt werden. Zahlreiche Mitgliedstaaten haben auch von der Möglichkeit Gebrauch gemacht, Erklärungen nach Art. 32 und Art. 13 Abs. 4 abzugeben[759].

Die Kontrolle der zeitlichen Umsetzung besteht gemäß Art. 34 nur in der Überprüfung durch den Rat in der zweiten Hälfte des Jahres 2003. Sanktionen sind nicht vorgesehen. Auch löst die nicht rechtzeitige Umsetzung des Rahmenbeschlusses keinerlei Schadensersatzforderungen aus[760]. Angesichts mancher Äußerungen auf politischer Ebene ist schon jetzt mit Verspätungen bei der Umsetzung zu rechnen[761]. Für eine gewisse Zeit werden sich die Schwierigkeiten bei der Auffindung der geltenden Regelungen im Verhältnis zum jeweiligen Mitgliedstaat daher tendenziell noch verschärfen.

---

[758] Vgl. zur Diskussion in Italien oben D III. 2. b) (2) (d).

[759] Die Erklärungen sind veröffentlicht im ABl. L 190 vom 18.7.2002, S. 19 f; zur Angst vor Rückwirkung in Italien *Grevi* Il Mulino 1/2002, 119, 129.

[760] *Harings* in: Konsolidierung und Kohärenz, S. 88.

[761] So wird der italienische Staatspräsident Berlusconi bei *Grevi* Il Mulino 1/2002, 119, 128 mit der Äußerung zitiert.: „non succedera nulla, poiché non sono previste sanzioni" („Es wird nichts passieren, da keinerlei Sanktionen vorgesehen sind"). Zumindest in Bezug auf Italien lässt dies nicht unbedingt eine Einhaltung des Zeit plans erwarten.

F Zusammenfassung und Bewertung

Der Europäische Haftbefehl soll das Auslieferungsrecht innerhalb der Europäischen Union vereinfachen und beschleunigen. Vor allem mit Blick auf die materiellen Voraussetzungen (beiderseitige Strafbarkeit, Spezialität, Verbot der Doppelbestrafung) sind Zweifel angebracht, inwieweit dies bislang in zufriedenstellendem Maß gelungen ist. Die Veränderungen in diesem Bereich sind weit weniger einschneidend als zunächst geplant und erwartet. Die bestehenden Regelungen sind in weiten Teilen übernommen worden. Insbesondere gibt es nach wie vor Überprüfungsmöglichkeiten und eine Reihe materieller Auslieferungshindernisse. Die Grundsätze der Spezialität und der gegenseitigen Strafbarkeit wurden grundsätzlich beibehalten. Das Problem der Geltendmachung von Grund- und Menschenrechten als Auslieferungsgegenrechten bleibt nach wie vor ungelöst.

Der Rahmenbeschluss lässt jedoch - nach erfolgreicher Umsetzung - jedenfalls zwei Verbesserungen erwarten:

Zum einen wird die hochkomplexe, verwirrende Rechtslage vereinfacht, indem der Rahmenbeschluss eine Reihe bestehender Abkommen ersetzt und weitestgehend in einer Kodifikation bündelt. Verbessert wird die Transparenz, die im „Regelungsdschungel" des geltenden Auslieferungsrechts weitgehend verloren gegangen war.

Zum anderen wird das Verfahren durch die Abschaffung des Bewilligungsverfahrens und die Etablierung eines Systems direkter Kooperation zwischen den Mitgliedstaaten vereinfacht, was zu gewichtigen Erleichterungen im Verfahrensablauf führt[762].

Die Prinzipien der „gegenseitigen Anerkennung" und des „gesteigerten Vertrauens" zwischen den Mitgliedstaaten sind nur in begrenztem Umfang umgesetzt worden. Teilweise liegen Regelungen vor, deren problemlose Anwendung noch die Harmonisierung des materiellen Strafrechts in den Mitgliedstaaten erfordert. Insgesamt fehlt dem Europäischen Haftbefehl daher eine klare Linie. Die Einschränkung des Prinzips

762 Es entfällt beispielsweise die Diskussion über die Rechtsschutzmöglichkeiten gegen die Bewilligungsentscheidung; anschauliche Beispiele für die Probleme und Verzögerungen im Auslieferungsrecht bisher bei *Nehm* DRiZ 1996, 41, 43.